想像力を拓く教育社会学

髙橋 均 編著

東洋館出版社

はじめに 「教育社会学的想像力」とは何か

> 「僕が言いたいのは，たぶんこういうことだ。一人の人間が，たとえどのような人間であれ，巨大なタコのような動物にからめとられ，暗闇の中に吸い込まれていく。どんな理屈をつけたところで，それはやりきれない光景なんだ」
>
> ——村上春樹『アフターダーク』

　私たちが生きる「社会」，そして，私たちが経験している／してきた「教育」は，常に両義的である。それらは，私たちの生の基盤であり，私たちを生かし，活かそうとすると同時に，生きづらさや障壁，耐え難い苦痛をもたらしもする。しかしながら往々にして私たちは，日々の生活のなかで，「享受している幸福について，自分たちが暮らしている社会全体の大きな浮き沈みに関わるものだとは考えない」し，「自分たちが抱え込んでいるトラブルを，歴史的変動や制度矛盾といった観点から捉えようとはしない」（Mills 1959＝2017: 16）のではないだろうか。

　本書のタイトル「想像力を拓く教育社会学」は，社会学者ミルズ（Charles Wright Mills 1916-1962）が提起した**社会学的想像力** sociological imagination——つまり，「**私たちの身のまわりの世界をより大きな社会的現実と関連づけて理解することを非常にドラマティックに約束してくれるような思考力**」（Mills 1959＝2017：36）——を基盤にして社会・教育について考え，理解する力を，読者の皆さんが獲得されることを企図して付けられた。

　本書の随所で取り上げられる教育社会学者バーンスティン（Basil Bernstein 1924-2000）は，言葉を話したり，学校知識を獲得したりといった，一見「個人的」とみられる「いま，ここ」に生起する行為が，社会構造の在り方，とりわけ階級構造と不可分に結びつくこと，そしてその結びつきが，ときに個人に

不利益をもたらしていくという現実を明るみに出した。バーンスティンは，その一連の理論的営為を通じ，個人と社会，そして社会と教育がどのような関係にあるのかを明らかにしたが，そこではミルズのいう社会学的想像力が，存分に発揮されていたといえよう（Edwards 2002）。つまり，バーンスティンが示したのは，「**教育社会学的想像力**」の範型である。バーンスティンの理論的営為をふまえて，本書では教育社会学的想像力を，「**個人的な教育問題と思われるものが，社会の歴史的文脈や社会構造と密接に関わり，切り離せない関係にあることを見抜く思考力**」と定義したい。

　私たちは，これまで社会に生き，家庭・学校・地域社会で教育を受けてきたのだから，「社会とはこういうものだ／こうあるべきだ」「教育とはこういうものだ／こうあるべきだ」と，自らの経験や実感に基づいて論じることができるだろう。しかし，社会・教育に関する議論がときに厄介なのは，論じられる対象である社会・教育があまりに身近で，自明であるがゆえに，かえってその実体をよく捉えられていないということだ。この近くて遠い，社会と教育とは一体何なのか。「教育社会学的想像力」はこの問いの答えの一端を，あなたに用意してくれるはずだ。

本書の概要

　本書は，全部で14の章から構成されている。まず，序章では，本書のイントロダクションとして，社会学的視点から社会・教育はどのようなものとして把握されるのか，また，教育社会学に依拠して社会・教育について理解を深めることの意義について論じる。第1章では，教育社会学における代表的な理論を取り上げ，その理論展開を整理するとともに，理論を通じて教育と社会をみることの意義について述べる。続く第2章では，教育社会学における調査についての基本的な考え方および質的・量的調査それぞれの特徴と調査手法，データの読み方やデータ収集の仕方について解説する。第3章では，家族の教育的機能とその変遷に焦点を当て，明治期から現代に至るまでの家族形態ならびに教育的機能の変化を取り上げたうえで，家族と教育を取り巻く現代的課題について述べる。第4章では，日本を中心とした保育・幼児教育の展開過程について整理し，とくにグローバリゼーションが進行するなかで子どもを評価するさ

いの今日的課題について論じる。第5章では，「制度」をキーワードに，学校教育制度の社会的機能について考察し，学校における学びの今日的変容をめぐる課題について述べる。第6章では，「社会的レリバンス」の観点からカリキュラム・学校知の捉え直しを行い，カリキュラムをめぐる政治やカリキュラム・マネジメントをめぐる功罪について述べる。第7章では，日本における学歴社会化の進行過程や戦後の教育改革・学力問題の変遷を社会階層との関連において整理し，今後私たちが学力問題をどう議論すべきなのか，その方途について論じる。第8章では，いじめ問題の社会問題化過程の整理，いじめの実態を理解するさいに不可欠なフレームワークの提示を行い，いじめ問題の解決に向けた方途について議論する。第9章は，若者・青年をめぐる概念や青年文化の変遷を辿り，質問紙調査の結果に基づき，若者・青年のコミュニケーション様式および質の今日的変化が意味するものとは何かを明らかにする。第10章では，日本における高等教育の歴史的変遷について整理したうえで，進学機会・費用負担の問題等について，社会学的視点から考察する。第11章は，労働・雇用環境の変容をふまえたキャリア教育の変遷を整理し，今後のキャリア教育をめぐる課題や進むべき方向性について展望する。第12章では，ジェンダー概念の変遷について整理したうえで，教育の現場でいかに男女の不平等な関係が生み出されるのかを考察するとともに，フェミニズム知識論を基盤とした社会変革的な学びを展望する。第13章では，グローバル化が教育や社会にどのような影響をもたらすのかについて理論的に整理し，これからの急速な変容が予測される社会における教育課題について論じる。なお，本書の各章は相互に直接的・間接的に関連する内容を含んでいる。本書では，ある章の内容がどの章に関連しているかを文中に「▶」示し，各章を相互に参照することで，よりいっそう理解が深められるよう配慮した。例えば，第7章で「……(▶第1章)」とあればそれは，第7章で取り扱われた内容に関連する内容が第1章でも取り上げられていることを意味している。また，さらに理解の助けとなるよう，序章・第2章を除く各章には**用語解説**を付してあるので，併せて参照して欲しい。

本書の特徴

　本書第1章〜第13章の各章末には,「教育社会学的想像力」の涵養を企図した,三つのステップからなる学習課題が設定されている(表1)。

表1 「教育社会学的想像力」を拓く三段階の学び

学習段階	取り組みの内容
ステップⅠ：リフレクティヴな学び	自分自身の教育をめぐる経験・体験を振り返ったり,教育問題を「自分事」として引き受けたりしながら,熟考する。
ステップⅡ：コミュニカティヴな学び	教育をめぐる自分自身の経験・問題意識を語り合い,意見・見解の交換を図り,議論を深める。
ステップⅢ：イマジナティヴな学び	想像をめぐらせ,自分自身の教育をめぐる経験や問題意識を歴史的文脈や社会構造に結びつけて考える。また,教育問題・課題の解決に向けて,自分自身に何ができるか,自分自身が何をなすべきかについて考える。

　課題に取り組むにあたって,まず,①自分自身の教育をめぐる経験を振り返りながら,じっくりと考えたうえで(ステップⅠ),②教育問題をめぐる個人的経験や問題意識を,友人や仲間,ゼミナールのメンバー同士等で語り合い,意見を交わし合って欲しい(ステップⅡ)。さらに,③個人的経験・問題意識を,(時にデータに基づきながら)より大きな歴史的文脈や**社会構造** social structure[1]に結びつけるという想像を十分にめぐらせて欲しい(ステップⅢ)。ステップⅠから順に取り組むことで,自然と「教育社会学的想像力」が涵養されることになるだろう。これが本書のひとつ目の特徴である。

　ふたつ目の特徴は,調査研究に関する章を設けたという点である。教育と社会という事象をより深く理解するためには,調査の手法を身に付けることが必要となってくる。そこで本書第2章では,質的・量的手法の両面からどのように調査研究を進めていけばよいのか,どのようにデータを読み,活用していけばよいのか,その手がかりを提供している。読者の皆さんのなかには,教育社会学の視点からレポートや卒業論文などを作成する機会がある学生もおられるかと思う。第2章を熟読し,データに基づきながら教育と社会という現実に迫り,読み応えのあるレポートや論文の作成に取り組んで欲しい。

社会変革的（アクティヴ）な学びに向けて

　本書を手にとってくださる方の中には，教職に就くことを志す人も多いことと思う。教職は，先行世代（大人）から後行世代（子ども）に知識・技能を伝達し，未来の社会を創っていくことにかかわる責任の重い仕事である。ところが，教員養成課程のカリキュラムをみればわかるように，教職に就こうとする学生には，「望ましい社会の在り方とはどのようなものなのか」「どのような社会を私たちは創っていくべきなのか」を考えるといった，いわば「社会をデザインする」機会は多く与えられていないようだ。たしかに，教科目を教える技量を高めることは重要である。しかし，社会を創る仕事でもある教職に就こうとする人に，社会と教育の間に横たわる矛盾や課題を直視し，問題解決に向かおうとする姿勢が涵養されていなければ，既存の社会と教育は，問題を抱えたまま，ただ再生産され続けていくことにはならないだろうか。

　「いま，ここ」を起点としつつ，あなた自身の教育をめぐる経験を，歴史的文脈・社会構造に結びつける思考力を涵養し，さらには，当事者意識を持って，よりよい社会と教育を創出するために自分自身にできることは何かを考えていく姿勢を培うこと――。本書との出会いが，あなたの「教育社会学的想像力」の扉を開き，社会変革的な――つまり，真の意味でアクティヴな――学習者への歩みを前進させていく，ひとつのきっかけとなれば幸いである。

2019 年 3 月　編著者
髙橋　均

●―― 注 ――●

(1) この用語が意味する範囲は広く，（第 5 章ではこの意味で用いているが）人びとのとる対応の仕方や互いに相手との間に保つ関係のなかに隠された規則性（Giddens 1989＝1992: 21），あるいは「社会システムの要素間の関係の，相対的に安定的なパターン」（宮島編 2003: 104）等を意味する（産業構造・権力構造・組織構造の言い換えとして用いられることもある）。なお，本書の学習課題において用いられる社会構造は，不平等な階級間の諸関係としての階級構造（▶ 序章・第 1 章）や人々が職業上において占める位置関係の総体としての就業構造を意味している。

CONTENTS

はじめに:「教育社会学的想像力」とは何か　1

序章　社会と教育の扉を開く　10
 Ⅰ▶ 社会と教育について社会学的に考える　10
 Ⅱ▶ マルクス,ウェーバー,デュルケームにおける社会と教育　11
 Ⅲ▶ 教育・社会化・文化伝達──デュルケームからバーンスティンへ──　17
 Ⅳ▶ 教育社会学を学ぶということ──その意義と魅力　23
 ●用語解説　25

第1章　「理論」を通してみる社会と教育　27
 Ⅰ▶ 社会と教育をめぐる多様な理論　27
 Ⅱ▶ 機能主義理論の展開　27
 Ⅲ▶ 葛藤理論の展開　30
 Ⅳ▶ 解釈的アプローチの展開　33
 Ⅴ▶ 再生産論の展開　37
 Ⅵ▶ 理論の力　46
 ●教育社会学的想像力を拓くレッスン　47
 ●用語解説　48

第2章　教育社会学における調査とその手法　49
 Ⅰ▶ 教育社会学の独自性──調査にもとづいて教育を語る　49
 Ⅱ▶ 量的調査　51
 Ⅲ▶ 質的調査　65
 Ⅳ▶ おわりに　72
 ●教育社会学的想像力を拓くレッスン　73

第3章　「家族と教育」の過去・現在・未来
  ──ペアレントクラシー化のゆくえ──　75
 Ⅰ▶ 家族における教育的まなざしの濃密化──その変遷を辿る　75

Ⅱ▶家族形態と家族における教育の変遷
　　　　——家父長制家族から近代家族へ——　76
　　Ⅲ▶戦後日本における家族と教育の変容　80
　　Ⅳ▶家族と教育をめぐる今日的状況　84
　　Ⅴ▶ペアレントクラシー化のゆくえ　91
　　●教育社会学的想像力を拓くレッスン　92
　　●用語解説　93

第4章　社会変動と幼児教育　95
　　Ⅰ▶幼児教育をめぐる合意と葛藤　95
　　Ⅱ▶社会集団と幼児教育　97
　　Ⅲ▶幼児教育を支える思想　99
　　Ⅳ▶保育者の専門性　103
　　Ⅴ▶日本の幼児教育の特徴　106
　　Ⅵ▶今後の課題　108
　　●教育社会学的想像力を拓くレッスン　113
　　●用語解説　114

第5章　学校の力
　　　　——「制度」としての学校——　115
　　Ⅰ▶学校という制度　115
　　Ⅱ▶業績主義社会を支える学校　118
　　Ⅲ▶学校に対抗する二つの力　121
　　●教育社会学的想像力を拓くレッスン　130
　　●用語解説　131

第6章　カリキュラムは何の役に立つのか
　　　　——学校知のレリバンス——　133
　　Ⅰ▶学校知の「社会的レリバンス」という課題　133
　　Ⅱ▶学校カリキュラムの類型　134
　　Ⅲ▶知識論の展開——知識の相対化から「社会的事実」としての知へ　136
　　Ⅳ▶社会変動とカリキュラム　143
　　●教育社会学的想像力を拓くレッスン　148
　　●用語解説　148

第7章　教育改革と学力問題　150
　　Ⅰ▶はじめに　150

- Ⅱ ▶ 教育改革と学力問題の歴史　151
- Ⅲ ▶ 近年の教育改革の動向　164
- ●教育社会学的想像力を拓くレッスン　168
- ●用語解説　168

第8章　いじめを複眼的に考える
——いじめの構造・変遷・言説——　172

- Ⅰ ▶ はじめに　172
- Ⅱ ▶ 「いじめ」現象をいかに説明するか　172
- Ⅲ ▶ 「いじめ」の実態と取り組み——いじめの調査と国際比較　175
- Ⅳ ▶ 「いじめ」への社会的注目　182
- Ⅴ ▶ おわりに——いじめを冷静な議論にのせるために　185
- ●教育社会学的想像力を拓くレッスン　186
- ●用語解説　186

第9章　青年／若者をめぐる「まなざし」の変容
——啓蒙・モラトリアム・コミュニケーション——　188

- Ⅰ ▶ 「青年」から「若者」へ　188
- Ⅱ ▶ 社会を建設する主体としての青年
  - ——教育社会学草創期における青年への注目から　189
- Ⅲ ▶ モラトリアムを浮遊する青年／若者
  - ——青年から若者への転換　191
- Ⅳ ▶ どこか問題化される若者たち
  - ——コミュニケーション論への収斂　195
- Ⅴ ▶ 若者のコミュニケーションの現在——質問紙調査の分析から　198
- ●教育社会学的想像力を拓くレッスン　204
- ●用語解説　205

第10章　社会の変化と高等教育
——大学とは何だろうか——　207

- Ⅰ ▶ はじめに——大学の役割とは　207
- Ⅱ ▶ 高等教育とは何か　207
- Ⅲ ▶ 日本の高等教育の現状　209
- Ⅳ ▶ 近代日本の大学と高等教育の形成　211
- Ⅴ ▶ 戦後教育改革と大学進学の大衆化・ユニバーサル化　214
- Ⅵ ▶ 高等教育の社会学：進学機会・費用負担・大学教育　219

Ⅶ▶まとめ——大学とは何か　233
●教育社会学的想像力を拓くレッスン　233
●用語解説　234

第11章　変化する社会における「キャリア教育」
——学校教育は卒業後の仕事にどのように関わっているのか？——　236

Ⅰ▶あなたが大学に進学したのはなぜ？　236
Ⅱ▶学校から仕事への移行 School to Work Transition——日本の特徴　238
Ⅲ▶学歴と賃金の関係を説明する諸理論　241
Ⅳ▶「能力」の多義性と〈新しい能力〉の広汎性　244
Ⅴ▶「キャリア教育」とは何か　247
Ⅵ▶変わりつつある社会と仕事，変わりつつある教育と職業の接続　251
●教育社会学的想像力を拓くレッスン　258
●用語解説　259

第12章　教育をジェンダーで問い直す
——フェミニズム知識理論の視点から——　262

Ⅰ▶はじめに——フェミニズムから見た知識論　262
Ⅱ▶女性学の登場と展開　263
Ⅲ▶フェミニズム知識理論——だれのための知識か　265
Ⅳ▶日本における教育社会学とジェンダー研究の展開　271
Ⅴ▶教育をジェンダーで問い直す　275
Ⅵ▶おわりに　278
●教育社会学的想像力を拓くレッスン　279
●用語解説　280

第13章　グローバリゼーションと教育　281

Ⅰ▶はじめに　281
Ⅱ▶グローバル化とは何か　281
Ⅲ▶グローバル化の教育への影響　286
Ⅳ▶日本におけるグローバル化の教育への影響と教育の対応　293
●教育社会学的想像力を拓くレッスン　299
●用語解説　300

【引用・参考文献】

序章　社会と教育の扉を開く

I ▶ 社会と教育について社会学的に考える

「教育社会学って何だろう？」「社会学的に教育を考察するってどういうこと？」初めて教育社会学を学ぼうとする読者の皆さんの多くは，おそらく，このような疑問を抱くのではないだろうか。本章では，本書のイントロダクションとして，「社会」と「教育」を社会学的に捉えたうえで，教育社会学の学問的特徴とその魅力について考えていくことにしたい。

教育社会学 sociology of education とはその名の通り，教育という営みを社会学的に分析・考察する学問であるが，その親学問は，**社会学** sociology である。日本語で後に社会学と訳されることになる sociologie という言葉の初出は，フランスのコント（Auguste Comte 1798-1857）が1839年に刊行した『実証哲学講義』の第四巻に求められる（市野川 2012：5）。コントは，自ら創設した新しい研究領域を「社会物理学」と呼んでいたが，「自分の考え方を他の人々と区別しようと考え」，「自分が確立したいと望んだ研究主題を明示するために社会学という新たな言葉を作り出した」（Giddens 1989＝1992：656-657）。その後，コントの影響を受けたイギリスのスペンサー（Herbert Spencer 1820-1903）が「社会学」という言葉を継承し，1873年には，『社会学研究 The study of Sociology』を刊行した（市野川 2012：5）。

さて，私たちが教育社会学にふれようとするとき，往々にして直面するのは，それが対象とする肝心の**社会** society と**教育** education が，曖昧模糊として捉えにくいという問題である。社会と教育をどのように捉え，理解するのかをめぐっては，いくつかの異なった立場が存在する。その深い洞察を通じ，教育と社会の関係性の理解に重要な示唆を与えた，**マルクス**（Marx, K.），**ウェーバー**（Weber, M.），そして，**デュルケーム**（Durkheim, É.）──。以下では，この知の巨人たちが，それぞれどのような社会観を提示してきたのかについて

みていくことにしよう[1]。

II ▶ マルクス，ウェーバー，デュルケームにおける社会と教育

1 マルクスにおける社会と教育

　マルクス（Karl Marx 1818-1883）がその生涯を通じて最も強い関心を寄せたのは，人々の経済活動である。ゆえに，彼を社会学者としてのみ位置づけることはできない。しかし，社会学の泰斗ギデンズ（Giddens, Anthony 1938-）が評するように，マルクスは「経済の問題を常に社会制度と結びつけて考えようとしていたため」，マルクスが書き残したものは，「社会学的洞察に富んでいる」（Giddens 1989＝1992：658）。

　マルクスが展開した議論は，**唯物史観** historical materialism として知られる。マルクスは，自然と同様に人間社会にも客観的な法則があると考え，経済活動の変化に対応して，無階級社会から階級社会へ，階級社会から無階級社会へと移行すると考えた。マルクスはこのことを，「人間は，その生活の社会的生産において，一定の，必然的な，彼らの意志から独立した諸関係を，つまりかれらの物質的生産諸力の一定の発展段階に対応する生産諸関係を，とりむすぶ」（Marx 1934＝1991：13）と表現している。

　マルクスは，**生産諸関係** relations of production[2] に着目し，その関係性の変化が社会変動を引き起こすとみた。すなわち，「ある社会の内部における生産力の発展は，それまで対応関係にあった生産関係（生産過程における人間の相互関係・社会関係）との間に矛盾を生み」，その矛盾はやがて「生産関係の変革」，つまり，「所有形態を媒介にした支配・被支配的関係」（伊藤 2010b：14）の転換を引き起こし，それが社会変動をもたらす。マルクスは，「物質的生活の生産様式は，社会的，政治的，精神的生活諸過程一般を制約する」として，人間の精神的・文化的活動のあり方が，社会の「生産力と生産関係」（＝生産様式）によって規定されるとみた。つまり，「人間の意識がその存在を規定するのではなくて，逆に，人間の社会的存在がその意識を規定する」（Marx 1934＝1991：13）のである。

　マルクスの社会学への貢献は，社会を**階級関係** class relations の観点から捉

えることを可能にしたという点にある。マルクスは社会を，**資本家階級** capitalist class と**労働者階級** working class という，不平等な関係性に置かれたふたつの社会集団によって構成される階級構造として捉えた。

　資本家階級と労働者階級は，富や財を生み出す資本＝元手，すなわち，**生産手段**の所有／非所有によって区別されるふたつの社会集団である。資本家階級は，生産手段を所有する社会集団であるのに対し，労働者階級は生産手段を所有しない。マルクスによれば，持つ者／持たざる者というふたつの社会集団が生起するのは，**資本主義社会** capitalist society においてである。

　では，なぜ資本主義社会において，不平等な階級構造が生まれるのだろうか。そのメカニズムは，ごく簡略にではあるが，次のように説明することができる。資本家階級は，本来誰のものでもないはずの土地を占有し，そこに工場を立て，それを生産手段とすることができる。これに対し労働者階級は，生産手段を持たない社会集団のため，自らの生活のための富・財を，自らの手で生み出すことができない。ゆえに，労働者階級の人々は，資本家階級が建てた工場において，自らの時間と労働力とを切り売りすることによって「賃金」（＝生活手段）を得て生活していかざるを得ない。こうして，労働者階級の人々は，「その人にとって必要以上の労働に就くよう強制され，資本家の統制下にはいる」（崎山 2004：80）ことになる。すなわち，資本は，「生産手段および生活手段の所有者」たる資本家階級が，「自由なる労働者を，彼の労働力の売り手として市場に見出すところにおいてのみ成立する」（Marx 1867＝1969：296）というわけである。

　問題は，資本家階級は，労働者階級の人々によって生産された生産物の価値，あるいは労働の対価に等しい額の賃金を支払うわけではないということだ。資本家階級は，生産により増加した価値のうち，「労働力の維持（再生産）に必要な分（賃金）のみを労働者に与え，その残りから生産手段の維持費用などを除いた分を利潤として手中に収める」（伊藤 2010a：12）。これがいわゆる**搾取** exploitation の過程である。資本家階級は搾取によって得た利潤を工場の設備投資へとまわし，工場の生産性を高めることによって，さらに資本＝元手を増加させることができる。

　このように，マルクスの考えに依拠すれば，社会を不平等な階級構造によっ

て構成されるひとつの実体として捉えることが可能になる。そのさい，教育（学校教育）は，資本主義社会と階級構造の維持・再生産に寄与するものとみなされることになる（▶第1章）。社会の不平等を絶えず生み出していく営み――。それがマルクスに拠った場合の教育の見立てである。

2 ウェーバーにおける社会と教育

次に，ウェーバー（Max Weber 1864-1920）がどのように社会を捉えていたのかをみよう。ギデンズによれば，「ウェーバーは，マルクスの影響を受けたが，同時にマルクスの主要な見解の一部に極めて批判的でもあった」（Giddens 1989＝1992：659）という。ウェーバーは唯物史観を自らの理論から遠ざけ，階級闘争を重要視しなかった。というのも，ウェーバーにとって「世界史観としてのマルクス主義は支持しがたい単一原因論」であり，マルクス主義は，「社会的ならびに歴史的諸関係をあやまりなく再構成するには不都合」（Gerth & Mills 1946＝1965：116-117）であるとみたからである。

ウェーバーの立場は，「行動者の意識と無関係に，社会的な行動の客観的な意味を考えようとするマルクス的な思考」（Gerth & Mills 1946＝1965：142）と対極にある。ウェーバーは，「理念や価値は，社会変動に対して経済的条件と同じくらい影響を及ぼす」（Giddens 1989＝1992：659）との観点に立って，自らの**理解社会学** interpretative sociology をうち立てて，**方法論的個人主義** methodological individualism の立場から，「究極的な説明単位としての個人の理解を方法論的に強調」（Gerth & Mills 1946＝1965：142）し，社会を諸個人の意思・意識の集積として説明しようとしたのである。

ウェーバーはその著書『社会学の根本概念』において，「『社会学』という言葉は，非常に多くの意味で用いられているが，本書においては，社会的行為を解釈によって理解するという方法で社会的行為の過程および結果を因果的に説明しようとする科学を指す」と述べ，自らの提唱する理解社会学の基本的方向性を明示した（Weber 1922＝2008：8）。

ウェーバーのアプローチの特徴は，行為者の**主観的に思念された意味**に注目し，社会的行為を説明しようとする点にある。社会的行為は，「単数或いは複数の行為者の考えている意味が他の人々の行動と関係を持ち，その過程がこれ

に左右されるような行為」（Weber 1922＝2008：8）である。ある行為が「ただ物体の行動の予想に向けられている場合」や「黙想や孤独の祈りのような宗教的行為」は社会的行為ではない。ある行為が社会的行為となるのは，「自分の行動の意味が他人の行動に向けられて」いるときである。「二人の自転車乗りが衝突しても，これは自然現象と同じ事件に過ぎない」が，「相手を避けようと試みたり，衝突の後で悪口を言い合ったり，殴り合ったり，円満に話し合ったりすれば」，それは社会的行為となる（Weber 1922＝2008：36）。

　また，社会学において**権力** power をどう捉え，理解し，分析するかは重要な課題のひとつである。ウェーバーは権力について，「自己の意思を他人の行動に対して押しつける可能性」と定義し，それは「恋愛関係や慈善関係」あるいは「学問的討論やスポーツ」など，社会において「千差万別の形をとって現れうる」（Weber 1956＝1960：5）とする。諸個人の社会的行為の視点からすれば，先の自転車事故の例において，行為者 A がなんとか円満に事を収めたいと望み，行為者 B が行為者 A の意図を汲み取って行動するならば，そのとき，行為者 A の権力が完遂することになる。

　ところで，勘のいい読者の皆さんは，ウェーバーの理解社会学の視点からすれば，家庭教育の場における親と子どもの間で，学校教育の場における教師と児童生徒との間で，社会的行為と権力がみいだされるのだということにすでにお気づきだろう。いわゆる教育的な関係性と呼ばれるものは，すぐれて社会学的な分析・考察の対象となるのである。親や教師の主観的に思念された意味は，子ども・児童生徒に対して向けられ，逆に，子ども・児童生徒の主観的に思念された意味も教師に対して向けられることになる。また，親や教師は，子ども・児童生徒に対して，「このようになって欲しい」という自己の意思を押しつけ，権力を完遂することによって，教育という営みを成立させることができる。ただし，社会的行為としての教育という営みは，常に安定的であるというわけではない。子ども・児童生徒は，しばしば親や教師の権力に抗うことがあるからだ。ウェーバーに依拠するならば，このような教育的関係における**交渉の過程** negotiation process（▶第１章）に社会をみることもできるのである。

3 デュルケームにおける社会と教育

「社会」（あるいは「社会的」）という言葉は，諸個人の集合からなる集団を意味したり，「人間関係や相互行為を漠然と指し示すもの」（市野川 2006：35-36）として用いられたりする。こうした社会の捉え方は，私たちの常識的知識となっているのではないだろうか。しかし，このような社会の理解や把握の仕方とは異なった，社会学が取り扱うべき固有の対象をみいだしたのが，社会学者デュルケーム（Émile Durkheim 1858-1917）である。曰く，「社会的という言葉は，すでに構成され，命名されている事実のカテゴリーにもぞくさないような現象をもっぱら指し示すというかぎりにおいて，はじめて明確な意味をもちうる」（Durkheim 1895＝1978：55）。彼はその慧眼によって，「他の自然諸科学の研究している現象からきわだった特徴をもって区別される，ある一定の現象群」（Durkheim 1895＝1978：51）を見い出し，それに社会という言葉を充てたのである。

デュルケームは，コントの影響を受けてはいたが，コントの研究の多くが「あまりにも思弁的で漠然として」いたために，「科学的基礎の上に社会学を確立」するという「もくろみをうまく実現できなかった」とみていた。こうした認識論的検討を経てデュルケームは，「社会学が科学になるためには，社会学は『社会的事実』を研究しなければならない」（Giddens 1989＝1992：657）と主張するに至る。デュルケームによる**社会的事実** social fact という概念の提起は，社会学固有の領域を形成する現象を見定めるという意義を有していた（Durkheim 1895＝1978：55）。

デュルケームによれば社会的事実とは，「行動，思考および感覚の諸様式から成っていて，個人に対しては外在し，かつ個人のうえにいやおうなく影響を課することのできる一種の強制力」（Durkheim 1895＝1978：54）である。そのような「一種独特の sui generis」の性格をもった実在を，デュルケームは社会的事実と呼んだ。社会的事実は目にはみえないが，「外在」して外側から私たちを拘束すると同時に「内在」し，諸個人の内側から意識の在り方や行動様式を規制する「力」として実在するという「二重性」を有している。社会的事実は，もともと人々が創り出していくものであるが，自らが創り出したものに

よって人々は拘束されるようになるという逆説がここにある。

 デュルケームによれば,「ある者を婚姻に,ある者を自殺に,また大なり小なりの出生傾向などにいたらしめる一定の世論の諸潮流」,すなわち,さまざまな社会的事実が「時代や国にしたがって」存在し,「いろいろな強度で人々を駆って」いるという（Durkheim 1895＝1978：60-61）。デュルケームは,私たちが自明としているがゆえに往々にして気づかれることのない拘束力＝社会的事実の可視化・対象化こそが,社会学の使命であることを示したのである。

 デュルケームは社会学者であったが,教育をめぐる議論は,彼の理論の核をなしていた（Moore 2004：121）。彼は,社会を統合し,社会の凝集性を高める手段として教育という営みに関心を寄せ,「その発達の一定時期に考察された各社会は一般に,一種の不可抗力によって個人に強制する一種の教育体系を有している」（Durkheim 1922＝1976：51）と述べ,教育もまた「社会的事実」であるとする。

 子どもたちが学校に通っているという現象は,社会的事実が何たるかを示す典型のひとつだろう。私たちは,学校に通うということを,往々にして疑問に思うことなく繰り返し行ってきた。このような事象が可能となるのは,この社会に,教育＝社会的事実という,「個人の欲すると否とにかかわらずかれに影響をおよぼしてくるような,ある命令と強制の力」（Durkheim 1895＝1978：54）が存在しているからである。

 学校に通うという社会的事実は,「外部からわれわれ各人にやってきて,有無をいわさず各人をそのなかに巻き込んでしまう」ため,巻き込まれているという事実に疑念を持たないかぎりにおいて,その「圧力を圧力として感じないでもすむ」。ところがひとたび,ある児童生徒が学校に通うという事象に抗おうとすると社会的事実の「圧力は顕在化」（Durkheim 1895＝1978：56）し,個人のレベルでは激しい心理的抵抗感が生起する。「不登校」の児童生徒にしばしばもたらされる苦痛や心理的抵抗感とはまさに,空気のように目にはみえないが,外側から諸個人を拘束し,諸個人の内に入りこむ,社会的事実の強制力・拘束力の産物であるといえよう。

Ⅲ▶ 教育・社会化・文化伝達
―― デュルケームからバーンスティンへ ――

1 教育，社会化と「二重の自己」

　教育社会学の始祖デュルケームの理論は，現代の教育社会学において依然として遺産であり続けている。イギリスの教育社会学者バーンスティン（Bernstein, B.）は，デュルケームの理論的エッセンスを引き継ぎ，自らの理論を洗練させてきた（Moore 2004）。「バーンスティンが教育社会学における傑出した理論家であり続けたことを疑う者は，まずいないであろう」（Dale 2001：28）との指摘にもあるように，その理論は世界的に高く評価されている。以下では，デュルケームからバーンスティンへの理論展開をフォローするとともに，バーンスティンの理論をふまえて社会と教育の新たな扉を開いていくことにしよう。

　デュルケームによれば，「教育とは，社会生活においてまだ成熟していない世代に対して成人世代によって行使される作用」，すなわち，「未成年者の体系的社会化」（Durkheim 1922=1976：58-59）である。彼は，教育とは，先行世代（大人）が創り出した規範・道徳意識を後行世代（子ども）が学習する**社会化** socialization（▶用語解説）の営みであると主張し，**教育＝社会化**として，すなわち，「教育を根本的に社会化と重なり合うものとして見ていた」（柴野 1985：9）。

　教育＝社会化は，「子どもに対して全体としての政治社会が，また子どもがとくに予定されている特殊的環境が要求する一定の肉体的，知的および道徳的諸状態を子どもの中に発現させ，発達させること」（Durkheim 1922=1976：58-59）を意味する。教育＝社会化は，「特定社会の習慣，制度，実践，および行為の様式」（柴野 1993a：15）を大人世代から子ども世代へと伝達していく営みであり，この教育＝社会化を通じて，社会は自らの秩序の維持・再生産を遂げることができる。教育＝社会化は，社会が存続するための機能的要件なのである。

　また，教育＝社会化は，「社会と自己の間を媒介」するものであり，『外側に

あるもの outer』(社会)が,『内側にあるもの inner』(自己 self)となる過程」(Moore 2004:125-126)である。しかし,ここで問題となるのは,社会が教育＝社会化を通じて「自己」を生み出すだけならば,「個人の自由や自発的な社会的行為の余地は残されていないのか」(Moore 2004：127)ということである。

社会的事実としての教育＝社会化が,「私たちの外側にあるとともに,私たちの『内側に』ある」という事実は,「自己」の内部に,「社会的自己 social self」,すなわち,「集合的人間」に還元不可能な,個体性,自発性,創造性の空間が存在することを意味する。ムア(Moore, R.)によれば,デュルケームの社会理論にあっては,「二重の自己のモデル duplex model of self」がみいだされるという。教育＝社会化は「二重性」を持ち,諸個人のうちで外側のもの(規範・ルール)を内側のもの(意識)へと転換する過程を通じて,刷新的な自発性や個別性の空間を絶え間なく拡張していくのである(Moore 2004：127-128)。

教育＝社会化は,社会秩序の維持・存続にかかわる保守的な営みであるが,それのみに留まるものではない。教育＝社会化はその過程において,それが企図したのとは異なる社会的存在を創り出すという,「社会化一般に解消されない独自の組織的な作為様式」(柴野 1993a：15)としての側面を併せ持つ。柴野は,諸個人の「自己形成的能力または自己を社会化する能力」に着目し,社会化過程においては,①インター・パーソナルな状況において,主意的な対人交渉を展開していく過程で獲得される交渉性,②その過程において,他者と区別される自己の独自性を自覚することによって獲得される個性,③両者の相互媒介的な展開において形成される自己決定的な志向選択能力としての自律性が獲得される契機が埋め込まれていると述べる(柴野 1977：30)。つまり,社会化の過程において,「個人における知識・技能の獲得,パーソナリティ形成と知性の発達といった人間成長」(柴野 1985：7)の契機がみいだされるとき,あるいは諸個人の主体性・創造性への契機が社会化過程にみいだされるとき,それを教育と呼ぶことができるのである。このように,教育は「社会化過程の一局面」(柴野 1985：6)であり,互いに重なり合う部分はあるものの,厳密には区別されるべき異なった作用をそれぞれが有している。

2 「文化伝達」としての教育

　デュルケームは教育を,「親および教師によって子どもに行使される作用」として狭義に捉える一方,「実際にはこれ以外にも無意識的な一種の教育が不断に行われている」と述べ,広義の教育にも目を向ける必要性を説く。曰く,「われわれの範例によって,われわれが口にする言葉によって,われわれが達成する活動によって,われわれはわれわれの子どもの心を一種の持続的様式で陶冶している」(Durkheim 1922＝1976：84)。

　ここでデュルケームが指摘するのは,例えば大人や周囲の人間の何気ない言動や行動すらも,子どもには教育として作用し,新たな「自己」を生み出していくという事実である。つまり,意図的・計画的になされる知識・技能の伝達―獲得(学校教育)から,無意識的に,否応なしに(時には避けがたい形で),ある人間が他の人間から影響や感化を受ける過程までを含めた**文化伝達** cultural transmission を,教育と呼ぶことができるのである。ただし,普遍的で唯一の形態が教育にみいだされるわけではない。どのような知識・技能・価値観が子どもたちに伝達されるべきものとして正当化されるのかは,その時々の社会的・歴史的状況によって可変的である (Moore 2004：126)。

　デュルケームと同様にバーンスティンもまた教育を広義に捉えている。そのバーンスティン理論の鍵概念は**教育** pedagogy である(以下では,一般的な意味での教育 education と区別し,バーンスティンのいう「教育」を〈教育〉と表記する)。〈教育〉の概念は,教師から児童生徒への学校知の教授や,家庭における親から子への「しつけ」など,社会生活のさまざまな場面での「伝達―獲得」過程を捉えることに寄与する。バーンスティンは〈教育〉を,「ある者(ある者たち)が,適切な提供者であり評価者であるとされるある者(ある者たち)もしくは事物 something から,行動,知識,実践,規準の新しい形態を獲得するか,あるいは行動,知識,実践,規準の既存の形態を発展させていく,持続的な過程 sustained process」(Bernstein 1999：259) と定義している。

　バーンスティンは具体的な〈教育〉的関係 pedagogic relationship として,親―子,教師―児童生徒のみならず,医師―患者,ソーシャルワーカー―クライアントをあげているが (Bernstein 1990：16),ここで「適切な提供者」・「評

価者」(＝伝達者) となるのは，親・教師・医師・ソーシャルワーカーであり，「ある者」(＝獲得者) となるのは，子ども・児童生徒・患者・クライアントである。また，バーンスティンが他者という人間存在からの獲得のみならず，「事物」からの獲得をも〈教育〉とみなしていることからもわかるように，例えば，ある人が，テレビやラジオ，インターネットといったメディアから何らかの知識や行動の指針などを得るならば，それもまた〈教育〉となるのである。教育的関係 educational relationship という言葉から私たちがイメージするのは，もっぱら教師―児童生徒との関係であろうが，〈教育〉的関係は，学校を含む幅広い文化伝達の基底的文脈を意味している (Bernstein 1996＝2000：37)。

3 「類別」と「枠づけ」

バーンスティンは，知識の伝達―獲得に焦点を当て，〈教育〉の社会理論を展開してきた。ではなぜ，知識の伝達―獲得が重要な問題となるのだろうか。その答えの手がかりは，以下のデュルケームの言辞にある。

> いったい知識はそれを了解する人々の頭脳内に閉じ込められて終わるべきものではなく，他の人々に伝達されてこそ真に効果を発揮するのである。(Durkheim 1922＝1976：136)

デュルケームがここで指摘しているのは，知識はその伝達‐獲得の過程を通じて権力を持ちうるという，いわば「知識の社会的性格」である。つまり，知識はそれを伝達する側と獲得する側とが存在して初めて意味＝力を持つ。ある知識が誰かに開放されるときに知識は社会的性格を帯び，知識はそれ自体が権力を持つものとして理解されることになるのである (▶第6章)。

バーンスティンによれば，「いずれの社会においても，公認されている教育知識が存在するが，それが選択，分類，分配，伝達，評価される仕方には，その社会の権力の分配の仕方や社会統制の原理が反映」(Bernstein 1977＝1985：91) されている。〈教育〉において問題となるのは，何を・どのように伝達するかという，「知識配分のされ方」と「伝達の形態」である。この〈教育〉の

過程の記述を可能にする鍵概念が，**類別** classification・**枠づけ** framing，**コード** codes である。

バーンスティンによれば，権力の源泉は，諸社会集団間の闘争にあり，ある社会集団の正当性をめぐって闘争が繰り広げられるときに権力が生起する。権力は目にはみえないが，「カテゴリー」間の関係としてその姿を私たちの前に現す。類別は，「諸カテゴリー間の阻隔 insulation の程度」を示す概念であり（Bernstein 1990; 1996＝2000），それは社会集団間の権力関係を通じて生み出される。ゆえに，カテゴリーの境界維持のあり方を分析することで，社会における権力関係を読み解くことが可能となるのである。

類別の阻隔の程度は，＋C～－Cの値で表わされる。ここでは，学校カリキュラムにこの議論を適用してみよう。国語科と算数科がそれぞれ個別の教科として分類されるカリキュラムである場合，国語と算数の阻隔は明確であり，このとき両教科間の「類別は強い」（＋C）と捉えることができる。これに対し，例えば，商店街の経済活動について学ぶことを目的とした総合的な学習の時間において，社会科の知識と算数科の技能がともに学ばれる場合，社会科と算数科の阻隔は曖昧であり，このとき両教科の「類別は弱い」（－C）と捉えることができる。

カリキュラムというカテゴリーの疎隔の程度の強弱が，社会集団間の権力関係を反映するとみた点に，バーンスティンの慧眼がある。例えば，子どもの主体性や自由な活動を重んじる新教育（児童中心主義・進歩主義教育）を支持する**新中産階級** new middle class（▶ 第3章）が支配的な社会集団となれば，カリキュラムにおけるカテゴリーの類別は弱くなり，知識の一方向的な教え込みを基調とする旧教育（教科中心主義・保守的教育）を支持する旧中産階級・労働者階級が支配的な社会集団となれば，カリキュラムにおけるカテゴリーの類別は強くなる（Bernstein 1977＝1985）。

「類別」の視点から捉えられるカリキュラム・学校知は，社会的事実である（▶ 第6章）。バーンスティンもまたデュルケームと同様に，「外側のもの outer」がいかにして「内側のもの inner」となるのかに関心を寄せ，「類別」という外側のものがどのようにして，自己の内面（内側のもの）を形成するようになるのかを，枠づけの概念によって捉えた（Moore 2004）。

バーンスティンは,「類別」の具現化は,**統制** control の作用によって可能になるとみる。例えば,中産階級／労働者階級間・白人／有色人種間・男性／女性間のヒエラルキーは,優位な社会集団から劣位の社会集団への統制が存在していることを意味する。バーンスティンは,社会集団間の統制関係は,ミクロレベルの相互作用的関係に反映されるとみて,社会のマクロレベルとミクロレベルを架橋した。バーンスティンは,ミクロレベルの相互作用的関係を「枠づけ」と呼ぶが,この枠づけというコミュニケーション様式を通じて,「類別」＝カリキュラム・学校知が諸個人のうちに埋め込まれ,自己が形成されていく。

枠づけは,「ローカルな相互作用的教授関係におけるコミュニケーションに対する統制」(Bernstein 2000：12) の強弱の程度を示す概念である(統制の程度は＋F～－Fの値で示される)。獲得者が何を獲得すべきかを選択するさい,獲得者の自由裁量の幅が狭いとき,伝達者から獲得者におよぶ枠づけは強くなる(＋F)。逆に,獲得者が何を獲得すべきかを選択するさい,獲得者の自由裁量の幅が広いとき,伝達者から獲得者におよぶ枠づけは弱くなる(－F)。具体的な教授場面でいえば,画一的カリキュラムが一斉教授の形式で教師(伝達者)の側から一方向的に伝達され,獲得すべき知識・スキルの規準が明瞭なとき,そこには「強い枠づけ」(＋F) があるといえる。これに対し,総合学習(総合的な学習の時間)のように,獲得すべき知識・スキルの規準が明瞭ではなく,何を獲得するかは獲得者の裁量に委ねられる場合,そこには「弱い枠づけ」(－F) があるといえる。

4 コードと〈教育〉

バーンスティンによれば,「コード」とは,類別と枠づけの値の関数である。類別と枠づけは,それぞれが＋～－の値を持ち,それぞれが個別的に変化する。

類別は,「諸機関の間,さまざまな担い手の間,諸言説の間,諸実践の間」のカテゴリー間の境界維持の程度や,「非熟練,熟練,事務職,技術職,管理職といった生産領域における分業を構築するカテゴリー」(Bernstein 2000：6) の間の境界維持の程度に対しても適用できる。また,「枠づけ」の概念によって,教育の領域,つまり,家庭教育における親子間の相互作用的関係や学校教育における教師と児童生徒との相互作用的関係のみならず,医療の領域におけ

る医師と患者，福祉の領域におけるソーシャルワーカーとクライアントなど，社会のあらゆる領域における相互作用的関係を通じた伝達―獲得過程の分析を射程に収めることができる（Bernstein 1990：16）。

このように，社会に遍在する〈教育〉的関係を通じた文化伝達の営みが射程に入れられているという点で，デュルケームの「教育」とバーンスティンの〈教育〉には相同性がみいだされる。しかし，バーンスティンはデュルケームによって提示された「教育」の概念をただそのまま継承したというわけではない。バーンスティンは，知識の伝達―獲得過程を「類別」と「枠づけ」という概念のセットである「コード」によって捉えることを可能にし，文化伝達としての〈教育〉が，社会における不平等な階級関係の再生産にいかに結びつくのかという問題を精緻に理論化したという点で，デュルケームを超えている。

バーンスティンの〈教育〉は，マクロからミクロレベルに至る，知識の社会的配分とその諸個人への伝達・獲得の全体的過程の把握を企図して生み出された概念であり，そこには先にみたマルクス，ウェーバー，デュルケームの社会と教育の視座が埋め込まれている。バーンスティンは，その「教育社会学的想像力」（► はじめに）によって，社会のさまざまな場面における「伝達―獲得」の過程に，社会の権力関係（不平等な階級関係）がどのように入り込んでくるのかを描き出そうとした。つまり，〈教育〉とは，単なる知識・行動規範の伝達―獲得の過程ではなく，社会の権力関係がそこに凝縮される「一種独特の」過程である。「教育」から〈教育〉へ――。デュルケームとバーンスティンを経由して私たちが開くのは，社会と教育の新たな扉なのである。

Ⅳ► 教育社会学を学ぶということ――その意義と魅力

デュルケームが展開した教育の社会学的分析に関する議論は，教育社会学における研究上の公準として参照され続けてきた。デュルケームは，自ら提唱する「教育科学」は，「観察によって獲得され，理解され，観察に与えられた事実の上に支えられなければならない」（Durkheim 1922＝1976：86）とし，ある教育制度が「いかなる様式で」，「いかなる結果を生じ」させているのかを研究するには，「良い学校統計が必要」だと主張する。そして，統計データに示されるある事象の一定の傾向に，教育という営みの「事実」をみいだす。

各学校には一定の紀律，賞罰規定が存する。この制度が同一地域の他の学校において，また異なる地方において，各学期において，1日の各時間において，いかなる様式で機能しているか。もっとも頻繁な学校犯罪は何か。国土全体について，もしくは国の異なるに応じて学校犯罪の割合はどのように変化するのか。この割合は子どもの年齢，家庭における子どもの状態等々にどのように依存しているのか。(Durkheim 1922＝1976：93)

デュルケームのいう事実には，ちょうど硬い石のように，一定期間，ある事象の傾向は変化しないという含意がある。デュルケームによれば，教育という現象もまた，「モノ」のように観察されなければならない。このような教育科学の視座に立ち，教育社会学では量的調査により，保護者の学歴・世帯年収・雇用状況等を指標とする**社会経済的地位** SES：socio-economic status（▶ 第3章・第7章）が子どもの教育達成に与える影響について分析がなされ，いかに社会の不平等が生み出されていくのかが明らかにされてきている。

　もっとも，教育に関する量的データという事実に基づく分析のみが，教育科学の名に値するというわけではない。例えば，「教育の歴史社会学」的分析では，歴史的資料という事実に基づき，「女子学生の学校文化」が考察の対象とされてきた（稲垣 2007）。また，質的手法のひとつである**エスノメソドロジー** ethnomethodology（▶ 第1章）をベースに，教室空間における教師―児童間の言語的コミュニケーション＝会話やシンボルの交換・解釈過程を観察によって記述し，教師―児童間の相互作用という「事実」を通じ，いかにして授業が成立するのかが明らかにされている（岡本 2015）。このように「事実」は，様々な形をとって私たちの前に立ち現れるが，幅広い教育的事象について，徹底的に事実に基づいて分析・考察を行う点に，教育社会学の特徴がある（▶ 第2章）。

　みてきたように，教育社会学は，証拠・根拠に基づいて議論する事実学志向の学問であるということができる。教育社会学は，かつてデュルケームが強調したように，教育という事象を「経験的印象に対する信念によることなく」（Durkheim 1922＝1976：94），客観的な事実に基づいて理解しようと試みる。教育社会学は，「当為論」ではなく，「教育科学」を志向する。つまり，「ある

べき姿を規定する」のではなく，実際に生起している現象に対して，価値判断を留保しながらアプローチするのである。

とはいえ，教育という営みが「価値」を離れて存在するものではない以上（理念や目標がなければ，教育という営みは成り立たない），教育社会学的アプローチを採るさいにも，望ましい教育の在り方やあるべき社会の在り方，つまり，「当為」についての価値判断を迫られることは言うまでもない。教育社会学は，量的・質的アプローチを採りつつ，現実の「教育活動の展開や教育問題の解明に寄与することができる教育の科学」（柴野 2008：4）として位置づけられる。教育という営みをめぐってしばしば生起する具体的な教育問題・教育課題に向き合い，その解決を志向するという点に，教育社会学の学問的特質がある。つまり，「教育社会学という学問は，まずもって事実としての教育を客観的，実証的に把握することに専念するが，その研究を通して現実の教育活動や社会問題としての教育課題の改善，変革に寄与しうる」のである（柴野 2008：6）。教育社会学はたしかに事実学志向という性格を有している。しかし，教育社会学を学ぶ私たちが，教育という営みや社会生活に何らかの問題をみいだすのであれば，事実あるいはエビデンスという武器を携えつつ，問題に立ち向かうべきだろう。

教育社会学は，「事実学」であるとともに，現実の教育問題にコミットする「実践学」である。教育問題を，歴史的文脈や社会構造との関連において理解する「教育社会学的想像力」（► はじめに）を培い，一人ひとりが自らの生を称揚できるような社会と教育の在り方を追求していくということ。徹底したリアリズムに立脚しながらも，果てしないロマンを追い求めていく──。この固有の学問的性格こそが，教育社会学を魅力溢れるものにしているのである。

《 用語解説 》

社会化 ●社会秩序が安定的に維持されるには，人々が社会で生きるに不可欠な知識・行動様式・価値観を習得する必要があるが，そうした成員性 membership を諸個人が獲得する過程のことを社会化と呼ぶ。社会化をめぐって多くの論者が定義付けを行っているが，社会化は，①成員性の習得・②基本的学習の過程・③他者との相互作用を通してパーソナリティを社会体系に結びつける過程であるとみる点で見解が

一致している(柴野 1992)。社会化は様々な場面でなされるが,家庭で子どもに基本的生活習慣を身に付けさせる「しつけ」や,企業で新入社員に対し社会人としての心構えを説く研修なども社会化の一つの形態である。

●—— 注 ——●

(1) 本書「はじめに」で取り上げたミルズは,マルクス,ウェーバー,デュルケームについて論じ,彼らを「歴史と個人史とを,さらには社会のなかでの両者の関わりを洞察」する「社会学的想像力」を持つ古典的な社会分析家として高く評価している(Mills 1959＝2017：20-21)。

(2) 具体的には,封建領主と農奴の間や雇用者と被雇用者の間で結ばれるような,経済活動を基盤とした支配―被支配の関係を意味する。

(髙橋均)

第 1 章　「理論」を通してみる社会と教育

I ► 社会と教育をめぐる多様な理論

　社会学という学問が成立して以来，社会学の領域においては，社会をどのように捉えるのかについての議論が深められてきた。これまでさまざまな理論的立場（パラダイム）が生み出され，社会を適切に捉えうる説明図式を提示できているかをめぐって検討が積み重ねられている。

　教育社会学の領域においては，その親学問である社会学の理論を援用し，教育と社会の関係を説明することが試みられ，今日，異なった社会観を基盤とした，教育に対する多様なアプローチが併存している。教育社会学を特徴づけているのは，「理論的亀裂，非連続性，しばしば辛辣なパラダイム論争」（Apple et al. 2010：1）であるとの見方もあるほどだ。

　本章では，教育社会学における理論とその展開について整理し，理論の「力」とはどのようなものか，理論の存在意義とは何かについて考えていくことにしたい。以下で取り上げるのは，教育を社会学的に捉えるさいに示唆的な四つのパースペクティブ，すなわち，①機能主義理論・②葛藤理論・③解釈的アプローチ・④社会的再生産論および文化的再生産論である。

II ► 機能主義理論の展開

1 コント，スペンサーからデュルケームへ

　社会学は，コント（Comte, A.）に始まる（► 序章）。**機能主義** functionalism という考え方は，コントが最初に提唱したもので，彼は「機能主義を自分の社会学に対する見解全般に密接に関連する考え方と見なしていた」（Giddens 1989＝1992：661）。社会学が社会という独自の対象を理解しようとしたとき，その根底にあったのは，機能主義という視座であったのである。

機能主義的な立場から社会を捉えようとするさい，社会は「有機体」との類比で理解される。いわゆる**社会有機体説**であるが，こうした社会観は，スペンサー（▶ 序章）においてもみられる（Giddens 1984＝2015；柴野 1993a）。機能主義は，人間が，脳・心臓・消化器官・骨格・関節といった部分によってひとつの有機体として構成されるという類比を社会に対して適用し，「社会のさまざまな部分は，相互に密接に関連しあって発達する」とみる。もし私たちが心臓という臓器を理解しようとするならば，心臓が他の臓器とどのような関係にあるかを明らかにする必要があるが，それと同じように，「社会のある事項の機能を分析することは，その社会にとってその事項が果たしている役割を明らかにすること」を意味する。すなわち，「社会の慣行や制度の《機能》を研究することは，その慣行や制度が社会全体の存続に対して行う寄与を分析すること」（Giddens 1989＝1992：661）なのである。

　デュルケーム（▶ 序章）は，コントやスペンサーの機能主義を批判的に継承しながら（Durkheim 1895＝1978），「機能主義理論による教育へのアプローチのための舞台装置を整えた」（Ballantine & Hammack 2009＝2011：24）。デュルケームは，自身が社会学を主要分野として教授することの「『お墨付きを得る』以前は，パリソルボンヌの教育学教授で，教育の研究に社会学的アプローチを用いることを推奨した最初の人物」であった（Ballantine & Hammack 2009＝2011：22）。

　教育と社会の関係を機能主義の観点から理解しようとするとき，「教育の目的は，決して教育それじたいの必要性から出てきたのではなくて，何よりも社会の要求から出たものであり，教育と社会の要求とは，相互に対応関係にある」とみる視点が鍵となる。教育と社会との関係を「対応」の視点によって説明するのが，教育と社会をめぐる機能主義的理解の特徴なのである（柴野 1993a：16）。以下のデュルケームの言辞は，教育社会学における機能主義的アプローチの基本的視座がどのようなものであるかを明確に示している。

　　教育体系が形成され，発展する様式を歴史的に研究する時，教育体系が宗教，政治組織，科学の発達度，産業状態等々に依存していることを認めるだろう。もしも人が教育体系をかかる歴史的原因全体から切り離すならば，

教育体系を理解できないことになる。(Durkheim 1922＝1976：52)

デュルケームは，教育と社会の結びつきの強さを強調する。曰く，「いかなる教育制度であっても社会制度の類似物でないようなものは1つもな」く，「すべて教育制度は社会制度の主要な特徴を1つの要約的形式のもとに，またその縮図として再表現している」(Durkheim 1922＝1976：136)。とりわけ学校は，社会の在り方を最も反映するがゆえに，社会を理解することは学校を理解することにつながる。いみじくもデュルケームは言う，「われわれが社会をよく知れば知るほど，われわれは学校というこの社会小宇宙で生起するすべてを一層よく了解しうるのである」(Durkheim 1922＝1976：137)，と。

デュルケームはこのような視座に立ち，教育制度の歴史社会学的考察の書である『フランス教育思想史』(Durkheim 1938＝1981)において，「いかなる時間・空間においても，教育は他の制度や社会のその時々の価値や信念と密接に結びついている」ことを強調した。彼が試みたのは，「教育の形態が良いか悪いかを判断すること」ではなく，「なぜ教育がそのような形態をとるのか」(Ballantine & Hammack 2009＝2011：23)を理解することであった。このようにデュルケームは，機能主義的観点から教育と社会の相互作用的・対応的関係に着目し，教育が社会に対して持つ作用(機能)とはいかなるものであるのか，逆に，社会が教育に対して持つ作用(機能)とはいかなるものであるのかを明らかにすることが「教育科学」(▶序章)の使命であるとしたのである。

2 デュルケームからパーソンズへ

デュルケームは機能主義的観点から，学校を，社会を統合する諸制度の中心として位置づけ，学校はその社会化機能を通じて社会秩序の維持に寄与するとみた(Morrow & Carlos 1995：12)。つまり，学校は「各部分が全体に寄与する相互依依存システムの一部」(Ballantine & Hammack 2009＝2011：25)であり，それは社会の凝集性を維持していくための重要な装置のひとつとしてみなされる。

デュルケームの機能主義理論は，長らく，学校と社会の関係性を理解するための基本的枠組みとして用いられてきたが，機能主義はやがて，1950～60年

代のアメリカ合衆国を中心に，機能主義アプローチの牽引者として知られる社会学者**パーソンズ**（Talcott Parsons 1902-1979）の手によって，さらに理論的発展をみせることになる。

　パーソンズの機能主義理論は，文化と個人とが結びつけられながら社会システムを編成していく基礎的過程の解明を志向するものである（柴野 2001：10）。パーソンズは，この社会システムの編成において学校が果たす機能に着目し，「学校システムの構造はどのようになっているのか，また個々人を社会化し，社会の諸々の役割へと配分するうえで学校はいかなる貢献をしているのか」（Parsons 1964＝2011：199）という問題の解明を試みた。

　パーソンズは，学級 class を学校というひとつの社会システムの構成要素として位置づけ，その「社会化および人材配分 allocation の担当機関」（Parsons 1964＝2011：173）としての機能に着目する（▶第5章）。学校の主要な第一の機能は，「社会秩序の維持に必要な知識と行動の伝達」（Ballantine & Hammack 2009＝2011：25）としての**社会化**（▶序章）にあり，学級において子どもたちは「将来成人として諸々の役割を首尾よく遂行するのに必要なコミットメントならびに能力 capacities を内面化」していくという（Parsons 1964＝2011：173）。

　また，パーソンズは，「個人の社会的地位のレベルと学歴レベルとの間にきわめて高い相関関係がある」（Parsons 1964＝2011：174）という事実をふまえ，学校の主要な第二の機能が，選抜という人的資源の配分にあるとみた。パーソンズによる機能主義的な学校・学級システムの理解の特徴は，それらを社会の安定した秩序維持・再生産に寄与する全体システムの一部とみなす点にある。

Ⅲ ▶ 葛藤理論の展開

1 機能主義から葛藤理論へ

　社会の維持・存続における「合意」や「安定」を重視する機能主義アプローチは，やがて批判の矢面に立つことになる。1970年代後半，教育社会学のリーディングスを編んだカラベル（Karabel, J.）とハルゼー（Halsey, H.）は，「機能主義は，いまではひどく評判が悪」く，機能主義は教育の分析において

「葛藤やイデオロギーの重要性を過小評価している」との見方が登場していると指摘した（Karabel & Halsey 1977＝1980：14）。

バランタインらが述べるように，機能主義は，「学校を，支配集団の利益を支えるもの」とみなし，社会に存在する「利害の不一致，イデオロギー，利害集団間の闘争を認識できない」（Ballantine & Hammack 2009＝2011：26）のだという。

闘争理論とも呼ばれる**葛藤理論** conflict theory は，機能主義的アプローチの陥穽をふまえ，常に人々の間で，あるいは社会集団の間で葛藤・闘争が存在しているとして，むしろ不安定・不均衡であることが社会の常態であるとみなす。葛藤論者は，「社会を，分裂や緊張，闘争に悩まされている存在」であるとみて，「たとえあからさまな衝突がない場合でも，ある時点で突然激しい葛藤に転化しやすい深刻な利害の対立は存続している」（Giddens 1989＝1992：668）と主張する。葛藤理論の根底には，「個人や集団の相争う利害によって生み出される社会と，その諸部分における緊張を前提」（Ballantine & Hammack 2009＝2011：27）にするというパースペクティブがみいだされるのである。

2 ネオ・ウェーバー派の葛藤理論

社会学者**コリンズ**（Randall Collins 1941-）は，ウェーバー（▶ 序章）の社会理論を現代において賦活化する「ネオ・ウェーバー派の葛藤理論」[(1)]の代表的論者である。彼は，「さまざまな身分集団間の闘争」（Collins 1977＝1980：97）に目を向ける必要性を説き，教育における機能主義理論のうち，とくに「**技術的機能主義** technological functionalism」──諸個人が職業上の地位に到達するさいの学歴の重要性を説明する理論──の難点を指摘した。そして，ウェーバー派の葛藤理論が，地位配分と学歴の関係性を説明するさいの有効なフレームワークとなりうることを論証していく。

技術的機能主義の観点からは，「産業社会で各職業の学歴水準が上昇する原因は，同一の職業に求められる技能水準が，次第に高まるため」だと説明される。これに対しコリンズは，「教育制度を使って正規の再訓練を受けるのは，技術的変化を受けた職業のうち，ほんのわずかな部分にすぎない」（Collins

1977＝1980：104）として，学歴と実際の学校教育を通じた知識・技能の習得にはほとんど関連性がみられないと指摘する。そして，技術的機能主義が主張するような，「学歴が職業上どうしても必要だとする根拠」は，「ますますもってうたがわしい」（Collins 1977＝1980：104）と喝破したのである。

そこでコリンズはウェーバーに依拠し，社会において様々な職業の学歴水準が高まる理由を，身分集団間の葛藤・闘争にみいだす。コリンズによれば，**身分集団** status group とは，「共通な文化をもった結合集団」であり，それは「社会を構成する基礎的な単位」となる。特定の身分集団のメンバーは，「言語様式であったり，服装，装飾の好みであったり，礼儀作法，儀礼の遵守，会話のスタイルや話題，意見，価値観」などの「共通文化を持つことによって，身分的な平等感を抱いている」（Collins 1977＝1980：110）。コリンズによれば，学校の役割は，ある職業に必要な知識や技術を教え込むことにあるのではない。そうではなくて，学校の中心的活動と役割は，「特定の身分文化を教え込むことにある」（Collins 1977＝1980：111）。

学校を，このような**身分文化** status culture の選抜装置として利用するのが雇用側であり，「雇用主は支配的な身分文化に社会化された者を選び出すために，教育を利用する」。つまり，「経営部門に採用する者については，どれだけのエリート文化を身につけているかを問い，下層の従業員を採用する場合には，支配的文化とそれを身につけたエリートを尊敬する態度をどの程度身につけているかを問う」（Collins 1977＝1980：114-115）のである。

こうして，ある学生たちが学校教育を通じて獲得した身分集団の文化と，「彼らを採用しようとしている身分集団の文化とが一番よく合致した場合，学歴は最も強く重視される」（Collins 1977＝1980：117）ことになる。ウェーバー派の社会観からすれば，人々は何らかの身分集団に属し，富・権力・威信といった稀少な財の占有をめぐって常に権力闘争を繰り広げている。威信のある職業や社会的地位は，稀少であり，なおかつそれを獲得するためには高い学歴要件が求められるようになり，結果的に，身分集団間の葛藤が，職業全体に求められる学歴水準を押し上げることになるというのだ。すなわち，「教育システムを形づくるのは，相対立する利害であって，『システム自体の必要』ではない」（Karabel & Halsey 1977＝1980：41）。こうしてコリンズは，学歴水準

の上昇をめぐる「技術的機能主義」に基づく説明図式を退けたのである。

Ⅳ ▶ 解釈的アプローチの展開

　機能主義の社会理論は，その登場以後，長らく社会学における支配的なフレームワークであり続けてきたが，象徴的相互作用論者，エスノメソドロジストといった**質的調査**（▶ 第2章）を重視する論者からも批判を受けるようになった。彼らのような，いわゆる**解釈的アプローチ** interpretative approach を採る論者は，機能主義においては諸個人が「文化的汚染者 cultural dopes」もしくは単なる「生産様式の担い手」(Giddens 1979＝1989：77) とみなされており，行為者の能動性や意図・動機を無視しているか，あるいはそれらを適切にフレームワークに組み入れることができていないと批判する。とくに教育社会学では，機能主義の観点からでは，教師―生徒間，生徒―生徒間の関係性をめぐる教室内のダイナミックス＝相互行為の分析が困難であるとの批判がなされた（Ballantine & Hammack 2009＝2011：26）。

1 象徴的相互作用論の視座

　象徴的相互作用論 symbolic interactionism の源流は，社会心理学者・社会哲学者ミード（George Herbert Mead 1863-1931）が展開した議論にある。象徴的相互作用論が基本とする考えは，「人間同士のすべての相互行為は象徴 symbol の交換をともなう」というものだ。「象徴」とは，「他の何かを《代わりになって示す》もの」を意味するが，言葉は人間の日々の生活にとって欠くことのできない象徴のひとつである。例えば，『樹木』という言葉は，「われわれがその対象である樹木を表象するために用いる象徴」であるが，「われわれは，こうした樹木という概念を一度習得してしまえば，たとえ何も目に見えなくても，樹木を思い浮かべることができる」(Giddens 1989＝1992：665) ようになる。ミードは，象徴を「他者に向けられたときに自分にも向けられ，また，自分に向けられるときに他者にも，それも形式上はすべての他者に向けられるようなジェスチュア，サイン，言葉のこと」(Mead 1922＝1991：25) と定義し，とくに象徴の「社会的」側面に目を向けた。

　ミードによる議論を土台に象徴的相互作用論を発展させた**ブルーマー**（Herbert Blumer 1900-1987）は，相互作用としての社会的行為は，「個人によるものであれ集団的なものであれ，その中で行為者が，自分たちが直面する状況に気づき，それを解釈し評価するひとつの過程を通して構成される」（Blumer 1969＝1991：64）と述べ，人々が**交渉の過程**を通じて社会生活をいかにして成立させるのかに関心を寄せてきた。

　教育社会学の領域においても，象徴に着目し，教育の場における相互作用としての社会的行為を通じて，いかにして教育という現実が創り上げられていくのかを明らかにする研究が積み重ねられてきた。例えば，柴野（1989a・b）は，幼稚園の参与観察を通じて，幼児と幼稚園教諭との，言葉という象徴を用いた交渉の過程の意味を明らかにしている。具体的な場面をみよう。

（T＝幼稚園教諭／P＝幼稚園児）
T ：「シールはった？」
P1：「うん，はった」
P2：「シール，はってへんで」
T ：「はって」

　このやりとりにおいて注目されるのは，P2があえて自分から「シールをはっていない」という非同調的行動を幼稚園教諭に報告し，教諭との相互作用を起動させ，教諭の反応を引き出しているということである。つまり，日常的に繰り返される，象徴を媒介とした相互作用を通じて，子どもは次第に「大人を操作することのできる交渉能力」を獲得していくことになる（柴野1989b：72）。

　このように象徴的相互作用論は，他の理論的アプローチに比べ，「能動的で創造的な個々の人間をより重要視」し，「機能主義的見地に対抗する最も重要な立場」を示している。しかしながら，この立場もまた，「あまりにも小規模な相互行為に関心が集中している」（Giddens 1989＝1992：665-666）として，批判にさらされてきた。

2 エスノメソドロジーの視座

　エスノメソドロジー ethnomethodology のアプローチを採る研究者（エスノメソドロジスト）もまた，象徴的相互作用論と同じく，人々の日常生活世界における相互作用に関心を寄せてきた。もっとも，エスノメソドロジストも，象徴的相互作用論者のように，人々の相互作用を安定したものとはみない。エスノメソドロジストが強く反発したのは，「安定した社会的相互作用を可能にしている目に見えない規則」である（Karabel & Halsey 1977＝1980：61）。日常の「**見られているが気づかれていない** seen but unnoticed」現実の再構成を試みる点に，エスノメソドロジーの特徴がある。つまり，人々が，目には見えない「規則」を運用し，当然のように社会生活を成り立たせていく「方法」をあえて問い直す。エスノメソドロジーが，社会の「成員たち」（＝ethno）が自分たちの社会生活を組織する為に持っている「方法論」（＝methodology）を意味する所以である。エスノメソドロジーの創始者**ガーフィンケル**（Harold Garfinkel 1917-2011）が学生に依頼して実施した以下の「違背実験」は，エスノメソドロジーの焦点がどこにあるかを如実に示しており，興味深い。

（被験者が陽気に手を振った）
被験者：「どうだい？」
実験者：「何がどうなんだい？身体か，金か，勉強か，それとも気分のことか…？」
被験者：（真っ赤になり，急に自制を失い）「そうかい！お愛想で言ったまでだ。本当のこと言えば，お前がどんなであろうとおれには全然関係ないよ。」

　通常私たちは，友人や知人から「どうだい？」と言われたら，それは，体調がいいのか悪いのかを尋ねられているのだと了解し，「大丈夫だよ」とか「元気だよ」と答えるだろう。そのとき，現実は「安定的に」構築され，日常は何事もなく進行していくことになる。曰く，「社会の成員にとり，社会生活上の諸事実についての常識的知識は，現実の世界についての制度化された知識なのである」（Garfinkel 1964＝1995：57）。この違背実験は，**日常知** commonsense knowledge があえて問い直されないことにより，日常生活世界の安定性，つまり，「存在論的安心」（Giddens 1984＝2015：51）が維持されているという事実を示している。

　教育に関心を寄せるエスノメソドロジストは，教室会話 classroom dialogues の分析に取り組んできた。例えば，ラムキ（Lemke, J.L.）は，中等教育段階の理科の授業における教師と生徒のやり取りの分析を通じて，教師と生徒は不平等な権力関係に置かれていること，教師の発言は社会における大人の権威を再現前＝表象するものであること，授業は教師と生徒との間で単に予定調和的に展開されるものではないことを明らかにした（Lemke 1990）。

　続いて，以下の小学校算数の時間（学習内容は「時計の読み方」）における教師―児童間のやり取りを見て欲しい。

教師：今，何時ですか。
児童：3 時 45 分です。
教師：よくできました。

　これは，授業で日常的にみられる，「当たり前」の場面だろう。ここで「見えているもの」は，「教師と児童の授業中の言葉のやりとり」であるが，ここには「気づかれていないもの」がある。それは，授業中の教師―児童間の何気ないコミュニケーションの過程で，教師―児童間のヒエラルキーが維持されているという事実，あるいは，時間を正しく把握するという「**類別**」の強い知識が，強い「**枠づけ**」を通じて伝達されているという事実である（▶ 序章）。

　エスノメソドロジストは，**会話分析** conversation analysis を主な手法としながら，「人びとが知っていると思い込み使用している事柄，つまり〈日常知〉それ自体を分析してみる必要があると考えることから出発」（Leiter 1980＝1987：2）する。そして，私たちがそうあるもの／そうあって然るべきものと了解する「現実」そのものに対して疑いの目を向け，私たちにとっての「当たり前」を徹底的に問い直そうとする。

　日常生活世界を所与とみなさず，その現実を根底的に把握しようと試みた点にエスノメソドロジーの貢献がある。しかし，エスノメソドロジストの関心が，

マクロな社会構造に向けられてこなかった点は批判の的となってきた。すなわち、エスノメソドロジストは、「日常生活のルーティンをラディカルに拒絶しようとしたが、そうかといって、既成の社会構造そのものと直接対決することは、避けようとした」（Karabel & Halsey 1977＝1980：61）。象徴的相互作用論者と同様にエスノメソドロジストもまた、マクロな社会構造のなかにミクロな相互作用がどのように位置づけられうるのか、つまり、社会のマクロレベルとミクロレベルをいかにして統合するかという課題に直面してきたのである。

V ► 再生産論の展開

1 アルチュセールの社会的再生産論──「国家装置論」の展開

　フランスのマルクス主義哲学者**アルチュセール**（Louis Althusser 1918-1990）は、マルクスのテクストの再解釈を通じて、「再生産論」を展開したことで知られる。マルクスによれば、資本主義的社会構成体は、建物に譬えられる「政治・法律・文化体系」＝「**上部構造**」と、それを支える土台に譬えられる「経済・生産諸関係」＝「**下部構造**」から成る。「下部構造」は「生産諸条件の再生産」がなされることによって初めて土台たりうる（► 序章）。

　「いかなる社会構成体も存続し、また生産活動をなしうるためには、生産を行うと同時に生産諸条件の再生産をおこなわなくてはならない」（Althusser 1970＝1993：10-11）が、マルクスは生産諸条件の再生産がいかにして可能になるのかについて十分に語っていないとアルチュセールは指摘する。つまり、「社会的分裂が工場や社会の外側からどういうふうに押しつけられるとか、労働者がどういうふうに搾取を『受け入れ』て、その搾取がどう保証されるか（逆にいえば、そうされないか）などの疑問」（Macdonell 1986＝1990：41）に対して、マルクスは回答を出すことができなかったというのである。

　下部構造を土台として機能させるためには、**生産手段**（► 序章）を供給する必要がある。アルチュセールによれば、労働者の供給は、下部構造の維持にとって不可欠であるにもかかわらず、これまで「奇妙にも低く評価」され、「われわれの日常的《意識》と一体となり」自明化されてきたがゆえに「再生産の観点にまで高め」られてこなかったという（Althusser 1970＝1993：10）。

そこでアルチュセールは，マルクスの「空白」の補完を企図し，労働する主体の形成に寄与する「**国家装置**」の概念を提示する。国家装置は，「**国家の抑圧装置**」と「**国家のイデオロギー装置**」とに分類される。「物理的暴力」を行使し，直接的に諸個人の身体に働きかけることによって，諸個人を「労働する主体」・「従順な市民」へと形成していくのが国家の抑圧装置である。具体的には，政府・行政機関・軍隊・警察・裁判所・刑務所などの諸組織が「抑圧装置」に該当する（Althusser 1995＝2005：121）。

もっとも，資本主義的社会構成体は，国家が作動させる物理的・抑圧的な力（暴力）によってのみ維持されているわけではない。アルチュセールは，諸個人の同意に基づく自発的な服従によって，市民社会の秩序が維持されていくことに着目する。こうした観点から提起されたのが，国家のイデオロギー装置（Appareils Idologiques d'État：以下 AIÉ）という，下部構造の再生産装置の概念であった。

国家の抑圧装置は「暴力」によって機能しているのに対し，AIÉ は「イデオロギー」によって機能している。アルチュセールによれば，AIÉ と抑圧装置は，属する領域という点で違いがあり，「統一された国家（の抑圧）装置は全体的に公的な領域に属しているのに対し」，AIÉ の「大部分は私的な領域に属している」（Althusser 1970＝1993：37-8）という。AIÉ の具体的例としてアルチュセールは，①宗教的 AIÉ（様々な教会制度），②学校の AIÉ（様々な公立，私立の《学校》制度），③家族的 AIÉ，④法的 AIÉ，⑤政治的 AIÉ（政治制度・その中での様々な政党），⑥情報の AIÉ（新聞・ラジオ・テレビなど），⑦出版―放送の AIÉ，⑧文化的 AIÉ（文学・美術・スポーツ等）をあげる（Althusser 1995＝2005：122）。これらの装置は日常生活世界に遍在し，人々を，労働する従順な身体・善良な市民として編成する役割を担う。

アルチュセールが展開した AIÉ に関する議論は，学校教育を通じた不平等な階級関係の維持・再生産を問題とする「再生産論の萌芽」として位置づけられる（今村 1997：46）。AIÉ のうち，再生産において最も重要な役割を果たすのが「学校」である。曰く，「資本主義的社会構成体での生産諸関係」が「大部分再生産されるのは，支配階級のイデオロギーを大量に教え込むことに伴ういくつかの知ること―することを習得する期間を通してである」（Althusser

1970＝1993：55）。

このように学校とは「生産諸関係の再生産，つまり資本主義的搾取諸関係の再生産に貢献する」（Althusser 1970＝1993：51-2），最も重要な AIÉ である。アルチュセールは，「経済学的な側面とは異なるレベルで資本主義社会の再生産の構造を明らかにしようとする志向性」を持ちつつ，「資本主義社会の再生産」，とくに生産諸条件の再生産にとって「学校がきわめて重要な位置を占めていることを指摘」（小内 1995：8）するという，卓抜な理論的貢献をなしたのである。

2 ボウルズとギンティスの社会的再生産論──「対応理論」の展開

学校教育こそが，不平等な階級関係の維持・再生産の鍵を握っているというのが，マルクス主義哲学者アルチュセールの社会的再生産論における問題提起であった。ラディカル派経済学者として知られる**ボウルズ**（Samuel Bowles 1939-）と**ギンティス**（Herbert Gintis 1940-）もまた，マルクスの経済学理論を再評価する。そして，教育領域に対し，マルクス主義経済学の現代的応用を試みた（いわゆる**ネオ・マルクス主義アプローチ** Neo-Marxist approaches）。彼らは，教育制度・学校教育と階級社会・資本主義社会がどのような関係にあるのかを検討し，学校には，階級の位置を固定化する作用が存在しており，それが不平等な社会の形成にかかわっていることを明らかにした。

ボウルズとギンティスの社会的再生産論は，彼らの著書『アメリカ資本主義と学校教育』（Bowles & Gintis 1976＝1987）において展開された。彼らは，同書において**対応原理** correspondence principle を提示したことで知られる（▶第 6 章）。ボウルズらは，資本主義社会における学校を，能力の優れた人員の移動による社会の再組織化を経て社会の平等化を促す装置というよりも，エリートたちの力を温存し，階級関係の不平等を再生産する装置であるとみた（柴野 2008：7）。

ボウルズらは，量的調査を通じ，労働者階級の生徒が多い学校で高く評価される性格がどのようなものであるかを検討した。その結果，学校にどんな生徒が集まっているのかに応じて，学校で生徒が良いと評価される事柄（パーソナリティや振る舞い方）が異なることが明らかにされた。すなわち，労働者階級

の子どもが多い学校では，子どもたちが「忍耐・協調性」を身に付けることが肯定的に評価されるが，逆に子どもたちが「創造性・独立心」を身に付けることは否定的な評価を受ける傾向にあるのだという。一方，資本家階級の子どもが多い学校では，労働者階級の子どもが多い学校とは対極的な評価体系が存在し，子どもたちが「忍耐・協調性」を身に付けることには否定的な評価がなされ，逆に「創造性・独立心」を子どもたちが身に付けることには肯定的な評価がなされるのである。

さらにボウルズらは，労働者階級が働く職場で高く評価される性格についても検討を行い，学校と同様に，労働者階級の人々が多い職場においても「忍耐・協調性」を身に付けていることが労働者階級に求められ，またそのような特性を持つことが高く評価されるという事実を明らかにした。

こうしてボウルズらは，資本主義社会における学校と階級構造との間に「対応原理」をみいだした。つまり，労働者階級の子どもが多い学校では，労働者階級にふさわしい忍耐・協調性といった価値観・行動規範の習得が重視され，そのことが「人に使われる側（雇われる側）」にふさわしいパーソナリティや行動特性を労働者階級の子どもたちが獲得することにつながる。これに対し，資本家階級の子どもが多い学校では，資本家階級にふさわしい創造性・独立性といった価値観・行動規範の習得が重視され，「人を使う側（雇う側）」にふさわしいパーソナリティや行動特性を，資本家階級の子どもたちが獲得することにつながるというわけだ。学校ではあらかじめ，各階級にふさわしい価値観・行動規範を身に付けさせる教育が行われ，それが結果的に階級構造に「対応」し，不平等な階級関係が固定化される。

ボウルズは，「不平等な教育は階級構造そのものに根差して」おり，その階級構造が「不平等な教育を正当化し，再生産する役割を果たしている」と主張した。彼は，教育の不平等は「資本主義が存続する限り続くことになる」（Bowles 1977＝1980：162）と述べ，資本主義社会の生み出す不平等な階級関係が，学校教育を通じて正当化され，再生産されていることを問題視した。

経済学者ボウルズとギンティスの教育社会学領域への貢献は，「対応原理」の指摘を通じ，学校教育が階級に応じた児童生徒の性格特性の形成に寄与し，学校外の階級関係が学校教育を通じて労働の場に移行するという，学校教育と

資本主義社会の隠された関係性を明るみに出した点にある。学校教育と資本主義社会・階級構造との対応関係の指摘は，説明図式としてはいささか単純であり，機能主義的性格を持つものではあるものの（小内 1995），ボウルズらの問題提起は，学校教育と資本主義社会の関係を考えるうえで，現代においても依然として重要な道標のひとつであり続けている。

3 バーンスティンの文化的再生産論──言語コード論の展開

　イギリスの教育社会学者バーンスティンの文化的再生産論は，**言語コード論**として知られる。彼は，文化の一形態である「言語」に焦点を当て，労働者階級の子弟の教育上の不成功の要因を言語に焦点をすえて明らかにしていこうという問題関心を持っていた（小内 1995：17-18）。階級社会イギリスにおいて，労働者階級の子どもたちの教育達成がなぜ低く止まり続け，選抜型公立学校グラマー・スクール Grammar School に進学することがなぜ難しくなるのかということに，バーンスティンの関心は向けられていたのである。

　バーンスティンはマルクスの影響も受けていたため（Moore 2013），その理論的枠組みの根底には「なぜ不平等な階級関係が生み出され続けるのか」という問題意識が横たわっていた。バーンスティンは，マルクスのいう「社会的存在による意識の規定性」（▶序章）をふまえ，言語使用者の社会構造上の布置，つまり，階級的位置づけこそが言語使用の在り方を規定するのであり，人々の階級的位置づけと切り離して言語使用の問題を考えることはできないとみた。

　バーンスティンは，実証的研究をふまえ，階級ごとに異なった言語使用をもたらす「言語コード」が存在することをみいだした。バーンスティンによれば言語コードは，人々が言語を使用するさいに作動する「規制的原理 regulative principle」であるが，この言語コードには，**精密コード** elaborated codes と**制限コード** restricted codes のふたつのタイプが存在するという。

　「精密コード」は，文脈＝状況 context から独立した普遍主義的な意味を創り出す言語コードである。一方，「制限コード」は，文脈＝状況に依存した個別主義的な意味を創り出す言語コードである（Bernstein 1971＝1981; 1990）。バーンスティンが中産階級と労働者階級の子ども（いずれも 5 歳）に対して行った調査から得た，それぞれの言語コードによって規制された子どもの語りの

例をあげておこう (Bernstein 1971＝1981：217-218)。

【精密コードによる子どもの語り】
3人の男の子がフットボールをしていて、1人の男の子がボールをけると、ボールは窓にあたってガラスをわってしまった。男の子たちがそれを見ていると、男の人が出てきて、ガラスをわったとおこったので、男の子たちは逃げた。そして女の人が窓から見ていて男の子たちをしかりつけた。

【制限コードによる子どもの語り】
みんながフットボールをしていて、彼がボールをけると、ボールはそこにあたってガラスをわってしまった。みんながそれを見ていると、彼が出てきてそれをわったとおこったのでみんなが逃げた。彼女がそれをみていて、みんなをおこった。

　これらの子どもの語りは、一連の物語になっている4枚の絵のカードを子どもに見せ、それについて話をさせるという調査から得られたものである。バーンスティンによれば、「精密コード」によって創り出された語りの場合、「基になっている4枚の絵を見る必要がない」(Bernstein 1971＝1981：218)。「精密コード」によって生み出された子どもの語りを聞いた人は、子どもが絵について話をしている場にいなくても、一緒に物語の絵を見なくても、つまり、**文脈＝状況から独立**していても、子どもの話の内容を理解できる。「精密コード」の語りは、どこにいても、誰もが理解できるのだから、普遍主義的である。
　これに対し、「制限コード」によって創り出された語りの場合、「絵を見ないことには子どもの話を理解することはできない」(Bernstein 1971＝1981：218)。「制限コード」によって生み出された子どもの語りを聞いた人は、子どもが絵について話をしている場にいて、一緒に物語の絵を見なければ、つまり、**文脈＝状況に依存**していなければ、子どもの話の内容を理解できないのだ。「制限コード」の語りは、その話がなされている場から切り離されてしまうと、たちまち理解が困難になるという意味で、個別主義的である。バーンスティンはこれらふたつの言語コードが、中産階級と労働者階級それぞれにおいて、どのよ

うに使用されるのかをみた。その結果明らかとなったのは,「制限コード」は「中産階級であろうと労働者階級であろうと誰でも使用できる」のに対し,「精密コード」は「中産階級だけにしか使用できない」(小内 1995：19) という事実であった。

　では,このような階級ごとに用いられる言語コードの差異がなぜ問題となるのだろうか。バーンスティンは,**学校教育が「精密コード」の獲得や使用を重視する場**であることに着目する。例えば国語の授業で,児童が教師からある文学作品の登場人物の心情について説明を求められたとき,思わず言い淀んでしまい,上手に説明できなかったとしよう。そのとき,教師はその児童に対して言うだろう,「教室のみんなが分かるように,もう一度ちゃんと説明してくれるかな？」,と。

　学校教育の場では,学校と家庭で使用される言語コードに連続性がある中産階級の子どもの方が,労働者階級の子どもよりも学業達成において有利になる。本来,どのような言語であっても文化的に等価であるはずだが,中産階級がヘゲモニー hegemony（▶用語解説）を掌握する資本主義・階級社会においては,普遍主義的意味を生み出す「精密コード」による言語使用に高い価値が置かれ,言語の中立性が歪められてしまう。バーンスティンは,学校教育の場において言語コードの「序列化」がなされ,中産階級の子どもに親和性のある「精密コード」を使用できるかどうかを指標として子どもに対する評価がなされているのだから,労働者階級の子どもたちが学校教育の場において不利益を被るのは当然だと考えた。

　学校が「精密コード」を介して文化伝達を行う限り,労働者階級の子どもたちは不利な立場に置かれ続け,不平等な階級関係が再生産されていく──。学校教育は,「精密コード」の獲得を優先する言語的社会化を行うことで,労働者階級の子どもたちを「できない子ども」にしてしまうのだ。私たちは,言語をそれ自体,何ら問題のない,中立で透明な意味の中継・伝達の装置とみなしている。しかし,バーンスティンは,言語という文化が,階級社会との関係のなかで否応なく帯びてしまう**恣意性** arbitrariness に着目し,学校教育という文化伝達の場を通じた,階級再生産のメカニズムを解き明かしたのである[2]。

4 ブルデューの文化的再生産論——「文化資本」への着目

バーンスティンは,言語という文化に焦点を当てたが,フランスの社会学者ブルデュー(Pierre Bourdieu 1930-2002)は言語や慣習行動を含む多様な文化に焦点を当て,階級の不平等な関係が再生産されるメカニズムを明らかにした。

ブルデューの問題関心もまた文化の「恣意性」にあった。一切の文化は,根本的に等価であるにもかかわらず,ある文化の価値は,階級間の権力関係によって高められたり,低められたりすることがある。中産階級は,自らの文化が正統なものであると人々に**誤認** misrecognize させるのだが,ブルデューは,この誤認が学校教育を通じてなされているとみた。ある特定の文化が正統なものとされるのはなぜか。それは学校において,ある特定の文化が正統であると子どもたちに誤認,つまり,思い違いさせるような教育がなされているからであるとブルデューは考えたのである(Bourdieu & Passeron 1970=1991)。

ブルデューの文化的再生産論における鍵概念は,**文化資本** cultural capital である。「経済資本」(財産・生産手段)と同じく,「文化」も「資本」となるというのが,文化資本の根底にある考え方である。ブルデューによれば,経済資本に加えて,どのような文化資本をどれだけもつか,つまり,所有される経済資本と文化資本の量と質によって階級間の力関係が規定される。

文化資本には,大きく三つの形態がある。第一には,家庭環境や学校教育を通じて,各個人のうちに蓄積された知識・教養・技能・趣味・感性などの「身体化された文化資本」,第二には,学校を卒業・修了することで得られる学歴や,各種試験に合格することで獲得できる資格・免許等の「制度によって付与される文化資本」,第三には,書物・絵画・道具・機械のように,物資・物的財として所有可能な「モノとしての文化資本」である(Bourdieu 1979=1990a)。

ブルデューによれば,人間には,様々な文化のなかから,何が「資本」たりうるのかを認識し,選別し,獲得しようとする**性向** disposition が備わっているという。彼は,その「知覚・行動様式の枠組み」のことを**ハビトゥス** habitus と名付けた。ハビトゥスは,日々の行動の繰り返しや学習を通じて無意識的に身につくもので,それは諸個人の意識や行動の在り方を規制する規範とな

る。ハビトゥスは，「社会空間における一定の場所の占有者たちを彼らの諸特性に適合した社会的位置へと導き，この位置を占める者にふさわしい慣習行動や財，彼らに『似合った』慣習行動や財へと向けてゆく」(Bourdieu 1979＝1990b：337) のである。

　ハビトゥスは，どこで身につけられるのかといえば，それはまずもって各家庭においてである。家庭という生活の場は，特定の階級に属しており，そこでは中産階級に，あるいは労働者階級にふさわしいハビトゥスが，親から子へと伝達されていく。問題となるのは，学校教育が中産階級のハビトゥスを正統なものとして子どもたちに押し付ける場となっているという事実である。

　ブルデューは，一切の教育行為を，「恣意的権力による文化的恣意の押し付けとしての一つの象徴的暴力」(Bourdieu & Passeron 1970＝1991：19) とみなす。例えば，古典音楽は，当然のように高い価値を持つものとして音楽の授業でとりあげられるが，それは**ヘゲモニー**を掌握した中産階級にとって親和性のある文化であることとかかわっている。ある芸術作品は，そもそも作品それ自体に文化的価値が付帯しているのではない。ある芸術作品が，価値のあるものとみなされるのは，その芸術作品を，社会における正当かつ支配的な地位を占める人々が良いとみなすからに過ぎない。学校教育の場では，それ自体，教えられるべき絶対的根拠のない中産階級の文化が，あたかも正統なものであるかのような顔をして，論理的な必然性のないまま，つまり，「恣意的に」子どもたちに押し付けられていく。しかし，中産階級の文化に馴染みがなく，それに価値をみいださないハビトゥスを身につけた労働者階級の子どもたちにとって，**学校教育は象徴的暴力** symbolic violence を受ける場となる。中産階級の子どもたちは，あらかじめ家庭において，学校で望ましいと評価される態度やふるまい・知識・感性を身に付けているが，労働者階級の子どもたちはそうではない。学校教育は，子どもたちを種別化し，「ある者は正統的慣習行動をおこなう者として評価の高い位置づけへ，またある者はこれをおこなわない者として評価の低い位置づけへと振り分けていく」(Bourdieu 1979＝1990a：41) のである。

　ブルデューが明るみに出したのは，学校教育は，誰にとっても公平で中立な文化を伝達しているように装いながらその実，特定の階級に属する子どもたち

に有利な文化を伝達しているという、それを見ようとしなければ決して見えてくることのない、文化的再生産のメカニズムである。「支配階級の思想が、どの時代においても、支配的な思想である。すなわち、社会の支配的な物質的威力である階級が、同時に、その社会の支配的な精神的威力である」(Marx & Engels 1845-1846＝2002：110)——。学校で伝達されるべきとされる文化が、いつの時代も中産階級のものだとすれば、労働者階級の子どもたちが学校で不利な立場に置かれるのは必定だということになる。

VI ▶ 理論の力

　本章でみてきたように、数々の論者が、教育と社会という対象を研ぎ澄まされた眼で観察し、その本質を見極めることを通じて、優れた教育社会学の理論、すなわち、「教育事実の構造を全体社会の構造との機能的関連のもとに把握する概念図式」(柴野 1986：10)を生み出してきた。

　理論 theory という語の起源であるとされるギリシャ語のテオロス Theoros とは、元来〈見る人〉を意味したとの指摘にもあるように(森 1990：6)、確かに事象として存在していながら見えていないものを見えるようにしてくれるのが、「理論の力」である。本章でみたバーンスティンの「言語コード」やブルデューの「ハビトゥス」の概念化は、経験的妥当性 empirical validity のある——つまり、事象を的確に再現した、リアリティ豊かな(友枝 2000：270)——言葉によって紡ぎ出される理論的営為の好例であるといえよう。

　私たちがある理論に触れ、「腑に落ちる」という感覚を抱くことができたならば、その理論は、机上の空論ではなく、経験的妥当性を持った理論であるということができる。教育と社会をめぐる優れた理論とはまさに、社会学的想像力(▶はじめに)を具現化したものである。そのような理論にふれたとき、「それまで限られた範囲をなぞりかえしてばかりいたような人が、見慣れたものと思っていた家のなかで突然目覚めたように感じる」(Mills 1959＝2017：24)ことは稀ではない。

　もっとも、理論を創り出すという営為は、何も専門家や研究者のみに付与された特権ではない。とりわけ、教育と社会は、私たちにとって極めて身近なものであり、誰もが教育と社会をめぐって新たな理論を創り出せる可能性に拓か

れているともいえるのだ。素朴な疑問，違和感を出発点とし，「思考と現実の絶えざるフィードバック」（菊池 1991：7）を通じて教育と社会という事象に迫っていくこと——。それは，教育と社会という謎に対峙しようとする者に与えられた，いわば永遠の課題である。

> ✅ **教育社会学的想像力を拓くレッスン**
>
> **ステップⅠ　リフレクティヴな学び**
>
> 　本章では，教育と社会をめぐる様々な理論にふれてきた。これまであなたが教育を受けてきた経験や社会生活の経験をふまえたとき，どのような理論（論者）のどのような点が説得力を持ち，魅力的であると感じただろうか。また，逆にどの理論のどのような点に説得力が足りないと感じただろうか。
>
> **ステップⅡ　コミュニカティヴな学び**
>
> 　ブルデューやバーンスティンの文化的再生産論が示唆するのは，階級不平等の再生産を克服するためには，学校で伝達される文化の内容が問い直されなければならないということである。日本の学校においては，どのような文化を伝達することが，どのような子どもたちに不利をもたらす可能性があるだろうか。意見を出し合いながら，文化伝達を通じた不平等の生成過程をシミュレーションし，議論を深めてみよう。
>
> **ステップⅢ　イマジナティヴな学び**
>
> 　バーンスティンの文化的再生産論（言語コード論）では，階級ごとに異なった言語コードが用いられることが階級の不平等につながることが示唆されている。そもそも，中産階級と労働者階級の人々は，なぜ異なった言語コードを用いるようになるのだろうか。社会構造と関連づけ，その理由を説明してみよう。また，あなたが教壇に立ったとき，言語コードを通じた階級不平等を克服していくために何かできることはあるだろうか。

《 用語解説 》

ヘゲモニー ● 特定の人物または社会集団が，威信のある社会的地位や権力を，長期間にわたり安定的に掌握すること，またはその状態を意味する。「覇権」と訳される。イタリアのマルクス主義者グラムシ（Gramsci, A.）により提起された概念で，次第に国家・政治・社会システムの分析における重要な概念として用いられるようになった。グラムシはヘゲモニーを「市民社会における自発的合意を組織化する支配」と定義したが，その要点は，ヘゲモニーが物理的暴力により確立されるのではなく，支配的集団に従属する集団の「合意」を巧みにとりつけることを通じ，「象徴的に」確立されるという点にある（鈴木 2009）。本章で取り上げた，学校教育を通じた社会的・文化的再生産論は，ヘゲモニー論として読むこともできる。

── 注 ──

(1) 葛藤理論には大きくふたつの系譜が存在する。そのひとつの系譜を辿ればマルクスの社会理論，今ひとつの系譜を辿ればウェーバーの社会理論に行きつく。マルクス派の葛藤理論（ネオ・マルクス主義的葛藤理論）にあって社会は，「資本家階級」と「労働者階級」とが，それぞれの社会集団の覇権を求めてぶつかり合う「葛藤のアリーナ（闘技場）」とみなされる。その代表的な議論は，ボウルズ（Bowles, S.）とギンティス（Gintis, H.）らによって展開された「対応原理」にみいだされるが，彼らの議論は「再生産論」として括られることも多いため，本章のⅤ．において取り上げる。

(2) 日本においても言語コード論に基づく実証研究の取り組みがなされており，バーンスティンによる議論の妥当性が確認されている（前馬 2011）。

（髙橋均）

第 2 章　教育社会学における調査とその手法

I ▶ 教育社会学の独自性——調査にもとづいて教育を語る

　どのような教育のあり方が「よい」ものなのか。あの・この教育の仕方では何が「ダメ」なのか。このようなことは，幼稚園のバスを待つ母親たちのあいだで，カフェで座った席の隣で，学校や少年事件に関するニュースをめぐって話し合うテレビ画面のなかで，日々無数に語られているだろう。何かしらの教育をめぐる体験をそれぞれが濃密に有している今日の社会においては，個々人が教育に関する「哲学」をそれぞれもっているとさえいえる。

　だが往々にして，そうした「哲学」は個々人の教育体験に根差した主観的なものになりがちで，性急に「べき」論に向かいがちである。教育を扱う諸学問は，それらに対して客観的・論理的に教育を考えようとするのだと包括的にいうことができるが，教育社会学はそのなかでも社会学の調査手法にもとづいて教育現象を調査・分析し，教育に関する新たな知識を産出しようとする。

　このような教育社会学の営みは，「べき」論から完全に距離を置くというわけではない。教育問題の解決に直接向き合おうとするスタンスがとられることもあるし（臨床社会学），そうした意図を当初もっていなくとも，学術的手続きを経て提出された知識がありうべき教育実践あるいは教育政策のあり方を結果として指し示すということもある。だがいずれにせよ，「べき」論を突出させず，調査の前提，調査の方法，分析の筋道を開示しつつ，まず教育現象とそれを位置づけうる社会的条件を客観的に調査・考察することから教育社会学の議論は始められるものである。

　さて，本章では，教育社会学で用いられる調査の手法を確認するとともに，教育社会学の研究者によって主に用いられてきた調査の手法とその含意について整理していきたい。個々の手法はそれぞれに無数の議論が応酬されて現在に至っており，本章で紹介できる部分はそのごく上澄み・概略に過ぎない。読者

の皆さんの興味に応じて、各手法に関して紹介されている文献に手を伸ばし、さらなる理解を深めていただければと思う。

　教育社会学の学問としての方法論の特徴には、**実証を重視し、議論の根拠を明確にすること**をあげることができる（▶ 序章）。これは、「あるべき」教育を議論する前に、事実としての教育がどのような状況「である」のかを議論の前提におくことと言い換えることができる。こうした姿勢は、「当たり前」を**疑うことや、自分自身の経験を問い直す**ということにもつながっていく。

　例えば、学校での給食を考えてみよう。現在の日本では、中学校では、学校給食がある学校（地域）もあれば、ない学校（地域）もある。また、給食がある学校でも、校内調理による給食（自校式給食）である学校もあれば、給食センターによる給食（センター方式）の学校もある。給食業者に委託する学校（外部委託方式）もある。「中学校の給食」を自分の経験に基づいて考えると、給食があった学校に通っていれば、日本の中学校では給食があることを前提に考えてしまうかもしれない。しかし、自分の経験とは異なる学校があることを想像できると、そのことを含めて考えていかなければ「日本の中学校の給食」について事実に基づいた議論はできないことに気づくだろう。この場合、日本の中学校では給食のある学校がどのくらいあるのか、給食のない学校はどのくらいあるのか、また給食をどのように出しているのか、という数量データがあれば、個人の経験に基づいた議論ではなく、日本の学校が全体としてどのような状況であるのかという事実に基づいた議論が可能になる。教育社会学が重視する実証的根拠に基づいて教育を考える時には、このようなデータが重要になるのである。

　このような実証的根拠に基づいて教育を考えていくにあたって大切になるのは、事実としてのデータである。データは大きく分けると、**量的データ**（数量データ）と**質的データ**（定性データ）の二種類がある。量的データは、統計データの収集や質問紙調査などの調査方法（量的調査）により得られるものであり、質的データはインタビュー調査やフィールドワークなどの調査方法（質的調査）で得ることができるものである。以下では、量的データを扱う量的調査と、質的データを扱う質的調査について、それぞれの特徴を確認していこう。

II ▶ 量的調査

1 量的データの特徴

　量的データとは，現実を数量的に把握し，表現するものである。その特徴は，(1) 全体的な傾向を数量によって把握することができること，(2) 2つ以上の事象の関連性を明らかにすることができることにある。

　例えば「日本には私立小学校の数は多いか少ないか」，ということを考えてみるとしよう。まず，私立小学校が何校あるのか，ということがわからなければそのことを考えることはできない。統計情報を調べてみると，2018年には私立小学校は231校あるという事実がわかる。しかし，私立小学校の数がわかったとしても，それが多いか少ないかを判断することはできない。多いか少ないかを判断する基準が必要となるためである。そこで，日本には小学校が全体で何校あるかを調べてみると19,892校あるということがわかる。19,892校の小学校のうちの231校が私立小学校であるということがわかると，私立小学校は小学校全体の総数からみると多いか，少ないかを判断することができることになる（なお，小学校は国立が70校，公立が19,591校である。これらの小学校数は，文部科学省「平成30年度 学校基本調査」による）。数量データから，全体の傾向を把握することで，現実の状況を判断することができるのである。

　次に「2つ以上の事象の関連性」とは，どういうことだろうか。例えば，「朝ご飯を食べる小学生は，学校の成績が良い」という仮説があったとしよう。仮説とは，経験的な事象であるが科学的にはまだ検証されていない命題であり，ある現象を説明するために設定した仮の答えを意味する。この仮説は，「朝ごはんを食べる小学生と食べない小学生の数」と「小学生の学校成績の分布」という2つの事象によって作られている。そのため，この仮説が正しいかどうかを確認するためには，この2つの事象の関係を検証することが必要となり，具体的には，朝ごはんを食べる小学生と食べない小学生のどちらが学校の成績が良いかを比べてみることが必要となる。しかし，量的データによって「関連性を明らかにする」という場合，ある1人の朝ごはんを食べる小学生と，ある1人の朝ごはんを食べない小学生の，その2人の学校での成績を比べることでこ

のことを議論することはできない。「関連性を明らかにする」ということは，そのことが「一般化」できるかどうかを確認することを意味するためである。一般化とは，たまたまそうなっているのではなく，2つの事象に何らかの関係があることが統計的根拠をもって示されていることを意味する。そのことを示すためには，適切なデータの集め方，統計的な検定によってその結果が信頼できることを示すことが必要となる（このことは，サンプリングや統計的検定として後述する）。このような量的データの2つの特徴は，実証的であることを重視する教育社会学では重要な意味を持つ。このことによって仮説検証という形で，教育や教育に影響を与える要因を事実として議論することができるためである。

2 量的調査で対象とする量的データ

　量的データを用いて教育について考えようとするとき，そのデータは大きく分けると，既存統計の利用と社会調査という2つの方法で得ることができる。既存統計とは，すでに社会に存在する調査・統計データであり，政府統計や国際機関による国際統計などがそれに該当する。日本では政府統計は，学校基本調査や学校教員統計調査などの教育に関する統計結果を含め，「政府統計の総合窓口（e-Stat）」として集約され，過去のものを含め，ウェブサイトを通じて公表されている。日本という単位での全体的傾向を確認するときには，政府統計の結果が用いられることが多い。既存統計の調査・公表の主体は，さまざまであり，国際機関や国に限らず，都道府県や市町村などの地方自治体，個々の学校もその主体となる。例えば，ある学校には生徒が何人いるのかを学校が公表していればそれは既存統計のひとつとなる。また，研究者や調査会社などが独自に調査を行い，その結果を公表した結果（既存の調査結果）も既存統計として用いることができる。

　しかし，自分自身が研究したいと考えるテーマについて既存統計が存在するとは限らない。そのような場合，自分自身で情報を収集し，量的データを作成することが必要となる。これが社会調査である。社会調査では，**調査票調査**（質問紙調査）が，事実や態度・考えを測定する方法として広く使われる。調査票調査を用いることで，自分が研究したいテーマや事実について，対象とな

る集団や事象の全体状況を把握することができるためである。

　調査票調査において，調査方法として重要になることは，対象となる集団（母集団）の全員に対して調査を行うのか（**全数調査・悉皆調査**），対象となる集団の一部を抽出して，その抽出した**標本**（サンプル）に対して行うのか（**抽出調査**）という，調査対象の設定である。例えば，「朝ご飯を食べる小学生は，学校の成績が良い」ということを確認しようするとき，日本の全ての小学生に対して，朝ごはんを食べているかどうかを確認することは，事実上不可能である。そのため，このことを把握しようとすれば，日本の小学生の一部を対象に確認することになる。それが**標本調査**である。標本調査の結果から，全体を推定することによって，全体状況を把握するのである。この場合，調査の対象となる全体（母集団）に対して，一部を抽出した調査を行うことになるため，その一部をどのように抽出するのかが重要な意味をもつことになる。つまり，その一部が，**母集団の縮図として代表性をもつかどうか**という問題である。標本調査の特徴は，サンプルとして抽出した調査対象の回答をもとに，母集団全体にあてはめて全体の傾向を判断することにあるためである。母集団と抽出調査の関係を図式的に示したものが図1である。

図1　母集団と標本の関係

例えば，「朝ご飯を食べる小学生は，学校の成績が良い」ということを確認するにあたって，日本の全ての小学生に対して，朝ごはんを食べているかを調査することはできないので，ある特定の小学校の子どもたちに朝ごはんを食べているかどうかを調査したとする。その結果，70％の小学生が朝ごはんを食

べていたとして，それをもとに，日本全体で70%の子どもは朝ごはんを食べている，と推定することができるだろうか。その特定の小学校の子どもにとってあてはまる事実ではあるが，日本全体の子どもを代表すると考えることはできない。社会調査では，このような標本抽出（サンプリング）は非常に重要である。標本抽出が適切でない調査は信頼性を欠くものとなってしまうからである。この標本抽出には，調査者が意図的にサンプルを選定する**有意抽出**と，母集団を構成する個々の調査対象が等しい確率で選ばれる**無作為抽出**（ランダムサンプリング）の方法がある。無作為抽出とは，母集団を構成する個々の調査対象から等しい確率で調査対象を抽出する方法であり，母集団の縮図となるように調査対象を設計することで代表性を確保するものである。また，調査票調査を行った場合，回答率も重要な意味をもつことになる。あまりにも回答率が低いとその調査結果が現実と離れてしまうためである。しかし，多くの場合，調査を依頼される側は，調査票調査に回答する義務はなく，回答は任意であることにも留意が必要である。

3 調査票調査の留意点

調査票調査の最大の特徴は，自分の考える仮説（調査内容）について量的データを集めることができることである。量的調査では，一つひとつのデータを**変数**として位置付け，データを分類し，収集していく。例えば，「朝ご飯を食べる小学生は，学校の成績が良い」という仮説は，「小学生が朝ごはんを食べるかどうか」と「学校の成績」という2つの変数で成り立っている。このように，一つひとつのデータを，変数として区別し，数量的に把握することで，その変数間の関係を検証することができるようになる。変数間の関係を検証することで，新たな事実を明らかにしていくことができることが量的調査の特徴であり，利点なのである。

変数を設定するにあたっては，仮説を考える前提となる事実や概念をどのように記述し，どのように定義して位置付けるかが重要になる。事実に限らず，ある「概念」を言語化し，共通理解のために変数とすることも行われるためである。概念とは，経験的な事実や用語を共通理解のために言語化して認識するために設定する変数である。例えば，「A大学の学生は，まじめである」とい

う仮説を考えたとする。この仮説は，「A大学の学生であるかどうか」と「その学生がまじめであるかどうか」という2つの変数で成り立っている。「A大学の学生」という変数は，ある人物がA大学の学生かそうでないか，という事実を扱う変数である。「まじめである」という変数は，ある人物が「まじめである」かどうかという概念を扱う変数である。しかし，「まじめである」とはどのような状態を指すのであろうか。「まじめである」という概念は抽象的であり，何を根拠に判断すれば良いか，具体的な基準は明確ではなく，受け取る人によって判断基準や根拠が異なる。ある人はまじめかどうかを外見や服装などから判断するかもしれないし，ある人は日常的な態度から判断するかもしれない。同じ変数に対して，このように言葉を受け取る側によって判断や根拠が異なると，その変数によって得られたデータは信頼できないものとなってしまうだろう。概念を変数とするためにその内容を定義することを**操作的定義**という。そのとき，その概念をどのように定義するかが重要になるのである。

　ここで量的調査において広く行われている調査票調査について，留意点を確認しておきたい。それは，サンプリングと質問項目の設定である。サンプリングについては，すでに確認した通り，その一部が，母集団の縮図として代表性をもつことが必要であることを意味する。以下では，質問項目を設定することを中心に見ていきたい。

　調査票調査を行うときには，一つひとつの質問項目の**ワーディング**（言葉の用い方や表現）や調査の設問をどのような並べ方で設定するかを考慮しなければならない。調査票調査は，調査する側が設定する質問項目の範囲でしか回答（データ）を得ることができないという限界があるためである（自由記述を設定して回答者に自由に書いてもらうことは可能である。そして，その回答を量的データに整理することは可能である。ただし，手間がかかる）。具体的には，質問項目のワーディングにおいては，①難解な言葉や専門用語を避けること，②曖昧な言葉を避けること，③多義的な表現（**ダブルバーレル**）を避けること，④誘導を避けること，が必要となる。まず，難解な言葉や専門用語を避けるのは，それらを用いてしまうことで回答者が適切に質問文を理解できなくなってしまうからである。例えば，環境教育について調査するために，「小学校でSDGsを教育することに賛成か」という質問文を考えたとする。しかし，

SDGs という用語やその意味がわからなければ，この質問に回答することはできないだろう。次に，曖昧な言葉を用いることの問題は，回答者によって想定する内容が異ならないように留意が必要であるためである。先にみた「まじめである」という表現は，曖昧な表現に該当する。多義的な表現とは，1つの質問項目で2つ以上の意味を含むものである。例えば，「あなたは，小学校や中学校のときに転校したことがありますか」という質問文では，小学校のときに転校したことがある人と中学校のときに転校したことのある人が混ざってしまうことになる。**1つの変数が1つの意味を持つ**ように設定することが必要となる。誘導を避けるとは，特定のイメージを持つ言葉や文章の構成によって，回答を誘導してしまうことを避けることを意味する。例えば，「環境問題は重要な社会問題となっています。環境問題について小学校で教育することに賛成ですか」という質問文は，賛成に誘導するものである。なお，質問項目の設定にあたっては，これらの留意点とは別に，差別的・ハラスメント的な質問項目や言語表現を避けなければならないことは，言うまでもない。

　さらに，質問項目をどのような順番で並べるか，どのような聞き方で尋ねるか，どのような回答形式を設定するかも調査票調査では重要な意味を持つ。質問項目の並べ方には，前の設問や文章が判断に影響を与える**キャリーオーバー効果**という影響，質問の聞き方には，同じ内容を質問するとしても肯定的に聞くことによって肯定的回答を選びやすいという**イエステンデンシー**などの留意すべきことがあるためである。また，質問に対する回答形式も重要である。回答形式は，選択式と自由回答に大きく分けられる。選択式は，1つの回答を選ぶ単項選択，複数の回答を選ぶことができる多項選択がある。単項選択では，選択肢は相互に排他的であることが必要となる。また，回答項目について考えてみると，「そう思う／そう思わない」と2択で尋ねる質問と，「とてもそう思う／そう思う／少しはそう思う／あまりそう思わない／そう思わない／全くそう思わない」のうちから1つを選ぶことを求める尺度で尋ねるような質問では，得られる情報の意味が異なることがわかるだろう。

4　既存の調査票を活用する

　一般的によく行われる調査は標本調査であり，標本抽出の際の手続きと統計

的検討を厳密に行うことが求められる。しかし，特に標本抽出にあたっては個人情報などの問題から，母集団の個人情報を得て抽出を行い，調査を実現させることはかなり難しい。また，教育社会学の調査は，自分の知りたいと思う集団の特徴を社会的背景と関連させながら明らかにすることが多いため，基本的には属性による分析を行う。そのためかなり大きなサンプル数が求められる。したがって，このような条件を満たした調査を学生個人が行うことは非常に難しい。

しかしこうした状況の中にあって，学会が行った調査や，文部科学省などからの資金を得て行った大規模調査のデータが，**データ・アーカイブ**として蓄積され，個票が公表されるようになってきた。手続きを経ることにより，個人の力では決してできない規模の調査の分析ができる可能性が拡大しているし，そうした分析を奨励する環境が生まれているので，ぜひこの機会を活用することをお勧めしたい。

ただこのような形で分析を行う場合，第一に既存の調査票からいかにオリジナルな仮説を作り出すか，また，調査データを統計的に分析するための訓練ができているかが課題となる。先に述べたが，調査を行うためには母集団の特定からサンプリング，調査票の作成，調査の実施とデータの入力，クリーニングなど，調査の準備から実施，データの整備まで多大なエネルギーが必要となる。そのエネルギーを使わなくていい分，**既に行われた調査からオリジナルの研究を行う**という難しさがある。その難しさを乗り越える方法が統計分析についての知識の豊富さであり，ここが苦労のポイントとなる。しかし，公開された調査データは多くの人に活用されることを待っていることを覚えておいてほしい。

さらにもう一つ，既存の調査の活用方法として，すでに行われた調査をベースに，同じ調査票を用いて身近な集団の特徴を明らかにするという調査法を紹介しよう。通常の社会調査は，日本の大学生，日本の教員といった大きな集団の特徴を明らかにしようとするものであるが，この調査法では，例えば，自分が通う大学の学生の特徴を全国の大学生との比較から明らかにしようとすることなどが可能である。調査時期等，調査の条件が異なるため厳密な比較は難しい側面はあるが，自分で調査を行い，結果を分析するということが可能になる。また，こうした方法を取ることによって，身近な集団の特性を明らかにすることができる。ただ，比較の対象とする全国調査等については，既に公表されて

いるデータや分析結果しか用いることができないという分析の限界があることに留意したい。

以上，既存の調査を活用するという視点から調査について述べてきたが，教育に関する客観的状況はすでに多くの調査によって明らかにされている。教育の専門家として教育について語るにあたっては，**個人の経験を重視するだけではなく，客観的で冷静な目をもって状況を把握すること**が求められる。そのためには公表されている調査データが大きな力になることを知り，大いにそのデータを活用していってもらいたい。

5 量的調査のデータ分析

収集した量的データを分析していくにあたって基本となるものは，基礎集計である。基礎集計は，個々の変数ごとに集計結果を集約したものであり，単純集計や度数分布とも呼ばれる。そして，基礎集計をグラフの形に可視化したものを**ヒストグラム**（度数分布表）という。量的データを基礎集計とヒストグラムの形にすることで，全体の分布を確認することができる。基礎集計を確認するにあたっては，いくつか注目するべき値がある。それは，**平均値**（算術平均，Mean），**中央値**（Median），**最頻値**（Mode）の3つの値である（"3つのM"と呼ばれる）。平均値はデータの合計値をデータ数で割った数値，中央値はデータを大きさの順に並べたときに全体の中央に位置する値，最頻値とは最も頻繁に現れる値である。これらの値を見ることで，その変数の意味を検討することができるようになる。

また，基礎集計の段階で重要になるもう一つの視点は，その変数における個々の**データの散らばり**である。データの散らばりとは，その変数を構成する個々の値の分布の状況を指すものである。平均が同じであってもデータの散らばりが異なる場合，そのデータは異なる特徴を持つと判断できるためである。データの散らばりを示す指標には，最大値と最小値，偏差と分散が用いられる。最大値と最小値は，連続する量的変数の際に用いられる値であり，その変数の最大と最小の値を見ることでそのデータの特徴を把握するものである。偏差とは，算術平均を基準に個々の値がどのくらい離れているかを示すものであり，分散とは偏差を用いて，データ全体の散らばりを算出するものである。分散の

値が小さい場合，平均のそばに個々の値が集中していることを意味する。分散を示す値として，**標準偏差**（Standard Deviation:SD）が用いられる。これらの情報は**記述統計量**と呼ばれる。重要なことは，個々の変数の特徴を見る指標としてこのような共通の視点を持つことで，変数間の比較を通じ，その変数の特徴を検討することができることである。

例えば，表1，表2，図2で示されているデータを見てみよう。これは2018年3月の高校卒業生の大学等進学率について都道府県別のデータを基礎集計とヒストグラムの形で示したものである。47都道府県の進学状況は，最小値40%から最大値66%に分布しており，分布には幅があることがわかる。平均

表1　高校卒業生の大学等進学率について都道府県別のデータの基礎集計

大学等進学率 (%)	度数	パーセント
40	1	2.1
43	1	2.1
44	2	4.3
45	5	10.6
46	3	6.4
47	4	8.5
48	3	6.4
49	1	2.1
50	1	2.1
51	3	6.4
52	4	8.5
53	2	4.3
54	1	2.1
55	3	6.4
56	2	4.3
57	3	6.4
58	2	4.3
60	1	2.1
61	3	6.4
65	1	2.1
66	1	2.1
合計	47	100

表2　高校卒業生の大学等進学率についての都道府県別のデータの記述統計量

平均値	51.57
中央値	51
最頻値	45
標準偏差	6.16
分散	37.945
最小値	40
最大値	66

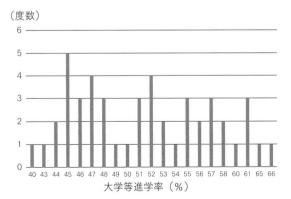

図2　高校卒業生の大学等進学率について都道府県別のデータのヒストグラム

は 51.57，中央値は 51 であるが，最頻値は 45 であり，平均よりも低いところに集まっていることがわかる。図2のヒストグラムは，そのことを可視化してくれる。

6 項目間の関係の分析とその手法

　個々の変数を記述統計として分析するだけでなく，量的データにおいては，変数間の関係を検証することができることが重要な特徴である。変数間の関係は，相関関係と因果関係の2つの考え方に整理することができる。相関関係とは，「変数Aと変数Bは関係がある」ことを示すものであり，2つの変数（変数AとB）が関連することを意味する。因果関係は「変数Cが○○であれば変数Dは××である」という関係を示すものであり，一方（変数C）が他方（変数D）の要因となり，一方（変数C）が変化することで，他方（変数D）も変化するような関係を意味している。この場合，要因となる側の変数（変数C）を「**独立変数（説明変数）**」，影響を受ける側の変数（変数D）を「**従属変数（被説明変数）**」と呼ぶ。このように変数間の関係を検証することによって，ある事実と別の事実の関係，また，ある事実が別の事実に与える影響を説明することが可能となるのである。

　教育社会学では，教育という社会的な事実に対してどのような変数が影響をするのかを量的データで検証する多くの研究が蓄積されてきた。例えば，子どもの学力形成にはどのような要因（家庭の経済的状況，父親や母親の学歴，生活環境，生活習慣など）が影響するかなどはその一例である。

　変数間の関係をみるにあたって，基本となる分析は，2つの変数の関係を**クロス表**の形で検討する方法である。クロス表とは，2つの変数を掛け合わせたものであり，そのことによって変数間の関係をみるものである（2つ以上の変数を掛け合わせることもできる。3つの変数を掛け合わせるものは，三重クロス表，トリプルクロス表と称される）。表3は，100人の大学生に，「高校時の文系・理系の選択」と「数学が好きであったか」を質問した結果をクロス表で示したものである。クロス表では，2つの変数のうち，縦に並べる項目を**列**（その項目を示す列の見出しを**表側**），横に並べる項目を**行**（その項目を示す行の見出しを**表頭**），数値の入った一つひとつの枠をセルと呼ぶ。

表3では「文系」で「数学が好きであった人数」が21人であることを意味する。そして，各行の合計を基準として各セルのデータを各行の合計で割る，各列の合計を基準として各セルのデータを各列の合計で割る，全体の合計のデータ（母数）を基準として各セルのデータを割るなど，比率を見ることで，さらにデータの持つ意味を考えることができる。例えば，表4は，各セルのデータを各行の合計で割ったものである。ここからは，文系では，6割以上が数学を「好きではない」とする一方で，理系では8割以上が数学を「好きである」とする事実が見えてくる。

表3 「高校時の文系・理系の選択」と「数学が好きであったか」のクロス表

		数学が好きであったか		
		好き	好きではない	合計
高校での文理選択	文系	21	38	59
	理系	34	7	41
合計		55	45	100

表4 「高校時の文系・理系の選択」と「数学が好きであったか」のクロス表
※表3を変形したもの

		数学が好きであったか		
		好き	好きではない	合計
高校での文理選択	文系	35.6%	64.4%	100.0%
	理系	82.9%	17.1%	100.0%
合計		55.0%	45.0%	100.0%

$p<0.001$

しかし，このような2つの変数の関連を一般化できるかどうかは，統計的な根拠が必要となる。その手法が**統計的検定**である。統計的検定とは，そのデータの出現が確率分布として偶然には起こりえない確率で生じたものなのか，偶然起こり得るものかを確認することで，変数間の関係を検証することである。そのデータの出現が偶然には起こりえないと判断できる時，その2つの変数には何らかの統計的に意味のある関係があるということができる。

2変数（以上）の関係をみるときの統計的検定や分析手法には，2つの変数の関係をみる χ^2 **検定**（カイ二乗検定）や**相関分析**，2つの群において事象の起こりやすさを示す**オッズ比**，ある変数について2つの群の間の平均の差をみる **t 検定**，3つ以上の変数の関係において影響する要因を明らかにするための**重回帰分析**などの多変量解析，また，複数の変数の背後にある共通の要因を探りだす**因子分析**や**主成分分析**などの方法が用いられている。以下では，教育社会学の研究で比較的よく用いられる，χ^2 検定，t 検定，重回帰分析について

表5 「服装・整理整頓に気を使うかどうか」についての男女別の集計(架空例)

	女性		男性			
	M	SD	M	SD	t値	
服装に気を使うかどうか	3.12	0.85	2.87	0.88	6.21	***
整理整頓に気を使うかどうか	2.87	0.69	2.85	0.72	0.58	

*** p<0.001

その概要を確認しておきたい。

χ^2検定とは，2つの変数に統計的な意味を持つ関係があるかどうかを検定するために用いられる分析手法であり，クロス集計において用いられることが多い。χ^2検定とは，各セルの実現度数が，2つの変数に関連がなければ生じるであろう期待度数にどのくらい離れているか（偏りがあるか）を表全体で計算し，それを確率分布の判断基準に基づいて判定するものである。その標本の出現確率はpと表現される。例えば，表4のクロス表において，p<0.001とされていることは，このような分布が起こる確率は0.1%以下であり，つまり，偶然には起こりえない確率で生じたものであり，統計的な意味がある結果であることを示している。

t検定（平均の差の検定）とは，ある変数について2つの群の間の平均の差をみることでその変数の意味を確認する方法である。表5は，「普段，服装に気を使うかどうか」「整理整頓に気を使うかどうか」という質問を，「5.当てはまる／4.少し当てはまる／3.どちらとも言えない／2.あまり当てはまらない／1.当てはまらない」の選択肢で尋ねた結果を，男性と女性に分けて示したものである（Mは平均，SDは標準偏差）。

「服装に気を使うかどうか」についてみてみると，女性の平均値の方が男性のそれよりも高く，なおかつ女性と男性の平均値には偶然には起こりえない確率で差が生じている。つまり，男性よりも女性の方が，服装に気を使っていることが読み取れる。一方，「整理整頓に気を使うかどうか」についてみてみると，女性の平均値の方が男性よりもわずかに高いものの，女性と男性の間で統計的に意味がある差がないことが示されている。

最後に，重回帰分析とは，3つ以上の変数の関係において，複数の独立変数を用いて，従属変数を推定することで，独立変数が従属変数に影響する要因を明らかにする分析手法である。他の変数の影響を統制することで，他の変数の条件が同じであれば，その独立変数が従属変数にどのような影響を持つのかを示すことができる。表6は，ある中学校での「英語の成績」と「数学の成績」

の 2 つの変数を従属変数に,「母学歴」・「父学歴」・「テレビ視聴時間」・「漫画以外の本を読む時間」・「学習塾に通っている」・「わからないことは辞書で調べる」・「朝ごはんを食べる」の 7 つの変数を独立変数にした重回帰分析の結果を示したものである。それぞれの独立変数の効果を示したものが**標準化回帰係数**と呼ばれるものであり,β（ベータ）で表されている。また,**調整済み R^2** とは**決定係数**と呼ばれるものであり, これらの独立変数によって従属変数のどのくらい（何 %）が説明できるのかを示したものである。この表 6 では, 英語の成績では全体の 23.4%, 数学の成績では 18.3% を説明できることを意味する。そして, 英語についてみれば, 7 つの独立変数のうち,「母学歴」・「父学歴」・「漫画以外の本を読む時間」・「学習塾に通っている」・「わからないことは辞書で調べる」の変数が有意な影響をもたらしていること, 数学では, 英語に比べて「漫画以外の本を読む時間」が統計的な有意な意味を持たなくなることがわかる。このような重回帰分析によって, 英語と数学の成績がどのような変数で説明できるか, ということが示されるのである。

表 6 ある中学校での「英語」と「数学」の成績に対する重回帰分析（架空例）

	英語の成績		数学の成績	
	β	有意確率	β	有意確率
母学歴	0.134	0.000***	0.146	0.000***
父学歴	0.008	0.023*	0.018	0.003**
テレビ視聴時間	-0.002	0.323	0.019	0.433
漫画以外の本を読む時間	0.103	0.000***	0.003	0.301
学習塾に通っている	0.112	0.000***	0.102	0.000***
わからないことは辞書で調べる	0.006	0.000***	0.008	0.001***
朝ごはんを食べる	0.223	0.203	0.133	0.103
調整済み R^2	0.234		0.183	

*p<0.05 **p<0.01 *** p<0.001

このような統計的検定を用いて仮説検証を行うことによって, 実証的な根拠を持って教育について議論することができる。なお, 本章では, 詳細な統計的な説明や計算式は省略し, その考え方や例示から示されたデータの読み方を中心に説明した。量的調査の分析手法を学ぶことで, 自分自身がそれを用いるこ

とができるようになるとともに，このような分析手法を用いた研究成果や論文の意味を理解できるようになることが重要であるためである。これらの分析手法は，社会統計学や社会調査の手法が用いられている。さらに詳細な分析手法をそれらの分野の文献を通じて学び進めてもらいたい（例えば，古谷野 1988，筒井ほか 2015，神林 2016，畑農・水落 2017，など）。また，これらの分析手法は，SPSS や R などの統計ソフトを用いて行うことが一般的である。そのようなソフトを使った統計分析についても学び進めてもらいたい（例えば，須藤ほか 2018，Imai 2017＝2018）。

7 教員志望者にとっての調査の意味

　「教員の世界は狭い」と言われることがある。教員になる人の多くは，大学を卒業してそのまま学校を職場とする教員になるため，学校という世界の中からなかなか外に出ることができない環境にいる。では，こうした状況の中で，世界を広げるにはどうしたらいいのだろうか。

　また，教育現場には様々な課題が山積している。その課題を解決するために特に現場で求められるのは，多くの人の知恵を出し合って皆が納得する解決策を見出していくことである。しかし，教育に対して多様な考え方が存在し，またそれぞれの個人も多様な教育経験を積んでいるため，個人の見解や経験に基づいた議論をしても，皆が納得した見解に至ることが難しいことが多い。どうしたらいいのだろうか。

　この二つの問題に答えるために提案したいのが，現実を知り，客観的事実，すなわち，エビデンスを根拠にしてものを言う姿勢を作りあげることであり，そのための調査データの活用である。そこでまず行えることとして，既存の調査を活用することを考えてみよう。

　学校教育に関しては，行政機関や教育関係機関によって様々な調査が行われている。例えば文部科学省が行っている調査にはどのような調査があるのか，文部科学省のホームページを見てみよう。ホームページを開き，下の方にある「白書・統計・出版物」の「統計情報」をクリックすると文部科学省が行っている調査の一覧を見ることができる。代表的な調査である「学校基本調査」が最初に出てくるが，他にも「体力・運動能力調査」，「子供の学習費調査」，教

員に関する調査など様々な調査が行われていることがわかる[(1)]。

また同じページの「関連リンク」から「**政府統計の総合窓口（e-Stat）**」や「**総務省統計局ホームページ**」につながることができる。こちらのホームページからは文部科学省以外の省庁が行っている調査データを得ることができる。例えば，厚生労働省も子どもや青少年に関する調査を多く行っているので，こちらからも様々なデータを得ることができる。

調査によってはExcelの形でデータを公開しているので，その範囲でオリジナルのデータ分析を行うことも可能である。さらに官公庁だけでなく，民間の様々な団体も調査を行っていて，その結果を公表している。こうした調査データを丁寧に追っていくことで，多くの正確で有用な情報を得ることができる[(2)]。なお，データを使用して論文等を発表する際には引用のルールに従って，調査データの出典を明示することは言うまでもない。また，4で述べた既存の調査票を活用する時など，場合によっては調査元に使用の事実を報告することが求められる。

III ▶ 質的調査

1 質的データの特性

IIで述べられた調査手法以外のアプローチは，総じて「**質的調査**」と呼ばれる。フィールドワークで得られた観察記録，インタビューデータ，メディア資料，歴史的資料や行政資料など，さまざまなデータにもとづく社会調査がここには含まれる。ただ，これらから得られたデータがまったく「量的」ではないとは言い切れない側面があり，量的と質的といった区分は画然としたものではないことには留意したい。

日本の教育社会学はその草創期から，このような包括的な意味での質的調査を繰り返し行ってきた。僻地教育や勤労青少年の実態調査，生徒の作文分析，非行少年の事例分析，地域コミュニティのモノグラフ，等々。だが概して1970年代後半以後の「新しい教育社会学」「解釈的パラダイム」の台頭のなかで教育プロセスへの関心が高まり，1990年代から2000年代にかけての社会構築主義の席巻のなかでそうしたプロセスを分析する理論・方法論的道具立てが

整えられ，質的調査という言葉に積み込まれた意味はかつてに比して非常に濃密なものとなっている。本節では日本国内の教育社会学の展開に応じて，そうした道具立てをそれぞれ簡潔に紹介していきたい。

2 教育をめぐる「自明性」を解きほぐす

国内の教育社会学がその草創期を経て確立期に進んだ 1960 年代から 1970 年代，理論枠組としては機能主義，調査手法としては量的調査がそれぞれ精緻化されていった（藤田 1992）。1970 年代中頃から解釈的パラダイムが注目を集めるなかで，教育が行われるプロセスがこれまでの研究では疎かにされてきたこと，特に学校という教育実践の中心となる現場が「ブラックボックス」とみなされてきたことに批判的検討がなされた。だが 1990 年代前半に至るまで，教育プロセスをめぐる具体的研究は未だ不足していると語られ続けた（耳塚 1993 など）。

教育プロセスをめぐる研究より先んじて，手法とその含意が深く検討されたのは「言説」の研究であった。1992 年と翌年の学会大会ラウンドテーブルを経て，1994 年刊行の『教育社会学研究』第 54 集に「教育言説の社会学」という特集が組まれている。**教育言説**とは，主に思想家ミシェル・フーコー（Michel Foucault 1926-1984）に由来する言葉で，その含意は教育現象をそこに関わる人間の意識の問題でも，その背後にあるイデオロギーや社会的背景の問題でもなく，教育をめぐって語られた／書かれた言葉自体が当の教育現象を構成し，腑分けし，新たに言葉を作り位置づけ，またそこに関わる人々のあり方をも作り位置づける（**主体化＝従属化**），その自律性および生成的効果に照準しようとするところにある（森 1994 など）。

教育をめぐる言葉の重なりが教育現象を形づくり，ひいては私たちのあり方をも拘束していくということ。いじめ，落ちこぼれ，受験戦争，厳しい校則や体罰，不登校など，当時噴出していた「教育問題」はそれぞれ，どのような教育のあり方が「よい」ものなのか，あの・この教育の仕方では何が「ダメ」なのか，人々が言葉の応酬を行い続けていた。だがそのような絶え間ない応酬こそが「教育問題」を形成し，ひいては子どもや私たちを袋小路に追い込んでいるということはないのか。このような観点から「教育問題」の語られ方／書か

れ方を分析し，それらをめぐって私たちが「当たり前」だと思っていることが，いついかにして作られたのかを明らかにし，別様の可能性に開いていくこと。さらに広くいえば，そのような「当たり前」を根底的に支えている，近代教育の構成要素を解き明かすこと。学校教育をめぐって閉塞的な印象が抱かれていた 1980 年代の状況を下地にしつつ，フーコーや歴史家フィリップ・アリエス（Philippe Ariés 1914-1984）の影響のもとで，言説の研究が取り組まれるようになっていった。

　その成果の一つとして，今津孝次郎・樋田大二郎編『教育言説をどう読むか』（1997）を挙げることができるだろう。同書では審議会答申，教育評論，雑誌記事，新聞報道などを素材に「学校は子どもの個性を尊重するところである」「いじめは根絶されなければならない」"児童生徒理解"は心の理解でなければならない」といった，一般的には「よい」ことだと考えられている教育理念がいついかにして形づくられ，教育現場にどのような影響を与えたのか，またその問題点は何かといったことが分析・検討されている。

　言説に関する研究が一定程度積み重ねられると，それらの研究のなかには言説の背後要因を想定するものがあるが，それは**知識社会学**と**言説分析**の混同ではないかといった批判的な検討がなされるようになった（佐藤 1998 など）。だが言説の分析として今日までに積み重ねられた実際の研究を眺めてみると，フーコーの議論に忠実であるか，言説の背後要因を明確に想定する応用的立場である「**批判的言説分析** critical discourse analysis」（Fairclough 2001＝2008 など）の含意をとるか，特に教育社会学であればバーンスティン（Basil Bernstein）の〈**教育**〉**装置論**に注目するか（▶ 第 6 章），資料の傾向を定量化する内容分析の手法を取り入れるか等によってとられるスタンスは異なり，そこに容易にもはや優劣はつけがたいように思われる。もちろん安易な混同や浅薄な分析は戒められるべきだが，今後言説を研究対象とするならば，その対象や目的に応じて，自らがとるスタンスの（デ）メリットの自覚が必要なことは間違いない。

3 教育をめぐる「合理性」を理解する

　解釈的パラダイムの構成要素はさまざまにあるが，人びとの解釈過程や相互

行為に注目する社会学の諸流派，ミードやブルーマーの象徴的相互作用論（► 第1章），シュッツの現象学的社会学やバーガーらによる現実の社会的構成論（► 第6章），ガーフィンケルらのエスノメソドロジー（► 第1章）などが，特に教育プロセスをめぐる研究を下支えするものだといえる。これらは理論としては1970年代頃から検討が進められてきたが，それらが教育社会学における経験的研究の本格化に結実していくのはやはり1990年代以降といえるように思われる。それは今挙げた諸流派，後述する**社会問題の構築主義的アプローチ**（これもシンボリック相互作用論と密接に関連した立場といえるが），フーコーをはじめとする（ポスト）構造主義哲学などの摂取が混ざり合ったところで起こった社会構築主義ブームともいうべき状況を経てから，と言い直すことができる。

　社会構築主義の見解は，それを構成する諸流派のかなりの部分が社会学由来であること，またそれを経た現代社会学における共通了解の一角を占めていることを考えると，その新奇性を説明することは難しい。あえて単純化してそれを述べるならば，**素朴な実証主義・事実主義への懐疑，知識の歴史・文化的な特殊性への注目，相互行為・言語・プロセスへの注目とそれを分析可能にする研究プログラムの発展**といったあたりになるだろう（Burr 1995＝1997：8-12）。

　他の二つについては他で言及する箇所があるので，ここでは素朴な実証主義・事実主義への懐疑についてもう少し述べておきたい。これもごく単純化した話だが，社会調査において得られる知識とはどのようなものだろうか。再検証に開かれた客観的な手続きによって得られたデータは「事実」そのものだろうか。もしそうだとすれば，量的調査によって得られたデータは「事実」により近く，サンプリングなどに適さない質的調査は「事実」からより遠い，量的調査の補助的なデータということになるのだろうか。

　社会構築主義の立場，そしてそれを消化した現代社会学ではおそらくそうは考えない。量的調査に取り組んでみればとてもよく分かることだが，質問票の設計は言葉との格闘である。質問文のちょっとした言葉遣いや配置で，得られるデータの傾向や意味は大きく変わってしまう。質的調査も同様に，誰がインタビューや参与観察を行っても，同じように対象（者）から同じような「事実」を引き出せるわけではなく，調査者のフィールドでのあり方，インフォー

マントの個性や相互作用，そこに至るプロセスなどによって聞ける話や見ることのできるものは変わってくる。だが，だからといって，何も確かなことが分からないとするのではない。そのような流動性や複雑さを踏まえたうえで，少しでも確かな知識を，対象領域に関する「意味世界」（盛山 2004）をより確かに説明できるような知識の獲得を目指す営みとして，今日の社会調査は概ね考えられている。

　さて，そのような営みのなかで，質的調査は一体何を明らかにしようとするものなのか。岸（岸ほか 2016：27-35）はそれを「**他者の合理性を理解する**」ことだと述べている。量的調査でこれがまったくできないということではないだろうが，サイズは大きいが粗目の網ではしばしば捉え損なってしまう，人びとそれぞれの行為に関する固有の合理性を理解すること。ただよく分からないことがらに留まらず，同じ状況を共有しない他人からは一見すると理解しがたかったり，時には好ましくないように思われる行為，ただの不合理や混沌のようにみえる行為の背後にある合理性を「誰にでもわかるかたちで記述し，説明し，解釈すること」。岸は軽々しく他者を理解できると考えてはならないと戒めつつ，質的調査の目指すところをそのように説明している。

　質的調査の具体的な展開例を考えてみると，それは**フィールドワーク**という営みのなかにあらかた含まれているといえる。そのなかに，参与観察もインタビューも，フィールドをめぐる資料調査なども含まれるためである。研究対象となるフィールド（集団，組織，地域など）は無数にあり，それぞれへ入り込むきっかけも無数にあるが（前田ほか編 2016），教育社会学の場合はまず学校そのものを中心として（国内におけるその嚆矢として蓮尾 1980，志水・徳田編 1991 など），より焦点を絞っては教師，生徒・学生，保護者，フリースクールなどの支援施設などを調査対象としてきた。これらのうち学校に関しては，そのなかで教師や生徒がいかに自らの立場を保持しているか，その「サバイバル・ストラテジー」を中心に研究が蓄積されてきた（吉田 2007 など）。また，近年多くの研究が展開されているのが生徒・学生（元を含む）についてで，ひとり親家庭の子弟，トランスジェンダー生徒，少年院収容を経験した元非行少年，援助交際体験者など，さまざまなテーマが検討されている。

　フィールドワークやそこでの参与観察のあり方についてもこれまで多くの議

論が積み重ねられてきたが、社会構築主義が席巻するなかで、もっとも集中的にそのあり方が考察されてきたのはインタビュー調査についてだといえる。トマスとズナニエツキによる『ヨーロッパとアメリカにおけるポーランド農民』（訳書1983）以来、社会学は多くのインタビュー調査を蓄積してきたが、日本国内では1977年の中野卓『口述の生活史』の刊行を契機に、インタビュー調査（ひいては質的調査）を量的調査の補完物ではなく、個人から全体社会を探究する方法として考えようとする向きが強まり、多くの理論・方法論的検討が行われるようになっていった（岸ほか 2016：180-185）。その検討の進展は、上述した社会構築主義の席巻と概ね軌を一にしている。

ここ十数年の検討のなかで進んだのは、語られたことのどこに注目し、インタビュー調査を通して何を明らかにしようとするのかという視点の細分化である。出発点となる立場は、先に述べたような、インタビューを通して個人の生がどう社会・歴史的状況と結びついているのかを客観的事実と照らし合わせながら考えようとする立場で、「**生活史／ライフヒストリー**」の分析、「実証主義」などと呼ばれるアプローチである（桜井 2002 など）。

それに対して、マクロな全体社会や歴史的状況との接続は必ずしも念頭に置かないものの、語りを収集し、その意味世界を再構成することで社会の現実に迫ろうとする立場があり、これは「解釈的客観主義」などと呼ばれる。近年のインタビュー調査の多くはこの立場に収まるものが多いと考えられる。さらに、語りの内容は聞き手と語り手の相互行為の産物であるとして、語りが生み出されたプロセスに注目しようとする立場があり、これは「対話的構築主義」と名づけられている（例として湯川 2011 など）。歴史との接続よりも個人の語りに照準するという点で、後者二つの立場は「**ライフストーリー**」の分析と表現されることもある。また、分析の視角として、語り（ナラティブ／ストーリー）の構造に注目しようとする立場もあれば、**グラウンデッド・セオリー・アプローチ**のように、インタビューデータの分析を汎用可能な手順に落とし込もうとする立場もある。

これらの立場は容易に相通ずるわけではない部分があり、未だ論争が続いている状況にある。本章の筆者にはそこに踏み込む力はないが、インタビュー調査を行う場合、自らの問題意識、先行研究の展開状況、フィールドで自分自身

が得られた出会いや情報について考えながら，自らが語りのどのような部分にどう注目し，そこから何を明らかにしていきたいのかを自覚する必要が今日ではあるだろう。言説分析についてと同様に，それだけ多くの理論・方法論的吟味が行われてきたということである。

4 社会問題の構築主義アプローチとエスノメソドロジー

先に述べた素朴な実証主義への批判を含む調査・方法論という意味では，社会問題の構築主義的アプローチもそれに含めることがおそらくできるだろう（先述した社会構築主義との関連でいうと，構築主義という表現は，国内の社会学界ではこのアプローチに牽引されて注目が集まった側面が小さくない）。このアプローチを大括りにしていえば，「社会問題」とは何かを考えるにあたって研究者が「上から」その実態判断や定義を行うのではなく，人びとの「問題をめぐる活動」に注目していこうとするアプローチである。具体的には，ある問題が言挙げされるにあたってどのような証拠・論拠が提示され，どのようなレトリックやカテゴリーが用いられ，そうした活動はどのような理由づけのもとに主張されたのか。こうした**クレイム申し立て活動**を行う人々は一派のみではないことが多いが，各派の人びととはどのように主張を応酬し，何が論点となり，そのなかで当の問題はどう変化し，お互いのアイデンティティはどう変化していったのかといったことがらに注目・記述していくのである（中河 1999）。ひきこもり，児童虐待，青少年に「有害」なマンガなど，さまざまな「問題」がこれまで検討に付されてきたが，このアプローチは教育問題を含む社会問題の自明性を解きほぐすような効果もまた持ち得ているといえる。

また，人びとの「合理性」に注目する別様のアプローチとして，**エスノメソドロジー**を挙げることができる（前田ほか編 2007 など参照）。ハロルド・ガーフィンケルによって提案されたこのアプローチでは，この社会で生きる人びと（エスノ）がどのような方法（メソッド）を用いて日々の活動を秩序づけているかを研究する（▶第 1 章）。教育社会学の分野で多く行われてきたのは，授業という秩序の探究である。秩序の問題を個々の行為者由来のものとするのではなく，教室や学校を取り巻く外在的背景由来のものとするのでもなく，その場においてどのようにお互いの話していること，行っていることに見通しが

与えられ，お互いのあり方が安定したものとして作り上げられていくのか（森 2014 など）。非常に細かく手続き化された会話分析という手法が多く用いられ，エスノメソドロジーの立場は近年，とくに若い研究者の間で注目をますます集めている。

IV ▶ おわりに

　ここまでに示したものが，教育社会学において用いられてきた調査研究の道具立ての大まかなところだが，実際はよりさまざまな展開をとっている。学校事故に注目した内田良の「学校事故の『リスク』分析」（2010）は，独立行政法人日本スポーツ振興センターの『学校の管理下の死亡・障害事例と事故防止の留意点』という資料における「死亡」事例 6,022 件に注目し，それを一つずつカードに転記したのちカテゴリー化，そして分析を行ったものである。その知見は柔道とラグビーの死亡確率が他のスポーツに比して突出して高いというものであり，この知見は以後社会的な注目を大きく集めることになった。ここで行われているのはシンプルで地道な資料の調査・分析だが，インパクトのある知見の産出に成功している。

　山本雄二の『ブルマーの謎』（2016）は，女子学生向けの体育着として一時定着した「密着型ブルマー」がなぜ突如広まり，また姿を消したのかという「謎」に取り組む非常に面白い著作だが，同書では俗説ばかりで先行研究がほぼないようなところから，少しでも関連がありそうな資料を網羅し，そこからあたりをつけてある組織へアプローチして記念誌を紐解き，そこに出てきたメーカーについて調査し，さらに当時体育着の営業に関わっていた人々にインタビューを行う，というように縦横無尽に研究が展開されている。内田にしても山本にしても，取り組むべき問題に即して，それに最適な手法を選び，ときにそれを応用しているといえる。

　調査を始める前に考えるべきことは，まず**自分は何がしたいのか，何を問題だと思い，何をはっきりさせたいのか。そのためにどのような方法（の組み合わせ）を選ぶのが最適なのか**，ということだ。もちろんその際に忘れてはならないのは，調査とその手法に関する文献だけでなく，自分が取り組みたいテーマに関する先行研究を読むことである。先行研究で取り組まれてきたことと，

自分が気になっていることを照らし合わせ，自分が進んでいけそうな道を探していくこと。このとき，一人でよく考えることも重要だが，教員や友人に相談してみることも同じように重要である。そして頃合いをみて，実際に調査に取り組んでみよう。実際に調査を始めることで，調査とその手法に関する文献で言われていることが俄然分かってくるはずだ。ここで先行研究に立ち戻ると，得られるものもきっと増えているだろう。このような駆け出しに，本章が少しでも役に立てばと思う。

> ✅ 教育社会学的想像力を拓くレッスン
>
> ステップ I リフレクティヴな学び
>
> これまであなたは，何らかの調査に参加したり，調査の対象になったこと，調査に協力したりした経験はあるだろうか。その調査がどのようなものであったかを思い出してみよう。
>
> ステップ II コミュニカティヴな学び
>
> これまであなたが読んだ教育社会学の本や論文では，どのような調査が行われ，どのような分析が行われていただろうか。また，その調査や分析ではどのような特徴があるだろうか。話し合ってみよう。
>
> ステップ III イマジナティヴな学び
>
> あなたは，「学校で勉強することにどのような意味があるのか」について，量的調査もしくは質的調査のいずれかの調査を行って明らかにする研究を進めることにした。どのような対象に，どのような方法で調査することが妥当だろうか。考えてみよう。

--- 注 ---

(1) 教育政策や教育改革の方向性を知るためには，中央教育審議会での議論に注目する必要があるが，文部科学省のホームページでは審議会の議論だけでなく議論で使われたデータ，資料も公開している。これらのデータ，資料も教育の現状を知るため，またデータからどのような議論が生まれているかを知るために活用することをお勧めする。

(2) 各種調査機関と連携し一次データを収集し,そのデータの共同利用を推進している代表的研究機関として東京大学社会科学研究所附属社会調査・データアーカイブ研究センターがある。ホームページには実際にデータを利用するためのガイドがあるので参照してほしい。なお,同ホームページの URL は,http://csrda.iss.u-tokyo.ac.jp/center/greeting/ である。

(Ⅰ:牧野智和・白川優治　Ⅱ:1〜3・5・6:白川優治,
4・7:千葉聡子　Ⅲ・Ⅳ:牧野智和)

第3章 「家族と教育」の過去・現在・未来
――ペアレントクラシー化のゆくえ――

I ▶ 家族における教育的まなざしの濃密化
　　――その変遷を辿る

　勉強が学年が進むごとに難しくなってきてついて行けなくなるんじゃないかって思う。親である私も教えきれなくなる時も出てきて，その度に勉強し直すが，もうそれも限界かも。ただ『勉強しなさい』と言うだけでもやる気を削いでる気もしてしまう。（母 40 代・非大卒・非常勤職）

　小さい頃から通信教育の英語をやったり，他の勉強もさせてきたが，大きくなるにつれて反抗的になり，成績が下がってきて，今後が不安です。勉強するように言わないで様子を見れば，まったくやらないので，結局やるように言わなくてはならなくなり，けんかのようになってしまうのでつらいです。（母 40 代・大卒・専業主婦）

　子どもの教育について思い悩む母親たちの切実な声である[1]。学校の勉強ができる子どもになるよう，学歴社会・競争社会を勝ち抜くことができるよう，教育の責任を一身に背負い込んだ母親たちの葛藤が直に伝わってくるようだ。子どもの教育への配慮を怠らず，意図的・組織的に家庭教育を展開する**教育家族**（沢山 1990；2013）の姿がここにある。
　もっとも，家族における子どもの教育は，常に親の濃密な「まなざし gaze」のもとに展開されてきたわけではない。家族の歴史を紐解くと，私たちにとって馴染み深い家族の教育的機能の在り方が普遍的なものではないこと，また，親から子どもへの教育的関与の在り方は，家族の階級的背景によって異なった様相をみせることに気づかされるのである。
　では，家族の教育的機能は，いつ頃，どのような変化を遂げてきたのだろう

か。また，どのような階級に属する人々が，どのような家族を形成し，子どもに対してどのような教育的関与をしてきたのだろうか。本章では，家族における母親の位置・役割に着目しながら，家族形態と家族の教育的機能の歴史的変遷を辿るとともに，家族を取り巻く状況変化のなかで生じつつある現代の家族と教育をめぐる問題について考えていくことにしよう。

II ▶ 家族形態と家族における教育の変遷
―― 家父長制家族から近代家族へ ――

1 家父長制家族とその教育

　現代の家族では，男は外で働き，女性は家庭で家事・育児をするという性別役割分業体制が問題となる。しかし，家族の歴史を遡ると，家族における性別役割分業は普遍的なものではないことが明らかとなる。1960年代後半から70年代に波及した第二波フェミニズムは，家庭における性差別的慣習を問い直す動きとしてたち現れるが（▶ 第12章），江戸時代に遡ると，女性の「家の中の位置づけ」は「一般に考えられているよりもはるかに強く自由なものだった」（原田 2012：45）という。また，家職を継承していくことで成り立っていた近世社会では，「家の後継者を育てることが父親の社会的な責務と意識されていた」ために（太田 2011：108），母親と父親とが共同で子育てに携わっていたとされる。

　明治期に入ると，このような母親・父親協同型の家族の教育的機能に転機が訪れる。家族における母親の地位を低下させ，その役割や裁量の範囲を限定した，近代型の**家父長制家族** patriarchal family の登場である。「家（イエ）」制度[2]とも呼ばれる家父長制家族は，「家長と妻子，老父母，その他の未婚の親族，さらに使用人や間借り人，奉公人，ときには妾とその子どもたちさえも含んだ人々」（Holloway 2010＝2014：41）から構成され，「家長」である男性が「家長権」に基づいて，家族の成員を支配・統制するという特徴を持つ。

　明治期には，家長の権限に関する規定が民法に書き込まれた。そこには，長子による，また庶男子が嫡女子に優先する家長権の相続，家族の居所の決定，結婚に同意を与える戸主の権利，子に対する父親の親権，妻の財産は夫が管理，

妻は夫の代理として日常の家事を行う，といった規定がみられる。①女子よりも男子が，また長男が優先的に家長権を相続すること，②家長は家族成員がどこに居住するのか，どの「家(イエ)」の誰と結婚すべきかを決める権限を持つこと，③男性たる家長あるいは父親が子どもに対する親権を有すること，④家計は家長が管理することなど，家長が家族成員に対して権限を行使することが法的に認められていた。明治民法の制定は，「長男による家督相続と，戸主による一族の支配と扶助という近世の武家のしきたりが，国民の全てを律する国家制度に」(原田 2012：45) なることを意味したのである。

　家族内の男児のうちから「家(イエ)」を継ぐにふさわしい人物（家長候補）を選び出し，その男児に集中的な教育的関与をするという点に家父長制家族の教育的機能の特徴がある。家長候補の男子の「家(イエ)」を継ぐにふさわしい資質をいかにして高めるかということに家父長制家族における教育の焦点が置かれ，「家(イエ)」を継ぐ男児には，家長にふさわしい行動様式・価値観が徹底的に教え込まれた。

　家長となる人物に求められたのは，例えば，「相当に見識をも有し言語行為を慎み身を持って模範となり先導者となる」ことや「厳に身を慎み道を踏み業を励みて正々堂々たる態度を有」(加茂 1922：3-4) することであった。

　しかし一方で，女児や跡継ぎとならない男児への教育は重視されなかった。つまり，家父長制家族とは，家族メンバーの地位に応じた教育を行う**地位家族** positional family であった（Bernstein 1971＝1981）。バーンスティンによれば，このような家族では，「役割間には明確な分離がみられ」，「家族の形式上の地位によって，家族のメンバーに一致する意思決定や判断が形式的に規定される範囲が存在する」（Bernstein 1971＝1981：187）。明治期以降の家父長制家族は，家族成員間の地位の序列（上下関係）が明白な，非民主的性格を持った，いわば「家(イエ)中心主義の教育」を展開する家族であったのである。

2 近代家族とその教育

　明治中期以降から，家父長制家族とは異なる特徴を持った生活を営む人々が次第に登場してくる。後に**近代家族** modern family と名付けられることになるその新しい家族は，家父長制家族よりも家族規模が小さく，父親―母親―子どもの組み合わせを基本的ユニットとする，家族成員が愛情を核として結びつく

家族である。近代家族は，①家内領域と公共領域との分離，②家族構成員相互の強い情緒的関係，③子ども中心主義，④男は公共領域・女は家内領域という性別分業，⑤家族の集団性の強化，⑥社交の衰退とプライバシーの成立，⑦非親族の排除，という特徴を持つ（落合 2004）。

こうした特徴を持つ近代家族は，**新中間階級** new middle class に属する人々によって形成された。新中間階級とは，階級分類上，**ホワイトカラー**（▶ 第7章）の被雇用者からなる社会集団を指す。ウェーバーは，官僚制化が進むにつれて専門試験の重要性が高まり，やがてあらゆる領域で教育資格創出への要求が増大し，官庁や事務所に特権的階層が形成されるのを助長するとして，近代化の過程において新中間階級が台頭するとみていた（Edgell 1993＝2002：105-106）。こうしたウェーバーの予見に沿うかのように，戦前の日本では，「文官試補及見習規則」（1887〔明治20〕年）による官僚選抜における学歴要件の厳格化によって雇用時に教育資格が重視され，学歴社会化（▶ 第7章）が進み，新中間階級が登場する社会的条件が成立した。やがて，教員・医師・企業の経営管理層・銀行員・公務員等，高学歴を獲得しホワイトカラーの職に就き，都市部で裕福な生活をする人々が，新中間階級としてひとつの社会集団を構成するようになる。

新中間階級は，次第にその厚みを増していくが，1920（大正9）年には全人口の7～8％程度を占めていたに過ぎない。しかし，彼らの「高学歴を獲得し，大企業に勤める」というライフコースの新奇性と希少性は，都市型生活様式への憧れの感情を人々の間に生起させた。新中間階級の生活様式は，当時の社会にあってキャッチアップの対象となったとの指摘がある（佐藤 2004）。

新中間階級の近代家族は，ホワイトカラー俸給生活者の男性と，高等女学校[(3)]で修身・国語・家事・裁縫・音楽・茶事・華道を学び，新しい時代の家庭運営の知識をもった将来の良妻賢母たる女性との間で形成されるケースが少なくなかった。もっとも，高等女学校で教育を受けた女性は，ただ従順に良妻賢母主義を内面化していたわけではない。かつて「修身の時間に『女は人の妻となり貞淑温和を心がけねばならぬ』」との教えを受けてきたある高等女学校卒業生は，結婚のことを真剣に考える時期にさしかかり，「私は婚家の家柄などはどうでもよいと思います。（中略）私は決して財産と結婚するのではありま

せんから，相当の教育を受けた人でさえあれば，例え無一文でもかまいません。むしろ其の方が真の夫婦の愛情を発揮し得るかと思います」「皆一つの趣味をもっていれば，二人の心は一致して何時までも濃やかな愛情に，一家は和気藹々とたなびくことでしょう」（「私の望む理想の結婚と理想の良人」『主婦之友』1920〔大正9〕年1月号，39-40）との寄稿を婦人雑誌に行っている。この高等女学校卒業生の言辞からは，家制度の再生産を志向せず，結婚相手との間で愛情を育むことを重視すべきだとする，新しい家族形成意識の芽生えをみいだすことができる。近代家族は，家族成員間の「形式的地位」よりも，家族成員間の「心理学的性質」を軸にして営まれる**個人志向家族** person oriented family でもある（Bernstein 1971＝1981：188）。

　近代家族は同時に「教育家族」（沢山 1990; 2013）としての顔をみせる。子どもに引き継ぐことのできる**生産手段**（▶序章）を持たない新中間階級の人々は，「個人的努力，学業，能力によって地位を切り拓かねばならぬ存在」（沢山 1990：109）であった。彼らは，「学歴」という制度化された**文化資本**（▶第1章）の獲得が子どもの将来に決定的に重要であることを自覚し，学力を向上させることや，社会の上昇移動が可能となる進路を子どもが辿れるようにすることに専心する，濃密化した教育意識を持つ家族でもあった。

　戦前期の近代家族＝教育家族における**教育戦略**は，完璧な子供，すなわち，**パーフェクト・チャイルド** perfect child を作ることを志向するものであった（広田 1999）。近代家族＝教育家族は，「子供たちを礼儀正しく道徳的にふるまう子供にしようとしながら，同時に，読書や遊びの領域で子供独自の世界を満喫させ」，さらに「予習・復習にも注意を払って望ましい進学先に子供たちを送り込もうと努力」する。つまり，「童心主義・厳格主義・学歴主義の3つの目標をすべてわが子に実現しようとして，努力と注意を惜しまず払っていた」（広田 1999：64）。そこにみられたのは，子供への濃密な教育的まなざしを基盤に，保護者にとって理想とする子供像に近づけることを企図した，意図的・計画的な教育戦略である。

　一方，農業・漁業・商工業に従事する勤労者層（労働者階級）の家族にあって，母親の労働は，「家庭の経済的保障に不可欠だった」ため，「大部分の女性が生産的役割の方に専念しなければならないのが現実」であり，勤労者層の母

親は,「子育てを祖父母や子守や年長の子どもに頼っていた」(Holloway 2010＝2014：47)。これに対し,新中間階級の母親は,「母親こそが教育のイニシアティブを握るべき」とする考え方を自らのものとして家庭教育を営んでいた(佐藤 2004)。

　大正から昭和戦前期には母親向けの教育書が数多く刊行されているが,「家庭にあって教師の地位にたつもののうち,もっとも重要なのはやはり母」(中島 1925：62-63),「母親は特にこの教育者としての責任を自覚して(中略)この大なる仕事に努力して戴きたい」(前田 1933：84),「母の真の活動は,真の使命は,真の生命がけで活動すべき仕事は,子どもの教育」(小原 1926：36)といった言辞にもあるように,新中間階級の近代家族＝教育家族の母親は,家庭における教育の主導権を握り,子どものよりよい育ちを達成することを自らの責任とすべきとする**教育言説**(▶第2章)に包囲されていたのである。

Ⅲ ▶ 戦後日本における家族と教育の変容

1 近代家族の定着

　戦後における家族制度は,戦前の家父長制家族の非民主的性格を否定する方向性を目指すことになるが,その新たな方向性はいわゆる新民法(1947〔昭和22〕年)において示され,法的に近代家族の土壌が整えられた。戦後の民法では,家父長制家族制度の廃止,個人の尊厳・両性の平等を保障する人間関係の構築が謳われた。婚姻は,家長の命に従ってではなく,両性の合意に基づいてなされるべきものとされた。また,相続制度は,長子単独相続(家督相続)から均分相続へと改められた。

　戦後日本の家族において特徴的なことは,その家族規模の縮小である。平均世帯人員に関するデータをみると,1953(昭和28)年の平均世帯人員は5.0名であったが,次第に減少の一途を辿り,2013(平成25)年には2.51名と,約半分になっている。「夫婦と子ども」からなる世帯の比率は,1960(昭和35)年には43.4％であったものが,2000(平成12)年には31.9％に低下した(平成26年度「国民生活基礎調査」)。日本人女性は1947(昭和22)年には,生涯に平均4.5人の子どもを出産していたが,60年後,その数は1.3人にまで**激減**

し，日本の出生率は短期間のうちに世界でも最低の水準となった（Holloway 2010＝2014：2）。

　戦後の近代家族の定着は，産業構造の変動によりもたらされたという側面がある。1920（大正9）年，農業・漁業・林業に携わる第一次産業従事者が全就業者に占める比率は53.8％であったが，1955（昭和30）年には41.1％，1975（昭和50）年には13.8％，そして1995（平成7）年には6.0％と，とくに戦後において急速に低下した。これに対し，全就業者に占める比率が一貫して高まってきたのは，金融保険業・運輸通信業・サービス業・公務などに携わる第三次産業従事者である。1920（大正9）年，第三次産業従事者が全就業者に占める比率は23.7％であったが，1955（昭和30）年には35.5％，1975（昭和50）年には51.8％，1995（平成7）年には61.8％と，戦後における上昇比率が著しい（矢野恒太郎記念会編 2013：74）。

　第三次産業従事者の増加は，多くの男性が「サラリーマン化」することを意味した。池田勇人内閣によって推進された「所得倍増計画」（1961-1971年）を嚆矢とした高度経済成長の波に後押しされ，労働力確保が経済界の課題となった。「戦後の経済成長は，十分な時間とエネルギーを仕事に捧げられるフルタイム労働者の安定的労働力を必要としていた」（Holloway 2010＝2014：48）ため，結果的に，非雇用者（農林水産業従事者）は急速に雇用者（サラリーマン）に転じていく。雇用者は1950年に1265万人であったが，1960年には2370万人，1970年には3306万人へと増加した（矢野恒太郎記念会編 2013：77）。

　戦後の急速な経済成長を背景に，サラリーマンの男性が自らの所得で家族を養えるようになったことで進行したのは「専業主婦化」であった。1955（昭和30）年に約500万人であった専業主婦は，1980（昭和55）年には約1,100万人と倍以上に増加した（厚生省編 1999：21）。「『鉄のトライアングル』である政官財にとっての理想の労働力」としてのサラリーマンは，「『主婦のプロ』に家庭を支えられた勤勉な男性」（Holloway 2010＝2014：13）を意味した。近代家族は，「国民国家システムを前提とした資本主義をより効率よく機能させる」と同時に「国民国家システムに従属する」（岡本・笹野 2001：19）末端組織として位置づけられ，ここに，「家族の55年体制」（落合 2004）が成立した。

戦後の日本では，教育機会が急速に拡大する（▶ 第7章・第10章）。「教育が量的に拡大し，多くの人びとが長期間にわたって教育を受けることを引き受け，またそう望んでいる」社会，つまり，「大衆教育社会」（苅谷 1995：12）が成立したのである。

近代家族は学歴社会化の潮流のなかで，子どもの高い教育達成の実現のために競争を繰り広げる。やがて母親は，「子どもの教育に強い関心を示し，さまざまな努力を惜しまない」母親＝「教育ママ」として揶揄の対象となり，60年代から70年代にかけ，「教育ママ」はマスコミ等で頻繁に取り上げられる流行語になった。今日では，過度に教育熱心な母親を意味する「教育ママ」という存在は，自明の事実として受けとめられるようになったため，もはや強いインパクトをもたなくなったとの指摘もあるが（本田 2000：160），戦後，近代家族＝教育家族は，「教育ママ」を大衆化するほど社会に浸透していったのである。

2 近代家族から脱近代家族へ

かつてアメリカの社会学者パーソンズ（Parsons, T.）とベールズ（Bales, R. F.）は，核家族における父親と母親の役割について論じ，核家族における父親は，家庭と外の世界（労働の世界）とをつなぐ経済的リーダーとしての役割（**道具的役割**）を，一方，母親は家庭内のメンバーの情緒的関係を調整・統合する役割（**表出的役割**）を果たすとした（Parsons & Bales 1956＝2001）。

パーソンズらは，家族生活を維持していくために不可欠な経済活動と家族成員の感情のコントロールおよび人間関係の調整を夫と妻がそれぞれ役割分担すること，つまり，近代家族の性別役割分業を前提に理論化を行ったのだが，日本における家族の今日的状況と照らし合わせたとき，このような家族の理論はその説明力を急速に失いつつある。というのも，「共働き世帯」の増加によって，家族の性別役割分業に変化がもたらされようとしているからだ。1980（昭和55）年において共働き世帯は専業主婦世帯の約半分の600万世帯程度であったが，その後，共働き世帯は一貫して増加を遂げ，1996（平成8）年以降，共働き世帯数は専業主婦世帯数を上回るようになり，2016（平成28）年には，専業主婦世帯数は664万世帯であるのに対し，共働き世帯は1,129万世帯へと

増加している（男女共同参画統計研究会編 2015：19；内閣府男女共同参画局編 2017：75）。

「共働きで働く理由」について，フルタイムで就業する既婚女性に尋ねた調査結果をみよう。1989 年に「生活を維持するため」と回答したフルタイム就業の既婚女性比率は約 30% であったが，2012 年にそれは約 50% に上昇している。また 1989 年に，「住宅ローンなどの返済のため」と回答したフルタイム就業の既婚女性比率は約 15% であったが，2012 年にそれは約 45% に上昇している。一方，1989 年に「自由時間を有効に使いたい」と回答したフルタイム就業の既婚女性比率は約 35% であったが，2012 年にそれは約 10% に低下している（共働き家族研究所 2014：7）。家計に安定を確保していくことが家族の経済的機能の課題となった結果，共働き世帯の増加がもたらされたという側面がある。

いまや，家族のなかで新たな性別役割分業を採る「脱近代家族」が社会の主流をなしつつある。1950 年代以降に主流をなしてきた近代家族型の教育家族が「父親は外で仕事，母親は家庭で家事・育児・教育」という性別役割分業を採ってきたとすれば，2000 年代以降，急速に増加しつつある脱近代家族型の教育家族は，「父親は外で仕事，母親は外で仕事しながら家事・育児・教育」をしているということになる。

近年の調査では，女性有職者の増加や基幹家事の効率化により全体として家事時間は減少傾向にあるものの，男女の家事・子どもの世話の時間差は依然として大きく，家庭内での女性の役割は昔とあまり変わっていないとの指摘がなされている（渡辺 2016）。「経済的に余裕がないので仕事を始めたら，習い事の送迎や家事や育児に負担が重く大変で，精神的にも肉体的にも体調を崩した」（母 40 代・大卒・非常勤），「共働きなので子育ての負担は母親に来ていると感じる」（母 30 代・非大卒・常勤）との声にもあるように，脱近代家族型の教育家族は，よりいっそう重い負担が母親に圧し掛かっていくという困難を抱えているのである。

IV ▶ 家族と教育をめぐる今日的状況

1 ペアレントクラシーの台頭

1990年代以降，教育社会学の領域では，**ペアレントクラシー** parentocracy（▶用語解説）の到来が議論されてきた（天童編 2004；2016）。ペアレントクラシーとは，社会学者ブラウン（Brown, P.）が，イギリスでの教育改革の動向がもたらしたものについて検討する文脈で創り出した造語である。彼は，1980年代までは，**メリトクラシー** meritocracy，すなわち，子ども自身の能力に基づく人員配置を主流とする社会であったが（▶第7章），1990年代以降，子ども自身の能力だけでなく，「親の資本（財・富）と意欲が子どもの将来を左右する社会」であるペアレントクラシーへと移行したと指摘する（Brown 1990）。

子どもの教育達成において保護者関与の比重が増していくという状況（ペアレントクラシー化）は，日本社会においてもみられる。いみじくもある保護者は，「親のかかわりや，習い事などたくさんの要素があるけれど，やはり親の財力，気力，体力によるものが大きいと感じます。これにより子どもに差ができてしまう現実に不安というか心配があります」（母30代・大卒・専業主婦），「親の経済力によって子供の将来が左右される感が強い」（母40代・大卒・非常勤職員）と述べているが，これらの言辞は，自らの教育的関与の度合いや家庭の財力の多寡によって子どもの将来に格差が生じるのではないかという懸念を抱えながら保護者が教育にあたっている現実を垣間見せるものである。

2 教育の自由化とペアレントクラシー

日本におけるペアレントクラシー化は，1980年代後半から進められてきた「教育の自由化」（規制緩和）政策によっていっそう拍車がかけられてきた。というのも，教育の自由化は，教育熱心で高い教育達成を志向する保護者にとってみれば，子どもの教育上の選択肢の増加を意味するからである。

「教育の自由化」は，1984（昭和59）年，「臨時教育審議会」（臨教審・内閣総理大臣直属の諮問機関）において議論が開始された。そこでは，**学校選択制**

について審議がなされ，通学区域制を廃止して自由な学校選択ができるようにし，保護者や児童生徒の「選択の自由」を拡大すべきことが提言された。1987（昭和62）年，臨教審は，「地域の実情に即し，可能な限り，子供に適した教育を受けさせたいという保護者の希望を生かすために」，「各市町村教育委員会においては，就学すべき学校の指定に係る市町村教育委員会の権限と責任に基づき，地域の実情に即してこの制度の運用について検討する必要がある」との提言を行った（教育改革に関する第三次答申「学区制の弾力化に関する提言」）。

1996（平成8）年，「規制緩和に関する行政改革委員会」は，臨教審第三次答申を踏まえ，学校選択制の導入に向けた市町村教育委員会の取り組みは，「十分とは言えない」との認識を示し，「市町村教育委員会に対して，学校選択の弾力化の趣旨を徹底し，保護者の意向に対する十分な配慮，選択機会の拡大の重要性の周知を図ることにより，市町村教育委員会が本来の機能を発揮し，学校選択の弾力化に向けて多様な工夫を行うよう，指導すべきである」と提言した（行政改革委員会「規制緩和の推進に関する意見」）。翌年の1997（平成9）年，文部省（当時）は，行政改革委員会の意見を踏まえ，「教育上の影響等に留意しつつ，通学区域制度の弾力的運用に努め」，「地域の実情に即し，保護者の意向に十分配慮した多様な工夫を行うこと」を指導した（初等中等教育局長通知「通学区域制度の弾力的運用について」）。そして，2003年には各市町村の判断で公立の小中学校における学校選択制度導入が可能であることが明文化されるに至った（「学校教育法施行規則一部改正」）。学校選択制を導入した設置者（自治体）数は，2000（平成12）年には30であったが，2012（平成24）年には204までに増加している（文部科学省「小・中学校における学校選択制の実施状況について」）。

学校選択制導入の効果については，懐疑的な立場を採る論者も少なくない。例えば藤田は，学校選択制が意味するのは，「よりよい教育機会を求めて，子どもを遠くの学校に通わせる親たちが増加するということ」であり，それはよりよい学校への「関心と選択行動が学校を購買対象として『商品』化し，学校に値段をつけて序列化する」（藤田1997：6）ものだと指摘している。

2000年代以降に推進された**公立中高一貫校**の設置もまた，教育における自

由化（規制緩和）の一環とみることができる。公立中高一貫校の設置は，1997（平成9）年1月「教育改革プログラム」にて提言され，1998（平成10）年の「学校教育法改正」に基づき導入された。1999年に改訂された「教育改革プログラム」では，通学可能な高等学校の範囲に少なくとも1校整備されること，全国で500校程度設置されることが目標とされた（国立国会図書館調査及び立法考査局 2003）。

　公立中高一貫校は，中学校から高等学校への移行のさいの受験圧力からの解放がその設置趣旨のひとつとしてあげられているものの，実際にはエリート養成機関としての色合いが濃くなっているという実態がある。例えば，2015（平成27）年に開校した札幌市立札幌開成中等教育学校は，中高6年間を三つに区切り，1・2年生を「基礎期」，3・4年生を「充実期」，5・6年生を「発展期」と位置づけ，学力向上を期する教育課程を設けるとともに，世界各国の大学の受験資格が得られる「国際バカロレア」認定校をめざすことを謳っている。

　新自由主義（▶ 第13章）のイデオロギーに基づく教育改革の一環としての，学校選択制の導入・公立中高一貫校の設置によって，①学校が市場原理にさらされ，学校間の過度の競争が助長されること，②不平等の拡大や公立学校の質の低下がもたらされ，結果的に，公教育全体が危機に瀕することが，懸念として指摘されている（藤田 1997）。教育の規制緩和によって，各学校が特色を出し，よりよい児童生徒を集めようとする動きがみられ，実際，保護者に「選ばれる学校，選ばれない学校が固定化しつつある」（乾 2009：66）との指摘もある。公立学校の「商品化」が進行し，学校のパフォーマンスについての情報を集める教育熱心な保護者の子どもたちがいわゆる「よい学校」に集中する**教育の市場化**は，現実に生じている事態であり，ここに日本社会のペアレントクラシー化のひとつの証左をみてとることができよう。

3 子どもへの教育的関与の階層差

　家族と教育について考えるさいに，家族の階級的背景と家族の教育の在り方との関連性を検討する視点は欠かせない。例えば，社会学者ラロー（Lareau, A.）は，中産階級と労働者階級・貧困層を対象とした質的調査から，階級ごとに母親が異なった教育意識を持って子どもの教育に関与していることを明ら

かにしている。ラローによれば、中産階級の母親は、親や教師など、周囲の大人が子どもに及ぼす影響は重大であるという考えを持っており、親が子どもの能力を向上させ、性格形成に関与することは可能だという信念から**協奏的子育て** concerted cultivation を志向する。これに対し、労働者階級・貧困層の母親は、子どもの発達は環境や大人がどのように介入していくのかとは関係なく、標準的な道筋にそってなされていくという考えを支持し、**自然な育ちの完遂** accomplishment of natural growth を志向することを明らかにした（Lareau 2003）。

では、現代の日本において、家族の階級的背景によって教育的関与の度合いに差異はみられるのだろうか。以下の表1・2は、母親学歴別・世帯年収別に、教育的関与の度合いに差がみられるのかについて、t 検定（▶ 第2章）を行った結果を示している。

表1　母親学歴別：教育的関与度合いの比較

	非大卒		大卒	t 値	
子どもが小さい頃、絵本等の読み聞かせをした	2.87	<	3.12	6.25	**
本や新聞を読むようにすすめている	2.74	<	3.03	7.47	**
勉強・宿題をみてあげている	3.01	<	3.15	3.95	**
英語等の外国語や外国文化に触れるよう意識している	2.31	<	2.55	5.59	**
電子ゲームで遊ぶ時間を限定している	2.82	<	2.90	2.10	*

N：非大卒＝1305／大卒＝768　　　　　　　　　　　　　　　　　＊$p<0.05$　＊＊$p<0.01$
※非大卒＝中学・高校・専門・高専・短大／大卒＝四大・大学院　　Welch の t-検定

表2　世帯年収別：教育的関与度合いの比較

	500万円未満		500万円以上	t 値	
子どもが小さい頃、絵本等の読み聞かせをした	2.83	<	2.99	3.35	**
本や新聞を読むようにすすめている	2.67	<	2.92	5.12	**
勉強・宿題をみてあげている	2.98	<	3.10	2.56	*
英語等の外国語や外国文化に触れるよう意識している	2.16	<	2.46	6.14	**
電子ゲームで遊ぶ時間を限定している	2.74	<	2.89	2.89	**

N：500万円未満＝430／500万円以上＝1477　　　　　　　　　　　＊$p<0.05$　＊＊$p<0.01$
　　　　　　　　　　　　　　　　　　　　　　　　　　　　　　Welch の t-検定

「絵本等の読み聞かせ」「本や新聞を読ませる」「勉強・宿題をみる」「英語・外国文化に触れさせる」「電子ゲームで遊ぶ時間の制限」のいずれの項目についても，母親の学歴が大卒のグループにおいて，また，世帯年収が 500 万円以上のグループにおいて，関与の度合いが有意に高いことがわかる。子どもの学校成績の向上に寄与するような，いわばメリトクラティックな教育的関与の度合いに階級差があることを，ここから確認することができる[4]。

4　監視社会化のなかの家族と教育

　近年，information & communication technology，つまり，ICT の急速な発達によって，「子どもをできるだけ目の届く範囲に置きたい」という親の願望は，その実現が容易になりつつある。例えば，ある大手情報通信会社では，同社スマートフォンユーザー向けに「子育てサポート」をスタートしている。これは，カメラ内蔵のモニターを設置すれば，専用アプリで 24 時間，どこでも子どもの映像を確認できるサービスである（アクセスインターナショナル 2013：8）。

　また，ある大手玩具企業は「デジタル安心ベビーモニター」の販売を開始している。これは，音声によって乳幼児の様子をモニターする装置であり，同社は「別室にいながらにして，少し離れた部屋の赤ちゃんの様子を知ることができる便利なアイテム」と謳っている[5]。現在，数社がこの市場に参入し，類似の製品が販売されている。監視のテクノロジーは，乳幼児と親との関係に安心をもたらすものとして受け入れられつつある。

　各企業は，子どもへの「可視性」の拡張を売り物にした商品開発を進めており，親から子に対する可視性を拡張する同様の商品は，さまざまな形で市場に流通している。今日，GPS（全地球測位システム）が付いた携帯電話を子どもに持たせることも可能となっており（佐幸 2006：114），ある大手情報通信会社は「GPS でお子さまの居場所がすぐわかる」と謳う「ジュニアケータイ」[6]や，「はなれていても，見守るあんしん」と謳う「キッズケータイ」[7]を販売している。これら GPS 付き携帯電話を利用すると，警備会社のサービスが受けられ，子どもの位置がわかっても親がすぐにその場所へ向かえる状況・距離にない場合，警備会社が親に代わって子どものところへ急行するという。

さらに現在，「GPS 機能のチップが埋め込まれたランドセルも販売され，実際に通学や塾に通う子どもの安全を確認する方法として利用されている」（佐幸 2006：114）。あるランドセルメーカーは，大手警備会社と連携して GPS 搭載ランドセルの販売を開始している。GPS 付き携帯と同様に，非常時には警備員が駆けつけるサービスも利用でき，保護者はパソコンや電話を使って子どもの居場所を確認することもできるという[8]。

　このように，今日進行しているのは**監視社会化**であり，そこでは「情報技術によって社会全体で互いに互いを監視しあう」ことを可能にするシステムが成立している（阪本 2009：127）。子どもを持つ親たちは，自らの「安心」と引き換えに家族のプライバシーを市場に売り渡し，情報技術やセキュリティ・システムによる「私生活そのものへの管理や監視を受け入れつつある」（阪本 2009：147）が，これは「育児の個人化」「育児の自己責任化」と表裏一体の事態である。親たちは今や，子どもたちの行動に常に関心を払うことを最大限に可能にするシステムを手にしているが，同時に，子どもへと注がれる濃密な「『監視（管理／配慮）のまなざし』を親族や地域から切り離し」，それを「家庭内部においてのみ生じさせる構造」（野尻 2013：73）が強化されているとみることもできる。情報技術の進歩は，保護者に大きな安心感を与える一方で，子どもに危険が生じたときに，「利用可能であったにもかかわらず，なぜあなたはそれを利用しなかったのか」と問うことを可能にするような，自己責任強化のまなざしを生じさせる逆説をも孕んでいる。

　では，こうした子どもの監視のための新たなテクノロジーを利用しているのは，どのような保護者なのだろうか。SES（社会経済的地位 ▶ 序章・第 7 章）と GPS 携帯電話の利用状況に関連があるのかについてみてみよう[9]。表 3 は，SES と GPS 携帯電話の利用状況をめぐる**クロス集計**（▶ 第 2 章）の結果を示している。SES と GPS 携帯電話の利用状況との間に有意な関連性を読み取ることができ，子ども監視の新たなテクノロジーたる GPS 携帯電話は，保護者の学歴と世帯年収が高いほど活用される度合いが高まることを，ここから確認できる。つまり，家族の SES が高ければ高いほど，子どもは保護者から監視され，管理される傾向が強まるとみることができる。

表3 SES×GPS 携帯電話

SES	GPS 機能付き携帯電話		合 計
	利用している	利用していない	
低	20.9 (40)	79.1 (151)	100.0 (191)
中	23.6(256)	76.4 (827)	100.0(1083)
高	29.7(188)	70.3 (444)	100.0 (632)
合 計	25.4(484)	74.6(1422)	100.0(1906)

※数値：％　（　）内数値は実数　　　　　　　　　　　　　　　　p < 0.01

5 知識の市場化と家庭教育

　ICT の発達は，教育のユビキタス化・遍在化を可能にした。知識はいまや学校の授業を通じて伝達される，学校の専有物ではなく――少なくとも技術的には――すべての人々がアクセス可能なものへと変貌している。通信機能付き携帯型ゲーム機，スマートフォンやタブレット端末などのパーソナル化されたデバイスの普及が象徴するように，ICT のパーソナル化は，学びの形態を変え，学習者の意思次第で，いつでもどこでも学校知識の獲得が可能となっている。

　ある大手通信教育企業は，タブレット端末を用いて学習する個別学習教材を開発している。その特徴はネット通信を活用した，双方向学習が可能である点にある。また，保護者向けサイトを通じて，保護者が，子どもの学習への取り組み状況や成績，課題提出状況をスマートフォンやパソコンで確認することができる点も特徴となっている[10]。

　同様のサービスとして，ある情報通信企業と大手通信教育企業が共同で開発したタブレット端末を用いた個別学習サービスがある。「お子さまの学習状況を保護者の方にメールでお知らせ」したり，「お子さまの学年に応じて，毎月学習する各教科のコンテンツを学校の授業に合わせて配信」したりする点が同商品の特徴として謳われている[11]。

　問われるべきことは，どのような家族がこうしたサービスを利用可能であるのかということである。SES と ICT 端末を活用した通信教育利用状況に関連はあるのだろうか。表4は，SES と ICT 端末を活用した通信教育利用状況についてクロス集計した結果を示しているが，保護者の学歴と世帯年収が高くな

表4　SES×ICT通信教育

SES	ICT端末を活用した通信教育		合　計
	利用している	利用していない	
低	25.1 (48)	74.9 (143)	100.0 (191)
中	28.6(310)	71.4 (773)	100.0(1083)
高	37.0(234)	63.0 (398)	100.0 (632)
合　計	31.1(592)	68.9(1314)	100.0(1906)

※数値：%　(　)内数値は実数　　　　　　　　　　　　　　　　　　$p < 0.01$

るほど，ICT端末を活用した通信教育の利用比率が高まる傾向を読み取ることができる。

　学校知識は，いまや市場を通じてその配分がコントロールされるものとなりつつある。「知識は金moneyのように，それが優位さと収益を生み出すことができる所へはどこにでも流れてゆくはずである。知識は金のようなものなのではなく，金そのものなのだ」(Bernstein 2000：86)という，バーンスティンの幾分予言めいた言辞は現実のものとなったかのようである。今日，ICTの発達によって，技術的には学校知識をいつでもどこでも「遍在的」に獲得することが可能となっているが，その獲得は保護者の学歴と世帯年収によって左右される側面がある。つまり，「遍在」する学校知識が，保護者の社会経済的地位の高低に応じて「偏在的」に獲得されるという，新たな問題が生じているのである。

V ► ペアレントクラシー化のゆくえ

　子どもを常に見ることを可能にするテクノロジーが発達し，商品化されることで，子どもがつねに保護者からまなざされることが常態化する社会。そして，保護者自身も「子どもの一切を見て，管理することが是である」という価値意識によって統制されている社会。学校知識伝達のサービスがユビキタス化され，保護者による子どもの学習時間・学習進度の管理・統制が技術的によりいっそう容易になると同時に，保護者の社会経済的地位の差異によって学校知識が偏在的に配分される社会。今日の家族は，そのような新たな顔を持ち始めた社会のなかに投げ出されている。

今や教育熱心な保護者は，市場を通じて供給される「将来を統制する手段」を吟味し，「合理的で抜け目のない選択をする者として行動」し，「自らの家族と将来の利害のなかで最良の選択をすること」（Ball 2003：166）が可能となった。新中間階級において形成された，常に子どものいる環境に配慮を怠らず，教育的な配慮とまなざしを張り巡らせる「教育家族」（沢山 1990；2013）は，現代に至って，自らの財力によって十全に学校知識を専有し，子どもを監視・統制することを可能にするテクノロジーを手にしたのだといえよう。

　しかし，教育戦略の遂行は，常に自らの階級的位置を維持し続けられるかどうかという不安と背中合わせである。「善き生を送り，諸々の活動と選択を意味と喜びで満たし，念願をかなえ」（Rose 1999＝2016：258）なければならないという親自身のプレッシャーが，家族における子どもの**プライヴァタイゼーション** privatization（▶用語解説）をいっそう進行させることも危惧されるのである。

　絶え間ない情報通信技術の発展によってもたらされた，家族と教育を取り巻く新たな位相——。教育をめぐるテクノロジーの止め処ない開発による教育手段の選択肢の増加は，家族における子どもの教育達成のさらなる格差へと帰結するのかどうか。今日の私たちに問われているのは，家族とその教育をめぐる現実を見据える「教育社会学的想像力」である。

✅ 教育社会学的想像力を拓くレッスン

ステップ I　リフレクティヴな学び）

　あなたは，家族のなかでどのような教育を受けてきただろうか。その教育のなかで，どのような点が良かったか，逆にどのような点が問題であると感じただろうか。自身の経験を振り返ってみよう。

ステップ II　コミュニカティヴな学び

　あなたは，家族における教育はどうあるべきだと考えるだろうか。グループを作り，理想とする家族における教育の在り方について語り合ってみよう。

ステップ III　イマジナティヴな学び

　母子家庭・父子家庭の増加が指摘されているが，なぜ，このような現象が

生じているのだろうか。その理由・背景要因について，諸個人の家族形成意識や雇用体系，労働環境の変化等と関連づけて説明してみよう。また，ひとり親家庭の子どもは，教育機会・教育達成において不利な状況に置かれていることが指摘されている。家族における教育格差を縮小するために，学校でできることとは何だろうか。また，あなたには何ができるだろうか。考えてみよう。

《 用語解説 》

ペアレントクラシー ●「親たちの富と願望」によって子どもの学校的成功が規定される社会を意味する。従来，親の影響力が弱かったのではなく，教育の自由化によって，ペアレントクラシー化が進行していく条件が整えられたとみるべきである。イギリスでは1980年代，サッチャー（Thatcher, M.）の保守党政権下で，経済活動の大幅な自由化と合わせ鏡に，学校の自由選択制とナショナル・カリキュラムが導入されたが（宮島 2017），教育の自由化と国家的介入はセットで進むことに注意が必要である（Brown 1990）。日本では，教育の自由化のみならず，私費負担で利用する教育産業の興隆と教育への公的支出割合の低さが，ペアレントクラシー化に拍車をかけている。

プライヴァタイゼーション ●「私秘化・私生活化」と訳され，家庭生活を重視するマイホーム主義に象徴される，公的事象よりも私的事象を優先させる生活態度を意味することもあれば（宮島編 2003），「私化」と訳され，政府所有の独占事業を民間に開放し，自由市場における競争の効用を期待する国家政策を意味することもある。教育の私化は，消費者主義の進行や個人の選択権の拡大，私立学校の興隆を意味する（Wolford 1990＝1993）。子育ての私化は，親が子どもを専有物とし，意のままに統制する志向性を意味するが，それは，子どもを公的財（common goods）とみなし，地域社会で育てていくことを目指す「子育ての社会化」と対置される。

── 注 ──

(1) 筆者が実施した「保護者の子育て・教育意識に関する調査」における母親の自由記述回

答。同調査の概要は，次の通りである。①調査対象：インターネット調査会社（株式会社マクロミル）に会員登録している札幌市・仙台市・東京23区・名古屋市・大阪市・福岡市在住の，子どもを小学校に通わせている保護者。②調査時期：2017年3月下旬。③調査手法：インターネットを利用した質問紙調査。④有効回答数：2073（母親1096・父親977）。なお，本章で引用する母親の自由記述回答や表1～4は，同調査から得られたデータに基づいている。

(2)「家(イエ)」とは，家長の統率のもとに，家産に基づいて家業を経営し，非血縁者を跡取り養子にしてでも，先祖から子孫へと，世代を超えて家系が存続繁栄することに重点を置く制度である（森岡・望月 1987：14）。

(3) 高等女学校進学率は，1925（大正14）年には15％近くまで上昇したが，そのような傾向は大都市を中心に限定的にみられたものであった（稲垣 2007：4-6）。

(4) 1988（昭和63）年から2011（平成23）年にかけて，母子家庭は1.5倍に，父子家庭は1.3倍に増加している（厚生労働省「ひとり親家庭等の状況について」平成27年4月）。「母子家庭で2人の子供を育てるのに教育費がかかるので国で何とかしてほしい」（40代・非大卒・非常勤），「一人親で経済的に厳しいので，子供がしたいと思う塾に行かせてあげられない」（40代・非大卒・常勤）といった母親の声にもあるように，母子家庭では，重い教育費負担にいかに対処するかが課題となっている。

(5) http://www.takaratomy.co.jp/products/babyonline/lineup/_2way（2018.1.15 閲覧）

(6) https://www.au.com/mobile/service/smartphone/safety/anshin-navi/（2018.1.15 閲覧）

(7) www.nttdocomo.co.jp/product/kids_junior/f03j/index.html?icid（2018.1.15 閲覧）

(8) https://www.secom.co.jp/kodomo/d/10002862.html（2018.1.15 閲覧）

(9) SESの指標として母親学歴・父親学歴・世帯年収を用いた。SESの合成変数の作成にあたっては，お茶の水女子大学（2014）に拠った。

(10) http://sho.benesse.co.jp/touch/index.html?utm_source=b&utm_medium（2018.1.15 閲覧）

(11) http://ict.gakken.jp/ganbaru/feature3-1.html（2018.1.15 閲覧）

（髙橋均）

第4章 社会変動と幼児教育

I ► 幼児教育をめぐる合意と葛藤

1 葛藤の焦点としての幼児教育

　幼児教育（► 用語解説）は，様々な学説や宗教的文化的信念，家族観や人生観，そして社会集団間の利害がせめぎあう，葛藤の焦点である。「個性尊重」「子ども第一」「子どもの思いに寄り添って」といった基本理念への合意を基盤として行われる幼児教育は，その方法・内容ともに，実際のところはきわめて多様である。その背景には，幼児教育が，福祉の観点からの子ども保護や就学準備，あるいは補償教育や英才教育など複数のねらいを内包し，それらが慈善活動や宗教的信念，労働者管理など多様な動機に裏打ちされて展開してきたこと，そしてそれらはまた，母親役割をどのように位置づけるのかなどの家族観を含み，政治的保守派／革新派，富裕層／困難を抱えた層など，様々な立場から論じられ実践されてきたことがある。さらには，幼児教育が義務教育として位置づけられていないという制度上の理由や，実践の正当性を支えるエビデンスが不足しているという方法上の課題もある。

　世界的な幼児教育への関心の高まりとともに，日本でもとくに1990年代以降，少子化の社会問題化をきっかけに，就学前の子どもの生活とその教育，そしてそれを担う保育者のあり方が，政策課題として盛んに議論されるようになった。しかしそれらについて，社会的な合意が形成されているとは言い難い。

　本章では，「子ども期は人生においてきわめて重要である」ことへの共通理解や合意とは裏腹に，様々な社会集団やイデオロギーのせめぎ合う葛藤の焦点としての幼児教育と，その担い手である保育者のあり方について，その論点を整理し，今後の幼児教育について検討するためのアイディアを提示したい[1]。

2 日本における幼児教育の量的展開

家庭の外で幼児教育が行われる主な場として，**幼稚園**と**保育所**があげられる。幼稚園は学校教育法に基づく「学校」であり，保育所は児童福祉法に基づく「児童福祉施設」である。幼稚園には，満3歳から小学校就学の始期に達するまでの幼児が入園することができる（学校教育法第26条）。保育所には，保護者の労働又は疾病その他の事由により，保育を必要とする子どもがいる（児童福祉法第24条）。図1は，第二次世界大戦後の幼稚園在園者数と保育所入所児童数，そして年間出生数の推移である。

図1　第二次世界大戦後（1948－2014年）の年間出生数および幼稚園在園者数・保育所入所児童数の推移

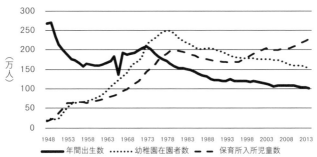

出所：総務省「国勢調査」，文部科学省「学校基本調査」，厚生労働省「保育所等関連状況取りまとめ」各年より筆者作成。

図1が示すように，幼児教育は義務教育ではないながら，幼稚園と保育所に通う子どもの数は，第二次世界大戦後の教育および福祉制度の整備にともない増加する。しかし幼稚園の在園者数は，出生数の減少に対応する形で，1978年の約250万人をピークに減少する。就園率（小学校第1学年児童数に対する幼稚園修了者数の比率）も，最も高かった1979－1981年の64.4％から，2016年には48.5％へと減少し，現在では半数を下回っている（文部科学省『学校基本調査』各年）。

これに対し保育所の入所児童数は，幼稚園と同様の傾向として，1980年の約200万人をピークに一度減少するが，1994年の約170万人を底に再び増加

に転じ、1998年には幼稚園の在園者数を超えている。2017年改定の保育所保育指針は、「幼児教育」の場としての保育所の役割を強く打ち出したことが特徴であるが、今や幼児教育の場として、保育所の重要性がいよいよ増してきていることがわかる。

では、幼稚園と保育所のような、幼児教育における複数の公的制度は、どのような社会的要件に由来して構築されたのだろうか。

II ▶ 社会集団と幼児教育

1 幼児教育の階層性

幼少期における子どもの生活の安定と充実を家庭外で保障し、集団生活を営む幼児教育は、どのような人々に、なぜ必要とされたのだろうか。

幼児教育は、社会の階層性を色濃く反映して登場し展開した。マルクスは、下部構造（生産手段）が上部構造（人々の意識やイデオロギー）を規定するという社会理解の枠組みを示したが（▶序章・第1章）、幼児教育を支える理念も、幼児をとりまく家族や地域の生活様式に大きく規定されてきたといってよい。

幼児教育の源流には第一に、**オウエン**（Robert Owen 1771-1858）に代表される、労働者の子どもたちの保護を主眼として展開した動きがある。これらは、産業化社会の不平等を前提に、その中で恵まれない階層の子どもたちを、労働から守り、安全で衛生的な環境で生活できるよう支援しようとするものであった。

第二に、フレーベル式の幼稚園を源流とする幼児教育がある。**フレーベル**（Friedrich Fröbel 1782-1852）の幼稚園は、「子どもの庭 Kindergarten」という名称が示す通り、初等学校以上の教育との差異化を明確に意図して創設された。それらは、必ずしも裕福な層を対象としたものではなかったが、実際には中産階級を主な利用者として普及していった。

第三に、社会における不平等な階層構造を克服することをねらいとした動きがある。アメリカにおける**ヘッド・スタート** Head Start（1965-）や、イギリスにおける**シュア・スタート** Sure Start（1999-）がその代表例である。前者は、

公民権法 (1964年) に基づく人種差別撤廃のための手段として, 後者は, 福祉国家からの脱却のための人材育成と家族の多様化への対応として, 社会における幼児教育の役割の重要性が再認識されたことにより導入された, 困難を抱えた子どもとその家族を対象とした幼児教育プログラムである[2]。こうした動きは, 既存の社会階層に対応しつつも, それらを組み替え, 格差を是正することを意図して編成されたものである (佐藤 2002)。

幼児教育制度の分化と社会階層との対応関係は, 日本でもみられたことである。1947年の第1回国会における衆議院厚生委員会では, 当時の日本社会党の議員が次のように発言している。

> 一方におきましては幼稚園があり, 一方におきましては保育所がある。そして幼稚園は主として裕福な家庭の子供が行つております。保育所は一般の勤労大衆の子供が行く所になつておるというようなことでございますと, やはり子供のときから差別的扱いをするということになりますので, できますならば私は子供の問題は一本にしてまいりたいのであります (…略)。
> (1947年9月22日 衆議院厚生委員会会議録)

ここからは, 第二次世界大戦後の幼児教育制度の成立期において, 幼稚園と保育所がそれぞれ異なる社会階層の子どもたちを受け容れていると認識されていたことが見て取れる。もちろん現代の日本においては, 幼稚園あるいは保育所を利用する保護者の社会階層はそれぞれ多様化しつつも大いに重なり合っており, かつてのような明確な棲み分けは見られない。とはいえ一部の関係者の中には, こうした階層意識が根強く残っている場合もあり, 幼児教育制度再編の際の課題となっている。

2 階級と教育方法

こうした幼児教育の階層性は, 子育て方針における志向性とも関わってくる。英国の教育社会学者バーンスティンは, 達成すべき目標やその順序, 評価基準が明確に示された**見える教育方法** visible pedagogy と, 達成すべき目標やその順序, 評価基準が (学習者にとって) 暗示的な**見えない教育方法** invisible pedagogy とを区別している。前者は，自営業者など，職業の相続による世代的再生産が前提であるために，子どもの教育において明示的な働きかけが多くなる**旧中産階級**と親和的である。また，会社員や公務員，教員など，子どもへの職業の直接的な相続が不可能であるために，学校教育を通して曖昧な未来に向けて教育を行う**新中産階級**（▶ 第3章）は，大人が直接的に指導するよりも，子ども本人に考えさせるような，「見えない教育方法」に親和的である。そして，初等学校以上は見える教育方法が主流であるのに対し，幼児教育においては，見えない教育方法が採用される傾向が強いという（Bernstein 1977＝1985）。

英国をフィールドとしたこうした指摘は，日本の近代化における子どもをとりまく状況とも共通する。日本においては，大正期における新中産階級の勃興に合わせ，子どもが「子どもらしく」あることを重視する「童心主義」と，子どもに高い学歴をつけることを期待する「学歴主義」とが並行して台頭した（沢山 1990）。これらは相反する矛盾した原理であるというよりは，むしろ相補的にお互いを支える理念として共存したのである。「見えない教育方法」の要点は，「何を学び，獲得すべきか」という評価基準や活動のねらいは，子どもに明確には提示されないけれども，伝達―獲得の場において確実に存在しているということにある。「子どもらしさ」への価値づけと，将来に向けた準備の重視は，ともに補強し合う理念として，現代の幼児教育の基本原理にもつながっている。

Ⅲ ▶ 幼児教育を支える思想

1 発達主義と心情主義

「**子ども理解**」は，幼児教育においても最も重要とされることのひとつであるが，理解されるべき対象として考えられていることの内容は一様ではない。身体的な成長や，認知的発達等の**発達主義**に基づいた理解，あるいは子どもの家庭環境や文化的背景，さらにはその子の個性など，様々な側面が，理解されるべき具体的な内容として考えられる。さらに，理解の対象は子どもであっても，理解する主体は誰なのか，保育者なのか保護者なのか，あるいはどちらで

もない第三者なのか，はたまた子ども自身なのかで，理解のねらいや方向性も異なってくる。

日本の幼児教育における「子ども理解」は，とりわけ子どもの「気持ち」や「思い」に対する共感的理解を指す，「**心情主義**」（汐見 2008）を特徴とする。そのことは，幼児教育実践の公的な指針である「幼稚園教育要領」におけるねらいが，「～を楽しむ」「～を味わう」といった，情動を示すことばで記述されていることに端的に表れている。

子どもの発達を基盤とする子ども理解は，心理学的な根拠をもって支持されている。そこには，子どもの学びの早期化を支持する立場と，共通の発達の道筋やペースを重視する立場がある。

ブルーナー（Bruner, J.S.）は，知識の構造を重視する立場から，「どの教科でも，知的性格をそのままにたもって，発達のどの段階の子どもにも効果的に教えることができる」（Bruner 1961＝1963：42）との仮説を展開した。こうした見解は，1960年代からの**教育の現代化運動**（▶第6章・第7章）を支え，いわゆる「**早期教育**」（発達課題を前倒しして行う教育）を支える理論的基盤ともなった。

他方でそうした，いわゆる「早期教育」への懐疑も根強い。ヴィゴツキーによる「**発達の最近接領域**」（大人が援助〔足場かけ〕すれば可能となる子どもの能力の領域）を重視する考え方は，幼児教育方法の基本原理のひとつとして広く浸透している（OECD 2006＝2011）。また日本の幼児教育では，人は生得的な能力を，発達の時期に応じて自然に発揮するようになると考える**成熟主義**の視点が，無意識的にせよ重視されることが多く，子どもの発達水準を超えた過度の働きかけや教え込みは避けられる傾向にある（中澤 2016：11-12）。

「**発達段階**」の判断基準となる，年齢・月齢を軸とした教育方法は，**年齢主義**に強固に貫かれていることを特徴とする日本の学校教育となじみやすい。異年齢保育を取り入れる園もあるが，多くの日本の幼児教育の場では，学年別を軸とした学級運営が行われており，それら学年別の発達の特徴を理解することが，保育職の専門性のひとつとして位置づけられている。そしてとりわけそれらが，子どもの心情（気持ち）を基盤とした発達として捉えられていることが，日本の幼児教育の特徴である。

このような，人間の心情を基盤とした成長の普遍性を重視する発達観が，全ての幼児教育の場で共有されているわけではない。例えば，発達を**文化的実践** cultural practice として捉える立場からは（Rogoff 2003＝2006），乳児が鉈を使う事例が示すように，子どもがそのメンバーの一員である社会での文化的実践に参加する度合いが高まっていくというその事実を，「発達」としてとらえる。こうした立場によれば，発達とは高度に文化的な実践であり，社会によってその姿は異なるはずである。このような指摘は，従来「自然」であり「本質的」とされてきた発達観が，実は西洋の中産階級を中心としたものであり，実際には多様な発達のとらえかたが存在することを，私たちに思い起こさせてくれる。

　さらに子ども理解のための実践は，それが保育者により行われる場合には，保育者が状況に対応し任務を遂行するためのストラテジーとしても用いられている。キングは，シュッツ（Schutz, A.）による**処方的知識** recipe knowledge の概念を用いた幼児学校（5歳～7歳）の研究から以下のことを指摘する。教師による子どもへの主観的意味づけは，児童中心主義イデオロギーに基づいている。児童中心主義イデオロギーを構成する要素に，「発達主義」，「個人主義」，「学習としての遊び」，「幼年期のもつ無邪気さ」があり，これらは，教師が状況を定義づけ評価し，実践を方向づけるための処方的イデオロギーになっているという（King 1978＝1984）。なお，同研究および先のバーンスティンの知見を踏まえ，日本で実施された調査では，親や教師は，子ども自身に考えさせるような個人本位の教育方法を望ましいとしながらも，そうした方法では判断や評価の基準が曖昧になってしまうという児童中心主義イデオロギーがもつジレンマゆえに，実際には子どもに対して発達を根拠とした明示的な統制を行うことが見出されている（柴野 1989a）。

2 生活重視と就学準備

　日本の大正期に台頭した新中産階級が，童心主義と学歴主義を併せ持っていたように，幼児教育には，現在の幼児の生活自体に価値を見出しその充実を目指す立場と，就学前を，将来の人生に備えるための準備期と見なす立場が併存している。OECD による報告書『人生の始まりこそ力強く Starting Strong Ⅱ

（邦題：OECD保育白書）』（OECD 2006＝2011）では，世界の幼児教育の潮流を，**生活基盤型**と**就学準備型**に大別しているが，近年，とくに後者の実践を支える強力な理論的根拠となっているのが，2000年にノーベル経済学賞を受賞した**ヘックマン**（Heckman 2013＝2015）による，**人的資本論**の立場からの長年に渡る幼児教育の効果に関する研究である。

　教育を人間への投資とみなす教育経済学に基づく人的資本論は，学校教育の拡大を支える理念として，1950年代から60年代にかけて説得力を持っていた。しかし1970年代以降，量的な普及を達成した学校教育が抱える課題（いじめや校内暴力といった学校内での問題行動，経済不況による高学歴失業者の増加など）の深刻化を受け，次第にその説明力を疑われることとなった。

　しかし人的資本論は，現代の幼児教育の分析において，再び脚光を浴びている。ヘックマンによる，幼児教育段階に投資することが最も効率の良い教育投資であるという指摘を拠り所に，現在多くの国々で幼児教育の重点化が推進されており，日本もまた例外ではない。そこで改めて重要とされるようになってきたのが，幼児教育の意義としての「就学準備」である。

　さらにヘックマンにより示されたのが，幼児期に育まれる「**非認知的能力**」の重要性である。非認知的能力とは，意欲や情動を指し，いわゆる文字や数字のような記号の操作といった認知的能力とは区別される。そしてそれらの非認知的能力は，主に幼児期に育まれ，後の認知的能力の土台となるとされている。こうした考え方は，従来の日本が幼児教育において重視してきた「心情・意欲・態度」と重なり，「遊び」（こどもが主体的に環境と関わって行う活動）を重視する現在の幼児教育を，これまで以上に正当化する根拠となっている。

　その後の人生の充実に向けた準備を進めることが，幼児教育の意義のひとつであることは疑い得ない。しかし，子ども期を，現在ではなく後の人生の準備期とみなすことは，子ども期それ自体の十全な価値を重視し，子どもを「一市民」ととらえその生活の充足を目指す立場とは異なる場合もあるはずだ。しかし実際のところ，生活重視と就学準備という理念は，幼児教育を支える両輪となっている。

　このように二つの考え方が併存している状況は，日本における家庭教育の動向にも大いにあてはまる。「童心主義」を掲げた大正時代の日本の新中産階級

が，同時に，高い学歴の獲得に向けた子どもの教育に極めて熱心であったことは，理念上は相容れないと思われる「個性尊重」と「就学準備」とが，子育ての担い手にとっては必ずしも対立する理念ではなく，むしろ相互に補い合う子ども観を形成し，幼児教育実践を方向づけるという，幼児教育に関わる立場の複雑さを示している。

なお OECD による幼児教育への介入や，それを牽引するヘックマンの議論の行き過ぎた合理主義や効率主義，近代的な教育観には，警鐘を鳴らす動きもある（Dahlberg, et al. 1999; 2007; 2013）。

IV ▶ 保育者の専門性

1 家族政策と保育者

以上のような幼児教育を担う保育者[3]とは，どのような存在なのだろうか。

保育者の位置づけは，母親役割の捉え方と大きく関わっている。母親が家内労働に従事し，自ら子育てを担うことが日常的ではなかった前近代社会では，いわゆる「**子守**」は，「母親代わり」というよりもむしろ，主に若年の女子に与えられた役割であった。近代に入り，性別役割分業を基盤としたライフスタイルが一般化し，母親は子育てを排他的に担うべきものという価値観が浸透するようになると，公的に確立された職業としての保育者は，「母親代わり」として捉えられるようになった。

近年，制度としての幼児教育は，家庭教育を「補完」するものではなく，むしろ家庭教育ではできない学校教育の基礎を提供するものとして位置づけられるようになっている。その中で保育者の役割は，母親とは異なる専門性を帯びた存在として再構築されつつある。

実際のところ，幼児教育に関わる議論において，「母親」がすべき育児を「肩代わり」すべきではないという意見は根強い。例えば，**預かり保育**（規定時間の前後に行われる延長保育）に関する議論には，それが顕著に表れている。文部科学省による「『預かり保育』の参考資料」（2002）では，「『預かり保育』は，保護者の子育て支援の観点から実施される教育活動であることから，保護者の子育てを幼稚園が肩代わりするというようなものではない」と述べる。こ

れは，預かり保育を実施していない園が，その理由として，「園は母親のすべき育児を肩代わりすべきではない」ことを掲げていることへの対応である。

保育職のとらえ方は，国家的な家族政策，すなわち家族の姿をどのように捉えるかということに大きく影響されている。1990年代以降社会問題とされるようになった少子化は，子育て支援をねらいとして保育所や保育士を増やす政策に結実しているが，その少子化が始まった1970年代末にはむしろ，性別役割分業に基づいた家族主義イデオロギーを強化することで，少子化を解消しようとする政策が模索された。

当時の政権与党であった自由民主党の家族政策を象徴する文書が，1979年の「家庭教育基盤の充実に関する対策要綱」と「乳幼児保育基本法（案）」である。

1979年7月に発表された「乳幼児の保育に関する基本法（仮称）制定の基本構想（案）」では，「幼保の二元行政が乳幼児保育の発展に大きな障害となっている」と，「保育一元化」を進めることを提案すると同時に，「母親の愛情」と「集団保育」の重要性を述べ，「物質中心の考え方」が親の育児に対する考え方にもあらわれており，「家計が成り立っているのに乳幼児を保育所に預けて働きに出ていく母親，職場をやめても保育所が親の育児放棄の道具にされる事例が増えてきている」と指摘する[4]。

しかし，少子化対策が政策課題となった1990年代以降は，子育て役割規範の再編が進み，1998年厚生白書では，いわゆる**3歳児神話**（子どもは3歳までは，常時家庭において母親の手で育てないと，子どものその後の成長に悪影響を及ぼすという考え方）には「合理的な根拠は認められない」ことが示されるなど，子育てを母親が排他的に担うべきという考え方自体が見直されるようになった。このような子育てに対する考え方の変化を背景に，保育者は，保護者の子育てを支えるパートナーとして再定位されつつある（小玉編2017）。

とはいえ，子育て責任が完全に社会に割り当てられたわけではない。2006年の教育基本法改正では，第十一条で「幼児期の教育は，生涯にわたる人格形成の基礎を培う重要なものであることにかんがみ，国及び地方公共団体は，幼児の健やかな成長に資する良好な環境の整備その他適当な方法によって，その振興に努めなければならない」ことが示された。それと同時に，その前の第十

条では，

> 父母その他の保護者は，子の教育について第一義的責任を有するものであって，生活のために必要な習慣を身に付けさせるとともに，自立心を育成し，心身の調和のとれた発達を図るよう努めるものとする。
> 2　国及び地方公共団体は，家庭教育の自主性を尊重しつつ，保護者に対する学習の機会及び情報の提供その他の家庭教育を支援するために必要な施策を講ずるよう努めなければならない。

として，家庭教育の項を新たに設けたことが特徴である。

近年では，深刻な保育士不足を受け，保育士を増やすための待遇改善が模索されている。そのための保育者の専門性の確立が課題となる一方で，保育に携わる人材を増やすために，2015年より，20時間程度の研修を受ければ資格が取得できる「子育て支援員」も創設され，保育士の職務をサポートすることになった。特別支援教育やカウンセリングなど，保育者に求められる知識技術が増大する一方で，専門職の条件としての入職のハードルの高さは，むしろ下げられる傾向もみられるのである。保育者の専門性の確立をめぐっては，男性保育士の是非をめぐる様々な意見にみられるように，子育てを女性の「本質」や「天職」と考える立場からの異議申し立てもある。

今後求められるのは，保育者役割を，本質主義的な所与のもの（既に決まっている当たり前のこと）として考えるのではなく，今後の社会変動を見据えた上でどのように構築していきたいのかを検討することだろう。

2 感情労働の担い手としての保育者

Ⅲ．の1．で確認したような，幼児教育における心情主義はまた，保育者を，**感情労働** emotional labor の担い手として位置づけることに帰結する。人を相手に，肉体だけでなく感情を労働のための資源として差し出す感情労働の概念は，キャビンアテンダントや販売員について示された語であったが（Hochschild 1983＝2000），保育者とはまさに，こうした感情労働の担い手として把握できる（諏訪監修 2011）。

とりわけ，近年における幼児教育の市場化・民営化・私化=**プライヴァタイゼーション**（▶ 第3章）の動きは，保護者を，市場で選択行動を行う消費者のように位置づけ，保育者に，そうした消費者の声に応えるサービス労働者としての役割を求めつつある（Ball 2003; Vincent & Ball 2006）。実際のところ日本でも，幼児教育産業の興隆には著しいものがある（濱名 2000）。また少子化の影響で，幼稚園の定員割れが進んでいるが，その割合は私立幼稚園が79.4%，国公立幼稚園が94.2%であり，保護者が国公立よりも私立園を選択している傾向が伺える。なお保育所については，私立保育所の61.8%，公立保育所の25.4%は定員超過となっており，保護者の教育選択におけるプライヴァタイゼーションとともに，幼児教育施設の経営判断におけるプライヴァタイゼーションも透けて見える（ベネッセ教育総合研究所 2013）。

V ▶ 日本の幼児教育の特徴

1 集団主義

本節では，とくに日本の幼児教育に特徴的とされることを確認してみたい。「個性尊重」の理念は，幼児教育において普遍的に追及されている。ただし実際の日本の幼児教育を，諸外国のそれと比較した場合，極めて強い**集団主義**がその特徴としてあげられる。

結城（1998）によれば，日本の幼児教育には，平等主義的理念のもとに，個人差を顕在化させないために，個人が各集団に組み込まれていく仕組みがある。「目に見える集団」（活動の単位として可視化された集団）としては，幼稚園そのものを含め，学年，学級，性別グループや各活動の単位など，計10種類が確認されている。そしてこれに対して，逸脱行動を匿名にして差異的・排斥的に扱う，可視化されない「目に見えない集団」（「いつまでもガサガサしている男の子」「お姿勢のいい方」など）も教師によって形成されており，子どもが「自発的に」行動や態度を修正するために活用されるという。

こうした集団主義の背景には，日本の幼稚園の場合，幼稚園設置基準により1学級あたり35人以下（幼児35：教員1）と定められており，諸外国と比較してきわめて大人数の子どもと少ない大人との割合によって集団が形成されて

いることがあるだろう。加えて，「**行事保育**」と揶揄されるほど多くの行事を抱える日本の幼児教育では，クラス全体，学年全体，そして園全体で頻繁に行われる行事を通して，集団内で調和するための態度や習慣を身に付けることが意図されていることが特徴である。幼児は，日々の生活のなかで，担任の先生，他のクラスの先生，園長先生，クラスの「おともだち」，他のクラスの「おともだち」，保護者，地域の人々など，多数の他者の「まなざし」を内面化していく。**フーコー**（Foucault 1975＝1977）のいう「**主体化＝従属化**」の仕組み，つまり，自ら進んで規律に従うことが，特定の役割を取得することに帰結するという逆説的な過程が，日本の幼児教育を貫いている。

2 ジェンダーと家族観

さらに日本の幼児教育では，集団主義的統制の方策として，**ジェンダー**に基づいた**類別**が多く用いられていることも特徴である（結城 1998）。幼児教育の場には，きわめて強いジェンダー類別が貫かれている（▶第 12 章）。幼児期は一般的に，自己認識の発達とともに，性自認が芽生える時期である。近年，ジェンダー・センシティブな教育実践が広がっているとはいえ，多くの場合，女性の働き手の多い幼児教育の場で，女子はピンク，男子は水色という明確に色分けされたジェンダー秩序に基づいた統制を経験することで，子どもはジェンダー役割を学びとっていく。また幼児教育では，保育者と子どもとの関わりにおけるジェンダー差が顕著であることも指摘されている（森 1989）。なお構築主義の立場から見れば，子ども自身も，ジェンダー秩序を戦略的に活用し構築する主体である（藤田 2015）。

さらに近代家族的な性別役割分業観（▶第 3 章）は，幼児教育実践を規定する強力な基盤となっている。母親の「愛情のこもった手作り」を求める園での生活用品の多さは，諸外国の幼児教育と比較したときの日本の幼児教育の特徴として浮かび上がる（恒吉 2008）。また，一斉活動や行事の多い日本の幼児教育では，それらの集団的画一的経験から子どもが学びとる規範が，隠れたカリキュラムとなり，その規範に沿わない子どもに負担を強いることにもなる。例えば行事の定番である「母の日」は，特定の家族構成を前提とし，それにあてはまらない子どもを疎外する機会となることがある（小玉 1999）。

実際のところ，一部の幼児教育関係者における性別役割分業意識は，きわめて根強い。ハロウェイは，日本の幼稚園を類型化し，利用者の社会階層と幼稚園との対応関係を指摘したが，その中でハロウェイは，3歳児保育を実施していない幼稚園の園長のことばとして，「私は個人的には3歳の子どもは幼稚園にいるべきではなく，母親と家にいるべきだと思うのです」を紹介している（Holloway 2001＝2004：183）。幼稚園長がこうした子ども観を抱き，それが3歳児保育の実施の有無の背景にあるという事実に，幼児教育のあり方とその背景にある家族観との強固なつながりを見ることができる。

VI ▶ 今後の課題

　最後に，幼児教育をめぐる今後の課題について2点指摘したい。

1 幼児教育のグローバリゼーションと評価への希求

　第一に，幼児教育に関する知見の共有という**グローバリゼーション**（▶第13章）の動向と，それが促すグローバルな基準に基づいた評価尺度の導入がある。

　OECDにより1998年から調査が始まり，2001年以降次々に発刊されている報告書『**人生の始まりこそ力強く** Starting Strong』は，第5巻まで発行され，多くの国々の幼児教育に多大な影響をおよぼしている。これらの報告書の意義は，従来，義務教育や高等教育と比較して後回しにされがちであった幼児教育について，それが後の人生の基礎を形成する重要な段階であることを**エビデンス**に基づいて示し，幼児教育を教育改革の中心に押し出した点にある。またその意義は，従来は開発国への人道的支援上の課題であった幼児教育が，先進国も含めた**持続的な経済発展**のための課題であることを示し，幼児教育を，開発国と先進国との共通の課題として再定位した点にある（一見2016）。

　幼児教育の政策課題化に伴い重視されるようになったのが，幼児教育の効果を示すエビデンスである。エビデンスとは，量的なものであれ質的なものであれ，正当な手続きを経て実施された，調査や評価の結果として示されるものである。

2 幼児教育における評価の類型

　幼児教育における評価には，大きく分けて，子どもの発達や成果に対する評価と，幼児教育の環境整備や子どもと大人との相互作用などの幼児教育のプロセスそのものに対する評価とがある（淀川・秋田 2016）。スケール（数値尺度）を用いた前者の発達評価の事例としては，アメリカのカリフォルニア州教育省による「望ましい結果のための発達プロフィール−プリスクール版」DRDP-PS：Desired Results Developmental Profile-Preschool がある。また後者のプロセス評価の事例としては，アメリカの保育環境評価スケールである「保育環境評価スケール」ECERS：Early Childhood Environmental Rating Scale （Harms et al. 2015＝2016）や，イギリスで開発された，子どもと保育者との関わりに焦点をあてた「ともに考え，深め続けること」スケール SSTEW：Sustained Shared Thinking and Emotional Well-being がある（Siraji et al. 2015＝2016）。

　もっとも，スケールを用いた量的な評価に対しては，批判も多い。子どもの成長や他者との相互作用といったことを数値化することが果たして可能なのか，またそれは，結果的に園や保育者に対するランク付けとなり，保育に携わる者に不要な心理的負担をかけることにならないか，というものである。

　量的評価に対し，子どもの活動の一場面を切り取ったエピソードを文章で記述する，ナラティブ（語り）やドキュメンテーション，ポートフォリオ（文章のほか，子どもの写真や作品を，保育者・保護者・子ども自身で共有できるようまとめた記録）を用いた，質的な評価方法も広がっている。イタリアの地方都市で誕生し，近年世界的に注目を集めるレッジョ・エミリアの実践や，ニュージーランドの幼児教育課程であるテファリキにおいて用いられる「ラーニングストーリー」はその例である。ただしそうした質的な評価が，エビデンスとして成立するための客観性を持ちうるかどうかについては，議論の余地がある。

3 評価基準や観点を明示することの是非

　ある評価がエビデンスとして認められるためには，それが評価者以外にも了解可能で，妥当性（評価対象として測られるべき事柄を測っている），信頼性

(誰が，いつ評価しても同じ結果が出る）のある評価基準が示される必要があるが，そのための評価基準の明確化や共通化に対しては，批判も根強い。一定の枠組みに沿って子どもを見ることは，子どもに対して先入観をもつこと，特定の観点にしばられて子どもと対峙することとして，しばしば，「**子ども中心主義**」的観点から，子どもの目線に立っていないと批判される。さらに，幼児教育を，出来事や能力の単なる集積ではなく，因果関係として描き出されるプロセス＝「物語」としてとらえようとする見方に立てば，特定の観点に固執することは，出来事同士の関係や子どもの気持ちの変化を見落とす危険にもつながる。

評価の観点や基準は，それがひとたび示されると，それが含み込み切れない子どもの姿の多様性や幼児教育の柔軟性に気付かされる。評価の観点を示すことは，評価者にとっては，自身の子ども理解の一面性を指摘されるきっかけを作ってしまうことにもつながるかもしれない。

とはいえ，観点や基準が示されないままに，目に見えない内面までも「ありのまま」に評価しようとすることは，客観性や妥当性，信頼性を確保できず，科学的判断の原理である**反証可能性**（ある評価結果や主張が，異なる観察や実験によっては反証される余地があること）を担保されないがために，エビデンスとしては認められない可能性がある。また，それが非認知的能力や，「気持ち」といった内面の評価となれば，それは子どもにとって，存在全体が評価の対象として注目され続けることを意味する。子どもの「内面」を評価の対象とすることは，大人の期待に応えようとする子どもに，生活全体に渡る緊張とプレッシャーを与えることにもなりかねない。

4 日本の幼児教育における記録文化の帰結

幼児教育には従来から，子どもの姿や遊びを詳細に書きとめる記録文化がある。幼稚園や保育所での実習を経験した人からは，日中の子どもや保育者との関わり，あるいは園務への取り組みよりも，実習日誌の作成に最も労力を割いたという場合も多いだろう。現在，各実習園や保育者養成校で様々な改善の工夫が模索されているとはいえ，一般的に，小学校以上の学校段階と比べ，幼稚園や保育所の実習で，日々の記録として求められる記述量は膨大であり，実習

生の最大の課題は日誌作成ともいわれる。幼児教育においては，それだけ記録をとるという行為が，職務の中で重視されているのである。その背景には，保護者ほか他者への説明責任が常に問われるという職務上の要因があるだろう。今日子どもはどのような遊びをしていたのか，とりわけ怪我などが発生した際の状況について，保育者は「全てを知っていて他者に了解可能な説明ができる」ことが求められる。

　この点について，次のような興味深い指摘がある。小川（2016）は，日本の保育思想の潮流を，倉橋惣三から津守真へと連なる系譜と，城戸幡太郎から保育問題研究会への系譜とに大別している。両者は根底には政治的なイデオロギー対立を抱えながら，それぞれが「観察記録」もしくは「実践記録」という形での，いわば**言説実践**（ことばで語り記し伝える行為。語り手や語られる際の視点，依って立つ認識枠組みによって，異なることばが選択され配置され，異なる現実が紡ぎだされることを含んだ概念）を重視してきた。

　小川（2016）は前者の観察記録について，子どもの内面に関心を注ぐあまり，その保育が行われた環境やそもそもの活動計画，保育者や観察者の存在それ自体という重要な事実を見過ごしてしまう可能性があると指摘する。すなわちそうした記録は，子どもの活動が，保育者および観察者との「**相互作用を通じた交渉の過程**」（▶第1章）であることを含み込めていないかもしれないのだ。その結果，「子どもの遊びにおいてどこまで子どもの内面のドラマを深く理解できているかが，その保育者の『専門家』としての力量の証であるように考えるように」なり，園内研修会やカンファレンスにおいて，観察者は「自分がいかに詳しく遊びの実態を語れるかを誇示するかのように語り続け」るようになるという（小川 2016：81-82）。また後者の，実践者による記録では，記述された内容がそのまま保育現実であるということが前提とされ，それが特定の行為者による特定の観点からの特定の現実の切り取りであるということが忘れられがちであり，それは時として，「自己の保育を正当化する論理」となり，批判的考察を欠くことへとつながるという。

　心情主義を基軸とした，活動の結果よりもプロセスについての観察記録や実践記録を通して，子どもは，「気持ち」と「出来事」からなる隙間の無い因果関係の解釈ネットワークの中に位置づけられ，徹底的に解釈され尽くす存在と

して描かれる。その中で「**遊び**」は、多くの意味を背負って表出した実践として、解釈の対象となり、子どもの遊びに対する細やかながら検証されない膨大な意味づけが、保育者の職務として求められることになる。ここにおいて保育者の役割は、子どもの成長を了解可能な形で肯定的に物語るストーリーテラーとなる。矛盾の無い因果関係として記される記録はまた、子どもをとりまくすべての環境には「意味」があり、しかし幼児教育には正解は無いという、葛藤が無く合意に満ちた予定調和的な世界観を描き出すことにもつながる。そこでは、子ども自身の了解のないままに、子どもの「本当の」姿が同定される。

こうした評価のあり方は、すなわち、「子ども」という存在をどのように捉えるのかという根本的な問いへとつながる。

5 本質主義的子ども観の超克――子どもの多様性、複数性

本章で確認してきた論点から浮かび上がるのは、幼児教育が、いかにそれぞれの子どもの学びの機会を等しく保障しながら、子どもの「本来の」姿の探求といった本質主義に依存することなく、子どもたちの多様性、複数性を尊重するかという課題である。今後の幼児教育における第二の課題はすなわち、子ども観の変容や、それを指摘する子ども論および子ども社会学の知見をいかに取り込んでいくか、またそれらのさらなる展開を促す方向で接合していくかということだろう。とりわけ今後求められるのは、子どもそれぞれが多様であるというだけでなく、ひとりの子どもがその時々で異なる特性を示し、また必ずしも大人にとって理解可能な因果関係の網の目でとらえきれない、**複数性** plurality をもった存在であるという事実といかに向きあうかだろう。ライール（Lahire 1998＝2003；2012＝2016）は、ブルデュー（▶ 第1章）による実践の把握の仕方である「ハビトゥス・資本＋場＝実践」を批判的に検討し、そうした定式に回収されない、人間存在の複数性を指摘している。また、子どもを、自然か文化かのどちらか一方にのみ由来する存在として把握するのではなく、生物的基盤や文化的背景を備えつつ、言説実践を通して構築されるネットワークの結節点としてとらえる見方もある（Prout 2005＝2017）。

幼児教育の量的拡大を求める声に対し、その「質」の担保を求める声は高まっている。その際の「質」とは、人員割合や施設設備から、子どもと保育者と

の関わりなど多岐に渡り，これらを含み込んだ基準の開発が盛んに進められている。こうした動向に対し，そもそも客観的に同定できる「質」を問うこと自体を疑問視する声もある（Dahlberg et al. 1999; 2007; 2013）。子どもとは，矛盾なく統合された実体ではなく，身体という物質的基盤を備えつつも，曖昧で，多義的で，断片的で，複数性を帯び，大人に把握されない余地を備えた，様々な事象のひとつの結節点として捉えることもできる。こうした議論は，子どもの行為全てに意味づけを行い尽くさないと子どもと共存することに困難を覚える，「大人」という存在の社会的な意味合いに気づかせてくれる。

✅ 教育社会学的想像力を拓くレッスン

ステップ I　リフレクティヴな学び

あなたは小学校入学前に，集団教育を経験しただろうか。経験したとすればそれは，どのような特徴があっただろうか。「遊び中心」「就学準備」「集団主義」「個性尊重」など，本章のキーワードに沿って振り返り，記述してみよう。

ステップ II　コミュニカティヴな学び

海外の幼児教育の事例（ニュージーランドのテファリキ，イギリスのEYFS，ドイツのKita など）などについて，そうした教育方法が採用される社会的背景（政治，経済，文化など）に留意しながら調べてみよう。調べて気づいたことについて議論しながら，海外事情や歴史を学ぶ意味についても考えてみよう。

ステップ III　イマジナティヴな学び

教育や子どもについて学ぶ中で，「あの人は子どもをわかっていない」と感じたことはないだろうか。あるいは人から「あなたは子どもをわかっていない」と言われたことはないだろうか。それはどのような時だろうか。どのような状況で，人は人に対し，子どもを「わかっている／わかっていない」と判断するのだろうか。その根拠は何だろうか。また子ども自身は，子どもをわかっているのだろうか。

《 用語解説 》

保育・幼児教育 ●幼児教育が，葛藤の焦点であることを端的に示すのは，「保育」という語の使用法だろう。教育と保育とのどちらの語を用いるのかは，各制度や話し手の立場，信念により，多様に分化している。これらの用語の使い分けをさらに複雑にしたのが，2015年に始まった子ども・子育て支援新制度における認定こども園の定義である。保育所と幼稚園の両方の機能を併せ持つ認定こども園に関する法律は，教育基本法に基づいた学校である幼稚園が行うことを「教育」，児童福祉法に基づき保育所等が行うことを「保育」とし，実践の中身ではなく実施主体の別によって用語を定義した。結果的に，「幼保連携型認定こども園教育・保育要領」のように，教育と保育の語が並列する事態となっている。

— 注 —

(1) 本章では，小学校以上の教育全般と同じ枠組みでこれを論じようとする立場から，「幼児教育」の語を用いる。ただし，法律上あるいは文脈上，「保育」の語が適切な場合はそれを用いる。

(2) シュア・スタートは，2000年代に入り，全てのこどもを対象とした支援プログラムへと変更されたが，2010年の保守・自民連立政権の誕生により，再び対象を恵まれない家庭に限定した事業へと変更された（日英教育学会編 2017；椋 2017；埋橋 2011）。

(3) 本章では，幼稚園教諭と保育士，保育教諭を総称して「保育者」とする。

(4) こうした動向に，保育所関係者はどのように対応していたのか。1982年9月の，全国保育協議会による全国保育研究大会では，「こんにち提起されている保育所・幼稚園問題（一元化論）に反論する」と題した議論が展開されている。ここでは，自民党による「乳幼児保育基本法」制定のねらいが，子ども数の減少をうけて「私立幼稚園の経営難を危惧する一部の関係者の政治的働きかけによって，3歳以上児すべては幼稚園に入園させようというものであることを知り」，その法制化を阻止したことが述べられている（全国保育協議会 1983）。

（石黒万里子）

第5章 学校の力
──「制度」としての学校──

I ▶ 学校という制度

1 「当たり前」の学校を問い直す

　学校に行くことは大切なことだ。この本を読んでいるみなさんの多くはそのように考えているのではないだろうか。そして当たり前のこととして，そうすることを疑うこともなく，これまで学校に通っていたのではないだろうか。しかしここで，当たり前の学校をいつもとは違った目で見ていくことにしよう。本章では，「教育を行う場としての学校」という視点からはなかなか見えてこない，この当たり前の学校が果たしている役割に注目し，**制度** institution という言葉をキーワードにして学校が持つ力とこれからの学校について考えてみよう。

　ところで，本書が拠って立つ社会学という学問には，私たちが実際に生活している社会に目を向け，当たり前を疑うことから，今まで見えなかったものをあぶりだす，という特徴がある。私たちが日々何とか無事に生活できている理由の一つは，毎日の社会生活で出会う事柄を一つひとつ疑わないですんでいるところにある。しかし，社会学はあえて疑わないですんでいる日常をいつもとは違った目で観察，分析し，その結果，隠された社会の仕組みを，実証的，論理的に明らかにすることを学問の役割としている。そして，社会という目に見えないものがそこに存在し，力を発揮していることを確認するのが社会学という学問である。

　ここで，「社会」という言葉を「学校」に変えてみよう。本書の読者には教職に就くことを目指して学んでいる人も多いと思う。そのような人は，これまで学校で学んできただけでなく，これからも学校と関わっていこうという人であり，学校を少し離れて眺めてみたり，学校という存在そのものについて疑問

をもって見たりするということが余りなかった人たちではないだろうか。このように考えると，教職に就く人にとっての当たり前の学校こそ社会学の分析対象だということができる。そして，学校という教育の場を社会学的に分析するとき，私たちは「教育社会学」という学問の扉を開くことになる（▶ 序章）。

教職に就きたいと思っている人は，学校のことをよく知らなければいけない。そしてもっと知るためには疑問を持つ必要がある。わかったつもりにならず，また学校を疑うことなどあってはならないと考えることを一旦止めて，学校に対して疑問を持つことから学校をもっと知るチャンスを掴んでいこう。そこで学校をもっと知るために，当たり前の学校を少し遠くから不思議なものとして見てみよう。なぜ私たちは学校に行くのだろうか。この章では，学校を社会との関係から見ていくために，学校の「制度」という側面に注目する。学校は社会の中で一体何をしようとしているのだろうか。そこでまず，学校教育という制度が日本においてどのように誕生し拡大したのかについて振り返り，さらに現在の社会において学校が果たしている役割について考えていこう。

2 学校教育制度の誕生と拡大

日本の学校教育制度は，1872（明治 5）年の「**学制**」頒布に出発点がある（▶ 第 7 章）。学制の第 21 章に「小学校ハ教育ノ初級ニシテ人民一般必ス学ハスンハアルヘカラサルモノトス」（小学校は教育の最初の段階であるから，全ての国民がそこで学ばなければならない）とある通り，近代化を推し進めようとする明治政府は，それまでの身分制社会にあった伝統的で身分ごとの学校を全廃し，欧米をモデルに，今では当たり前となっている「誰もが通う」近代的学校教育制度の確立を目指した。しかしこの近代的な学校は，これまでの学校とは学ぶ内容や学び方が大きく異なるもので，どのような立場の人にとっても新しいものとして出発した。そのため，開設当初の学校は人々に積極的に受け入れられず，「学校焼き討ち事件」が各地で起こるという事態を生んでいる（森 1993）。しかしその後さまざまな奨学策が取られ，さらに学校教育を通して出世するという新しい「立身出世」のモデルが現実化する中，学制頒布からおよそ 30 年過ぎた 1900 年代には，尋常小学校の就学率も 90% を超えることになる（文部省 1972a）。しかし，当時は複線型の学校教育制度を取っていた

ため，中等教育，高等教育機関で学ぶことができたのは限られた人である状態が続き，中等教育への進学が一般的になるのは，第二次世界大戦後の戦後教育改革を経てからであった（►第 10 章）。

その後，1947（昭和 22）年，教育基本法，学校教育法などの成立により，義務教育は新制の中学校までの 9 年間となった。さらに 1960 年代には後期中等教育である高等学校への進学が急速に進み，1970 年代後半に高等学校への進学率が 90% を超え，さらに 2000 年代に入り，短期大学も含めた大学進学率が 50% を超える状態に至っている（文部科学省 2016「学校基本調査」）。こうした学校教育拡大の過程を経て，誰もが高等学校に行くという状態が「普通」となり，教育をほぼイコール学校教育と捉える社会が成立したといってよい。

ここで注目しておきたいことは，明治から始まった学校教育制度は，現在に至るまでに量的な拡大を成し遂げただけではないということだ。学校は身分や出身階級などの「生まれ」によってその人の仕事や人生が決まってしまう**属性主義**による社会から，努力によって知識・技術を獲得した，その結果としての能力の在り方によって人生が決まってくる**業績主義**の社会への変化を作り上げることに大きく寄与してきたのだ（天野 1982）。

つまり，明治政府が欧米社会をモデルとして新たに導入した学校教育制度は，江戸時代まで続いた身分制社会としての属性主義の社会を，個人の能力によって職業や社会的地位が決定することを原則とする業績主義の社会へと変えるために欠かせないものであったということだ。現在の私たちは，学校に通うことを当たり前の事とし，またどのような知識や技術をどの程度身につけたかによって職業や役割が配分されることが，正当であると考えるようになった。そしてそのことは，社会の発展にとっても合理的であり，同時に近代社会の価値である自由と平等の理念も，学校教育制度を社会の基礎とすることで実現すると考える社会に私たちは生きることを意味する。この状況を作り出しているのは，「制度」としての学校教育ということになる。

この状況を個人の側から考えると，私たちが学校を大切なものと考えるのは，学校が制度として社会に位置づいているからであり，学校教育制度を疑わない，そのことによって私たちは多くのものを得ているからである。今，私たちが学校に通わないことを選択した場合，学校に通えば得ることができた多くの事柄

を学習することの難しさに直面することになるだろう。しかしこのことは，学校を改めて少し離れたところから見てみないと気づくことができないのも事実だ。それでは学校が当たり前のものとなった現在，学校教育という制度は，社会において一体どのような役割を果たしているか，改めて整理してみよう。

Ⅱ ▶ 業績主義社会を支える学校

1 学校が結果的に果たしている役割

　私たちは学校で学ぶことは大切だと考えているし，子どもたちにもそのように話している。では，なぜそうすることが大切だと考えるのか，この点から学校が果たしている役割について考えてみよう。

　学校とは私たちに対して教育を行う場所であり，学校に通うことで私たちは多様で複雑な知識や技術，また社会のメンバーになるために必要とされる行動様式を効率的に学ぶことができる。人間は教育され学ばなければ生き延びていくことができない生物であるが，現代社会において，この「生きていくことを学ぶ」ことから始まる文化伝達としての教育について，大きな役割を果たしているのが学校である。だから学校は大切なのだ。そして義務教育というシステムを含んだ学校教育制度を作り上げることで，私たちの社会は確実に子どもたちに対して教育を行おうとしている。この文化伝達という学校の役割を，ここでは学校教育制度の一つ目の役割である**教育＝社会化機能**（▶ 序章）と呼ぶことにしよう。

　また学校が伝えようとしている文化の内容は，学習指導要領に示されたような目に見えるものだけではない。**隠れたカリキュラム**として，暗黙のうちに望ましい行動様式や価値観などが学校生活を通して子どもたち伝わっていく（▶ 第6章）。学校は目に見えるものだけでなく，目に見えない多くのものを伝えているという事実に気づく必要がある。また，学校が果たしている教育＝社会化機能が多様で広範な内容を含んでいるため，私たちは塾ではなく学校で学ぶことに意義を見出し，家庭ではできない教育が学校で行われていると考える。そしてこの機能が果たされているからこそ，学校には保護者や地域社会等から様々な要望が投げかけられるともいえるのだ。

しかし学校が果たしている役割は教育＝社会化だけではない。学校教育が制度として確立したことから，学校には新たに二つの機能が加わった。一つは**選抜・配分機能**であり，もう一つが**正当化機能**である。

　まず，選抜・配分機能についてみていこう。学校は，将来の自分の職業を獲得するための準備機関として位置づけられている。職業に就く前に，私たちは必ず義務教育を受けるために学校に行くが，このことは，学校は個人が社会に出てどのような役割を果たすのか，そのことを考え準備する機関でもあることを示している。はじめはみんな横一線に並んでいた子どもたちが，学校で学習し，学習の成果が正式に評価されることを通して進路を決定し，義務教育が終わるとそれぞれが自分に合った次の道へと進んでいく。そして子どもたちを受け入れる社会の側（上級学校や会社など）も，次のステップに進むことを意味する選抜に際しては，学校が提示する成績を個人の能力を示す重要な情報として信頼して活用することが多い。だから私たちは，純粋に知識を得たいという気持ちからだけでなく，将来の仕事や生活を考えて学校での成績や学歴を意識し，できるだけよい成績を取りたいと思うようになるのである。

　また子どもたちは，毎日の学校生活の様々な出来事を通して，何が得意で何が不得意なのか，また友達との比較や教師の反応などから自分の学力を知っていく。このような過程も日常的な選抜過程であり，これらを通して学校は選抜・配分の機能を果たしているといえる。教師は子どもたちの日々の学習の積み重ねや学校での生活の様子を，子どもたちや保護者に伝えることを目的として評価を行っているといえるが，社会の側からみれば，この評価は子どもたちの能力証明となり，結果的に学校は子どもたちを選抜しそれぞれの場所に配分する重要な役割を果たしていることになる。この役割が学校の選抜・配分機能である。学校での活動の結果としての成績が正式な能力証明として社会から認められるので，私たちは学校で勉強することが大切であり，学校の成績や学歴を無視することはできないということになる。この選抜・配分機能を学校教育制度が果たしている二つ目の役割としよう。

2 学校が果たすべき役割

　さて，私たちが生きる社会において学校が果たしている三つ目の役割は，業

績主義という社会の仕組みを維持することである。社会を維持するためには，学校は知識や技術を伝える文化伝達，社会規範・行動様式の獲得としての教育＝社会化機能を十分に果たす必要があるが，さらに，子どもたちに現在の社会の原則である業績主義の意義を伝え，理解させ，さらに納得させる必要がある。明治期以降，社会は属性主義社会から業績主義の示す価値を正しいものとする社会に変化していくことになったが，逆に言えば，業績主義の示す価値を私たちが選択することによって，現在の社会は維持されることになる。

　具体的にこの仕組みを維持するために学校が行っていることは，努力によって能力を高めることが大切であり，努力の結果獲得した能力による選抜は正しいルールに従ったものである，ということを伝えていくことである。学校では教科学習の場面だけでなく，特別活動，部活動など様々な場面で，努力することの大切さと努力の結果成長することの意義を伝えている。また，学校で行われる試験では，不正を排除することに全力が注がれ，そのことによって学校が示す能力証明としての成績，さらに学校自体が信頼を獲得し続けることを目指している。そして，学校が提示する子どもたちの能力に関する情報は，努力の結果としてとらえられ，信頼されることになる。これが学校が果たしている三つ目の役割としての正当化機能であり，学校が果たさなければいけない役割なのである。

　先に私たちの社会には様々な仕事や役割が存在すると述べたが，それぞれの仕事はその内容が異なるだけでなく，給料も異なり，職業のもつ威信や付随する権力なども様々である。このように異なる多様な職業が存在することで社会は成り立つものであり，この職業や役割のもつ違いや多様性を解消することはできない。この違いがある中で私たちが求めることは，人々が適材適所と考えられる仕事や役割に配置されることであり，そのために正しいルール，つまり業績主義のルールに則った選抜がなされることである。正しいルールの下での結果は認めざるを得ないし，職業や役割を選択し直すための道が開かれているのであれば，違いが存在しそれが不平等に見えたとしても，私たちはその社会で納得して生きていくことができる。また，業績主義のルールに則ることにより，社会の発展と個人の幸せが実現すると私たちは確信している。こうした正当化を通して，学校は社会の在り方を土台から支えている。

このように，学校は子どもたちに知識や技術を伝達するだけでなく，選抜・配分機能，また正当化機能を果たすことで，より強力で，なくてはならない制度として社会に位置づくことになる。ここで注目したいのは，学校教育制度が果たしている役割の大きさと学校が果たしている重要な役割を，私たちはあまり意識しないでいるということである。言い換えれば，制度の存在により，無意識のうちに私たちは社会の価値を受け入れながら生きている。この「意識しない／させない」というところにこそ，制度のもつ「力」を見出すことができる。そこで次に，学校がもつ力について「制度」に焦点を当て理解していこう。

III ▶ 学校に対抗する二つの力

1 制度の持つ力

　ここで制度について辞典で調べてみよう。社会学の辞典の「制度」のページを開いてみると，かなり長い説明がされている。そのポイントとなる部分を示そう。

> 社会の機能的諸側面ないし諸機能システムにおける人々の確定した行動様式の体系化をさす。（中略）それぞれの制度は，日常生活において自明のもの，変わらざるものとして立ち現れ，個人からすれば，外在的で拘束的な性格を有している。だが，どれだけ拘束力を有し，また強固なものであるとしても，制度は静態的な事態ではなく，安定に向かう制度化と解体につながる脱制度化の継続的な過程に従っている。制度の確立は人々の欲求充足につながり，それに従うことが動機づけられ内面化されることを必要条件とする。個人からすれば，こうした制度に従って行動するのはエネルギー節約の法則に合致しており，そうしない場合よりも容易に欲求充足を実現しうるからにほかならない。（佐藤勉 1993）

　この定義からさらに要点を抜き出すと，制度とは，第一に私たちが日々の生活での行動を体系化したものであり，個人は制度に従って行動することで大きな欲求充足と決定にかかわるエネルギーを節約することができる。第二に，し

かし制度は私たちを外から拘束するものとなること。そして第三に，制度は固定したものではなく常に変化する可能性があるもの，ということになろう。

　ここでもう少し，制度についての理解を深めよう。イギリスの社会学者ギデンズ（Giddens, A.）は，社会構造を読み解くための**構造化理論** theory of structuration において，社会構造と行為者の相互依存関係について述べている（Giddens 1984＝2015）。この相互依存関係を，制度を通して解釈してみよう。私たちが制度に従って行動するのは，先に示した通り制度に従って行動する方がそうでない場合よりも合理的で効率的であり，メリットがあると無意識のうちに判断しているからである。しかし同時に，制度は，それに従って行動してくれる個人がいなければ成り立たないものであり，また，個人がその制度を意識しないで行動できる状態になるという，この個人と制度の相互依存関係が成立して，制度は制度としてより強力に役割を遂行することができる。そしてこのことが，制度が社会構造として位置づくことを意味している。言い換えれば，個人が制度の存在を疑うことなく当たり前のものとしてとらえることができるのは，そこに信頼関係が成立しているからなのだ。学校教育制度はこの点から言っても，ギデンズのいう制度，すなわち「社会的全体性の内部で時間―空間的にもっとも広範囲に拡張する慣習」（Giddens 1984＝2015：44）として定着・確立した状態にあると言える。

　しかし時々私たちは，制度があることによって窮屈な感じを覚えることもある。また制度に従って行動することができないことにより，社会の中で不利な状況にある自分を発見することもある。例えば，これまで学校に通った経験の中で，勉強がわからなくなり授業についていけないと思うことは誰にもあることだろう。そのような時，もっとゆっくりと自分のペースで勉強できればと思うが，学校は待っていてはくれない。学校では複数の子どもたちで作られた「クラス」で授業が展開され，またその学年で学ぶ内容も高校までは「学習指導要領」によって決まっていて，ゆっくり教えていては決められた内容を教えきれないことになってしまう。では，なぜクラス単位で学校は授業をしなければいけないのだろうか，なぜ教える内容が決まっているのだろうか。このように考えることから，学校が制度であることが見えてくる。そして，授業の内容がわからないという問題を解決する方法の一つである補習塾に通うことを選択

した場合，塾に通うためにはお金がかかることもわかってくる。なぜ学校の勉強を理解するために塾に通い，そこではお金が必要となるのかを考え始めると，学校の当たり前は一体何を意味するのか，疑問が生じてくるのではないだろうか。

　このようにして，私たちが制度に対する違和感を覚え，その違和感とともに制度の存在が意識化されるようになれば，制度は当たり前のものではなくなる。そしてこの当たり前ではなくなることが，制度を変えようという思いや動きを生み出すことにもつながる。制度は制度を支える人との関係だけでなく，制度を変えようとする人との関係の中で動いている存在として見ることもできるのだ。

2 家庭環境という力

　これまで述べてきたように，学校教育制度は「教育とは学校教育である」と自明視されるほど拡大し，多くの人に受け入れられ，社会構造を形作るものの一つとして大きな力を発揮している。このことは，先に示した三つの役割を学校が十分に果たし，信頼を得た結果といえるが，現在，学校は獲得してきた信頼を失うかもしれない課題に直面している。その課題の一つが，**教育格差問題**である。

　教育格差問題とは，学校での成績のあり方や子どもたちの学習意欲に家庭環境が大きな影響を与え，格差を生んでいるという問題である。経済資本，また**文化資本**（▶第1章）が豊かな家庭の出身者が学力形成において有利な状況にある一方で，子ども達の学ぶ意欲を引出し支えることができない家庭が出現してきているという問題だ。そして，現在の努力による能力の獲得を前提とする業績主義社会から，親の経済力や意欲が子どもの能力獲得や将来の成功を左右する**ペアレントクラシー**（▶第3章）に移行しつつあるのではないかとの指摘がある（耳塚 2014）。

　ただ現状においては，学校教育を補うための学校外教育の格差が教育格差の大きな要因としてとらえられており，教育格差問題は学校教育を否定するものではないと考えられる。つまり，先にあげた学校の役割である教育＝社会化機能と選抜・配分機能の意義を認めた上で，教育＝社会化機能を補う学校外教育

への資源投入の違いにより格差が生み出されている，と格差問題は理解することができる。したがって，格差を解消するには，学校外教育をあらゆる層に可能なものとすること，さらに言えば，公教育費の拡大により学校教育自体を充実・拡大させることが求められている。このことによって，揺らぎつつある教育の機会均等や平等性を学校教育制度に取り戻すことができるのである。今後も社会の高齢化が進むことを考えると，公教育予算の増加が可能であるとは決して言えないが，教育格差の拡大を食い止めるためには，学校教育制度をより拡充することが妥当な解決策であるというコンセンサスは得られているといってよいだろう。

しかし，海外に目を向けてみれば，教育格差問題は決して新しい問題とは言えない。例えばアメリカでは人種問題を背景にして，またヨーロッパ諸国においても階級問題として，家庭の教育環境が学校での学力形成に大きな影響を与えていることが以前から指摘されている。このことは，一旦出来上がってしまった格差はそう簡単には解消できないこと，また，家庭という学校の外に存在している領域を学校は完全に管理しきれないこと，そして家庭という自由な場が制度を脅かす可能性を持っていることを表している。

学校は一つの社会制度として確固たる位置を占めているが，制度は多様で複合的世界を生きる個々の人間によって作られており，その多様性に対応できなくなった時に制度は制度としての弱さを見せ始める。また，教育は学校だけが行っているものではなく，家庭やその他の要因が大きく関わって成り立つという事実を思い出させるのが，この教育格差問題である。

しかし学校は，この教育格差問題によって，「教育とは学校教育である」という正当性の揺らぎに直面せざるを得ず，そのとき，制度としての力がいっそう露わとなる。学校教育制度は，業績主義社会の維持という点からだけでなく，学校が教育の中心ではいられなくなるかもしれないという脅威の中で，学校教育制度自身の生き残りのための改革を行い始めるのである。つまり学校は新たに必要とされる教育内容や教育課題を自らが提示することで改革を行い続け，制度の存在意義を誇示する。しかし，その改革は制度のための改革であり，私たちのための改革ではない可能性もある。学校教育改革が日常化する中で，私たちはその改革が誰にとっての改革なのか，そのことを問うていく必要がある。

3 時間という力

　次に，別の視点から学校という制度に対抗する力について考えてみよう。教育とは，子どもの未来，また社会の未来に関わるものである。教師が魅力的な仕事である理由のひとつは，教育が子どもという可能性を通して未来を形成する仕事であるからであろう。したがって，教育には，未来を予想し，何を子どもたちに教える必要があるかを問う姿勢，つまり未来という時間軸を組み込むことが必要とされる。特に変化が常態化する近代社会は，現在の社会の維持だけでなく，社会変動を射程に入れ，さらに変化を生み出すための教育内容が求められるが，私たちが今立っている地点からみえてくる社会変動は，現在の社会システムとの連続性としてはとらえきれない，ドラスティックで予測の困難な変化と考えられている。

　変化は特に科学技術の領域で著しく，新聞を開けば，人工知能と訳されるAI：Artificial Intelligence や「モノのインターネット」と呼ばれるIoT：Internet of Things，また，**ディープ・ラーニング** Deep Learning（▶用語解説）といった技術革新に関わる言葉が毎日のように記事の中に見られ，これらの事柄が**第4次産業革命** Fourth Industrial Revolution（▶用語解説）として産業の在り方や働き方を大きく変えるものだと繰り返し述べられている。

　政府もこうした社会状況に積極的に取り組む必要性を示している。内閣府は，狩猟社会・農耕社会・工業社会・情報社会に続く新たな社会を，サイバー空間とフィジカル空間（現実社会）が高度に融合した「超スマート社会」とし，その社会を目指す一連の活動を「Society 5.0」と呼んだ上で，産学官・関係府省が連携してこの流れを強力に進めていくとしている。この超スマート社会は，先にあげたIoTシステム構築，ビッグデータ解析，AIといった技術を基本とするもので，競争力向上と基盤技術の戦略的強化のための人材育成の必要性も指摘されている（内閣府 2016）。

　また，内閣は 2017 年 9 月に，ベストセラーとなった『LIFE SHIFT』の著者でありロンドン・ビジネススクール教授のグラットン（Gratton, L.）を有識者として迎え，「人生 100 年時代構想会議」の第 1 回会議を開催している。この会議は，技術革新という変化とともに，人生 100 年時代という変化を迎える

未来を見据え，これまでの働き方，学び方が大きく変わることを前提とした新たな経済・社会システムのデザインと実現を検討するために設置された会議である。平均寿命が延びること，また急激で恒常的な技術革新の中で，個人が生産性を確実に高め変化に柔軟に対応していくために，個人は働き方，学び方だけでなく，家族の在り方も変化させる必要があるとされるが，個人だけでなく社会にも就労システム，教育システムを変化させることが確実に求められる（Gratton 2016＝2018）。個人の意欲を受け止め，引き出すシステム作りが必要になるが，2018年に会議は「人づくり革命基本構想」を発表しており，教育改革といえる政策の実施を決定している（人生100年時代構想会議 2018）。

　このように予想される技術革新や社会・経済システムの変化は，私たちの日常生活に当然変化をもたらすものであり，教育もその影響から逃れることはできないし，変化を導く力として教育への期待も高い。具体的にはこれまでの能力観を変化させることが求められている。既に新しいとは言えなくなったが，国際的には，OECDが1997年に提示した「キー・コンピテンシー」，また2009年に，グローバルIT企業が中心となって立ち上げた国際団体ATC21S：Assessment and Teaching of Twenty-First Century Skills Project――**21世紀型スキルの学びと評価プロジェクト**が提唱する「21世紀型スキル」などの形で，新たに求められる能力が示されており，経済，産業の領域が学校教育において育成される能力の変化を求めている様子が確実に読み取れる（Griffin et al. 2012＝2014）。ここで示された力と同様な力は我が国においても，経済産業省の示した「社会人基礎力」に見て取ることができる。また文部科学省が述べる「生きる力」も，社会が知識基盤社会へと変化し，問題解決能力やコミュニケーション能力，また自ら主体的に考える力の重要性を主張するもので，「生きる力」が1996年の中央教育審議会答申に登場したことから考えると，既に20年以上前から，社会変化と新たに重要となる能力についての議論がなされていたと考えることができる。

　教育現場に目を向けると，教育環境の整備の一環として，文部科学省は学校のICT化の推進を進めており，タブレット型パソコンを含めたパソコンの導入が急がれている。また教育内容面では例えば，2020年度から小学校で完全実施される学習指導要領において，小学校でのプログラミング教育が必修とな

ることが大きな話題となった。

　しかし，変化は教育内容に留まらず，教師の役割や働き方も含めた教育制度そのものに及ぶ可能性がある。既に人工知能を活用した新たな教育事業が教育産業の世界では展開されつつある。今後，タブレット型パソコン等が教育方法や教育機会の拡大に大きなインパクトを与え，教育制度全般にも何らかの影響が生じることが予想される。そしてその影響は当然子どもたちのこれからの生活にも大きな影響を与えることになる。

　文部科学省もこうした社会変化について，2020（平成32）年度から実施される学習指導要領（小学校）の方針の中で

> 第4次産業革命ともいわれる，進化した人工知能が様々な判断を行ったり，身近な物の働きがインターネット経由で最適化されたりする時代の到来が，社会や生活を大きく変えていくとの予測がなされている。"人工知能の急速な進化が，人間の職業を奪うのではないか" "今学校で教えていることは時代が変化したら通用しなくなるのではないか" といった不安の声もあり，それを裏付けるような未来予測も多く発表されている。（中央教育審議会 2016：9）

と述べ，「子供たちの65%は将来，今は存在していない職業に就く」とする，ニューヨーク市立大学大学院センター教授デビッドソン（Davidson, C. N.）の予測も示している（中央教育審議会 2016）。注目したいのは，文部科学省は予測が難しい未来像をこの65%という数字で示される未来として捉えたということである。そしてこの未来に対応するための先に示した学習指導要領において，子どもたちの学びの質を向上させるために，「**社会に開かれた教育課程**」，「**カリキュラム・マネジメント**」，「**主体的・対話的で深い学び**」を柱とした。

　しかし，例えば，この学習指導要領の改訂も，計画から実施まで数年かかることなどを考えると，これまでにない変化が急速に進むことが予想される中で，果たして学校はこのような変化のスピードと内容に対応することができるのか，という疑問が生じる。学校教育は社会の土台を支える制度であることはこれまで何度も述べてきたが，それだけにこの制度は巨大であり，さらに平等

性を保つことが求められることから、変化への対応には時間がかかる。しかし、教育が学校教育を中心として行われるようになった近代社会においては、学校教育は未来を作り出すために力を発揮したがゆえに信頼を獲得してきたところがある。今後拡大することが予想される学校の時間と社会の時間の溝に、学校教育制度はどのように対処していくべきなのだろうか。

　もちろん学校は社会からの変化の要請に応えながら運営していくことを前提にしているため、教育内容の刷新が常に求められており、この問題はとりたてて新しい問題であるというわけではない（▶第7章）。

　しかし、学校の意義を保持するための改革が常態化する現状で、本当に求められる改革を先延ばしにしたり、避けてしまったりするという危険性はないのだろうか。先にみたように、学習指導要領では、社会の予想できない変化に対して、どのような変化にも対応できる問題解決能力の育成の必要性を述べているが、変化の具体的な予想はしていないため、育成されるべき能力についての説明は非常に曖昧なものとなっていると言わざるを得ない。また、平等や平均を中心において学校教育の理念を作り出し、その結果他国では見られない学校教育の成果を導き出してきたといってよいわが国であるが、学校は、今後の予想される就労環境の在り方やそこから生じる大きな価値観の変化に応じた教育システムや、新たな価値を内包した学校教育の理念を構築することができるのか。この点についてもまだ明確な像や展望をもちえていないのが現状であろう。

　また、子どもたちが教育を受けて社会に出るまでには時間がかかる。言い換えれば、教育の成果を判断するためには多くの時間を必要とするが、短期間で変化していく社会の中で、私たちはこの時間をどのように捉えるかという問題がある。成果をすぐに求める社会の中で、教育に関わる者は、教育が時間を要することの意義や重要性を訴えていく必要があるが、他方で教育制度は時間を理由として教育の責任を未来に委ねてしまうことができる。現代社会にあっては特殊といってよいこの教育のもつ特徴を、社会を脅かす力とみるのか、あるいは守るべき教育の強みとみるのか、それは私たち個人が未来を予想する賢明さをどれだけ備えているか、また教育結果の判断を未来に委ねるという覚悟があるかどうかにかかっているだろう。制度としての学校は、これまで、制度の中に生きる個人の賢明さと覚悟を担保して信頼を獲得してきたが、果たして今

後の学校教育制度は,「未来予測が困難である」と言わせてしまうスピードで進む技術変化とその結果生じる社会設計の難しさの中で,これまで通り個人の信頼を獲得して生き残っていくことができるのであろうか。「教育が未来を作る」と言った時の未来とはどのような時間軸で捉えられているのか,学校教育制度のこれからを考えるにあたっては,時間というものと正面から向き合う必要があるだろう。

4 学校という力

　これまで述べてきたように,現在の日本において学校教育制度は社会を土台から支えるものとして位置づいている。しかしその制度が制御しきれない領域として,家庭や時間という領域があることが見えてきた。現在,また今後,この制御しきれない領域に対して学校教育制度はどのような形で対応していくのかについてはさらなる考察や分析が必要となるが,ここでもう一度,制度という点から学校のもつ力について考えてみよう。

　制度は,変化する社会に合理的にまた効率的に適応するということを理由に,自分自身を変えることができる。そして制度を変化させ,自らが制度の意義を作り出し強調することによって,制度の存続を可能にする力がある。特に学校教育制度は,現在の社会の在り方を納得させるという正当化機能を有しているが,正当化の対象は,業績主義という社会の基本原則に収まらず,社会を支える学校自身をも対象とすることが可能である。イリッチ（Illich, I.）が指摘するように,学校教育制度は,「学校が大切なものであり,教育は学校でしかできない」というイデオロギー（虚偽意識）を作り出し,それを子どもたちに教え込むことができるのだ（Illich 1971＝1977）。さらに,教育は今行われている教育の結果についての判断を未来に委ねるため,制度が生み出した理由をもとに教育改革を行い続けることもできる。これが学校教育制度のもつ大きな力である。しかしこの力を教育の力として位置づけてしまえば,教育改革も,学校教育自体も,学校教育制度を成立させるためのものになってしまう可能性さえある。このような状況がもし生まれたとすれば,学校は社会から隔絶されたものとなるだろう。

　従ってここで制度を疑う視点を獲得した上で,改めて気づかなければいけな

いことは，制度を作るのは私たちだということである。学校に行くのは当たり前であり，教育を学校抜きには考えられなくなった現在だからこそ，学校に何を期待するべきかという視点と同時に，依存せざるを得ない状況を作り出す制度の大きな力を冷静に見つめる客観的な視点と，当たり前を疑う視点が必要となる。その視点を獲得するものとして「教育社会学的想像力」があることを，今一度思い出してほしい。なぜ教育社会学が当たり前を疑い続けてきたのか。当たり前を疑うことによって新たに見えてきたものに私たちは価値を見出してきたからであり，教育社会学を知った以上は，社会と教育をめぐる当たり前を疑い続けなければいけないのである。

最後にもう一度，学校を少し遠くから見てみよう。現在の当たり前の学校は，学校を制度として見ることから違ったものに見えてきただろうか。制度としての学校は，巨大であるが故に弱さもつことも見えてきただろうか。また，今日行政が打ち出す様々な政策，改革に目を向けるとともに，その政策，改革の（隠された）意図を，目を凝らして見つけてみよう。その結果，制度それ自体が抱える弱さを，私たちはどのようにしたら克服できるのかについて考えてみよう。何か新しいものが見えてきたら，次に，変えていくべきものとしての学校という視点から，実際に学校を変えることを考えてみよう。そして変える力を身に付ける場として大学を考え，それを実践することを現実のものとしていこう。

✅ 教育社会学的想像力を拓くレッスン

ステップⅠ　リフレクティヴな学び

①あなたにとって学校（小学校・中学校・高等学校）とは，どのような場・空間だったろうか。振り返ってみよう。

②最近3か月くらいの新聞記事から，文部科学省が学校教育に関して発信している記事を探してみよう（もしも環境が整っていれば，キーワードを決めて，大学図書館等が提供している新聞記事検索のためのデータベースを活用して探してみよう）。その中で一つ「気になる記事」を決め，なぜその記事が気になったのかについて説明してみよう。

ステップ Ⅱ　コミュニカティヴな学び

①文部科学省のホームページから，探した新聞記事に関連する文書や審議会の答申，調査や報告書などを探し，新聞記事から一歩進んだ情報を集めてみよう。そして，あなたが「気になる」ことがらについてなんらかの回答を見つけてみよう（このような行動は実際に話をするわけではないが，文部科学省との対話が行われていると考えてよい）。

②グループを作ってここまでのプロセスを紹介し合い，文部科学省の教育政策の方向性について話し合ってみよう。

ステップ Ⅲ　イマジナティヴな学び

ステップⅡで得たことをもとに，これからの教育として教育行政が考えていること，重視していることについて考察してみよう。その上で，その方向性に批判的検討を加え，あなた自身がこれからの学校教育に必要だと考えることを明確にしてみよう。また，必要なことを実現するために教育行政に求められることについて考えてみよう。

《用語解説》

ディープ・ラーニング ●ディープ・ラーニング（深層学習）とは，深い層を重ねることで学習精度を上げるように工夫した「ニューラルネットワーク」を用いる機械学習技術のことで，ここ数年の人工知能分野での大きなブレークスルーと考えられている（情報処理推進機構 AI 白書編集委員会　2017）。ディープ・ラーニングは，AI 発展の原動力であり，人の脳をモデルに擬似的ニューロン（神経回路網）のネットワークをコンピュータ上に作り，ニューロン間のつながりを学習で変化させようとするものである。AI と従来のコンピュータとの最大の違いは，ディープ・ラーニングによってこれまで人間が経験を通して身に付けるとされた暗黙知の習得が，ビッグデータを利用することで可能になったことにある（「大機小機　人工知能は人間を超えるか」日本経済新聞 2017 年 5 月 12 日付）。

第 4 次産業革命 ●21 世紀以降始まったデジタル革命の上に成り立つ産業革命であり，インターネット，AI，機械学習等の技術革新を特徴とする。その他，遺伝子配列解析，

ナノテクノロジー,再生可能エネルギー等のテクノロジーが融合し,物理的,デジタル,生物学的各領域で相互作用が生じ,従来の産業革命をはるかに凌駕する範囲,規模で変化が生じている。第4次産業革命のもう一つの特徴はその速度にあり,これまでにない速度で進む技術変化は,社会・経済システムにも大きな影響を与えるが,イノベーションの普及を管理し,混乱を防止するための制度的枠組みの整備が追い付かない現状がある(Schwab 2016＝2016)。具体的には,大量生産・画一的サービス提供から個々にカスタマイズされた生産・サービスの提供,既に存在している資源・資産の効率的な活用,AIやロボットによる,従来人間によって行われていた労働の補助・代替などが可能となる(内閣府 2017a)。

(千葉聡子)

第6章 カリキュラムは何の役に立つのか
——学校知のレリバンス——

I ▶ 学校知の「社会的レリバンス」という課題

　学校教育に対する不満としてよく語られることのひとつとして,「学校で学んでいることが何の役に立つのかわからない」というものがある。「わからない」にとどまらず, 実際に「全く役に立っていない（立たなかった）」ことも指摘される。だからこそ,「学校では教えてくれない」といわれる人間関係構築のスキルや, 日本とは異なる海外の学校教育事情, さらには「最新の」科学的知見や, 逆に「現代の学校教育が忘れてしまった」とされる昔ながらの「生活の知恵」がもてはやされたりする。はたして学校で学ぶことは, 私たちが生活していくうえで必要なことと, 本当に全く関係が無いのだろうか。

　学校で学ぶことが, 実際の社会生活とどのように関連があるのかということを示す概念として, 学校の**「社会的レリバンス」**がある。**レリバンス**（relevance）とは,「有意味性」「関連性」などの意味だが,「学校知にレリバンスがある」というときそれは, ある児童生徒が社会で生きていくうえで, 学校知が「役に立つ」または「意義がある」ことを意味し, 学校をめぐる議論においては, 学校教育の**「職業的レリバンス」**（本田 2009, 本田編 2018）,**「政治的レリバンス」**（小玉 2016）など, 学校で学ぶことの具体的な社会的有用性を問う概念として用いられている。

　2017年3月に告示された, 幼稚園教育要領ならびに小学校から高等学校までの学習指導要領は,**「社会に開かれた教育課程」**を構築していくことを共通の課題として位置づけている。学校教育における学びの基本計画である教育課程と, その学校が存在する社会との関連性は, それが疑わしいからこそ, 改めて強調されることになったのである。

　「学校での学び」と「社会生活」との間の連続性の弱さは, 現代の学校教育の弊害のひとつとされがちであるが, こうした課題の指摘は, 決して新しいも

のではない。1939年に出版された,『サーベル・タイガー・カリキュラム』という小説がある。旧石器時代の学校カリキュラムについての風刺小説で,すでに絶滅したサーベル・タイガーを追い払う方法を,「教育の本質」であり「永遠の真実」として学校のカリキュラムに残し続けたという内容である(Peddiwell 2004)。同小説の作者は,第二次世界大戦後の日本の教育政策に大きな影響をおよぼしたとされる**アメリカ教育使節団**(▶ 第7章)に,連邦教育局国際教育部長として参加した,ハロルド・ベンジャミンである(Peddiwell はベンジャミンの筆名)(The United States Education Mission to Japan 1946=1979;土持 1991;Guthrie ed. 2003)。教育学者として教育政策の立案や制度設計に関わっていたであろうベンジャミンが,他方で,学校カリキュラムのレリバンスを批判的に検討する小説を書いていたという事実は,大変興味深い。

本章では,学校で学ぶべきとされる**知識**,すなわち**学校知** school knowledge と,その総体であるカリキュラムの社会的レリバンスを軸に,学校カリキュラムは社会学的にどのように捉えられるのか,またその課題は何かについて考えてみたい。

II ▶ 学校カリキュラムの類型

1 教育課程の類型

文部科学大臣が告示する学習指導要領を基盤に,各学校が備えている教育内容の体系を,**教育課程**という。これに対し**カリキュラム**とは,教育課程を含め,それを通して学習者が実際に経験する内容や,それにともなう心情も含めた,より広い概念である。学習者は,与えられた教育課程を,必ずしも教育者が意図したように学び取り,また無批判に受け止めているわけではない。学習者自身が,それらを意味づけ,解釈し,自らの学習経験として再構築する。また学習者個々人によって,受け取り方は多様である。さらに,同じ教育課程に沿っていても,「教え方」すなわち「**教育方法**」によって学習経験は大きく異なるだろう。このように,明示的な教育課程だけでなく,学習者の経験全体を指すより広い意味で,カリキュラムという語は用いられている。

本章IIIで詳述するが,知識を,絶対的真実ではなく**社会的構築物** social

construct として捉える**知識社会学** sociology of knowledge の立場によれば，知識とは，その社会で支配的とされる，世界の認識の仕方であり，学校で教えられるカリキュラムとは，その知識が公的な認証を伴って体系化された集積体である。したがって当然，時代や国・地域によって，学校カリキュラムは異なることとなる。

　教育課程の類型は，その編成のされ方から整理すると，大きく三つに分けられる。

　第一に，知識それ自体の体系性を重視した，**系統主義**のカリキュラムがある。例えば，教育課程を構成する「**教科**」は，特定の分野の研究成果が，それを知らない者に教えられることを目的に整理され順序づけられた，一定の知識の体系である。

　第二に，生活や実体験とのかかわりを重視した，**経験主義**のカリキュラムがある。この主義に立つカリキュラムは，保育・幼児教育の場での就学前カリキュラムに代表されるように，望ましい経験の連なりとして描き出される。

　第三に，学習を終えた際に達成されるべき目標に，より準拠したカリキュラムがある。これは，第一・第二の類型とも重なるが，近年とくに重視されてきている。この類型のカリキュラムは，望ましい資質や能力を特定し，そこに向けて達成を重ねるよう設計されるものであり，2017年改訂の幼稚園教育要領・学習指導要領では，こうした特徴が強く示されるようになってきている。

2 隠れたカリキュラム

　カリキュラムに関する議論で，教育社会学がとりわけ関心を寄せてきたのは，時間割やシラバスなどに具体化される明示的な教育課程が示す教育内容に留まらない，「カリキュラムの社会的機能」である。学校教育の社会的機能として，**選抜・配分・正当化**があげられるが（▶第5章），これらはすべて，教育内容としてのカリキュラムを通して実現する。そこで注目されるのが，暗示的に伝達され，参照され，修得されるものとしての，**隠れたカリキュラム** hidden curriculum である。

　隠れたカリキュラムの捉え方として，以下のものがある（柴野 1993b：31-34）。第一に，「イデオロギーとしての隠れたカリキュラム」がある。学校教

育は,「学び」を担う正統な専門機関として,学習すべき「内容」を特定することで,既存の社会体制,文化的価値観,あるいは経済的パターンを正当化し,それらを維持していくよう学習者を方向づける働きをもつ。その際,特定の社会の見方（イデオロギー）が,隠れたカリキュラムとして学習者に対して押しつけられることになる。

　第二に,「解釈ネットワークとしての隠れたカリキュラム」がある。明示的なカリキュラムに示された教育内容は,教師と学習者の間の交渉を通して解釈され意味づけられることで,明示的なカリキュラムが示す知識とは異なるような,場合によっては対立するメッセージとして把握されることがある。その際の隠れたカリキュラムとは,学習の内容だけでなく,教育方法や学習方法を含めた,関係者による意味づけを通して構築される,暗黙の解釈の総体となる。なお解釈ネットワークとして隠れたカリキュラムを把握することは,社会的事実の捉え方における「**規範的パラダイム**」（行為者はその社会での役割期待を内面化しており,したがって社会的行為は規則に支配されている）から,「**解釈的パラダイム**」（行為者による意味づけや関係者間の相互作用を重視する）への移行にも呼応している（Wilson 1971；山村 1985）。

　隠れたカリキュラムの働きへの着目は,知識そのものをどのように把握するかという議論と大きく関わっている。次節では,そもそも知識というものが,どのように考えられてきたのかを確認したい。

III ▶ 知識論の展開──知識の相対化から「社会的事実」としての知へ

　デュルケームがいうように,教育を,「先行世代による方法的社会化」と捉えれば（▶序章）,学校カリキュラムとは,学習者本人が決定したものではなく,社会の先行世代が,新しくメンバーとなる人々（児童生徒）に学んでおいてほしい内容を選択し,一貫した体系のもとに配置したものであるといえる。したがって学校で学ぶ内容は,数ある知識・情報・技術の中から学習者本人が選択・決定したものでない以上,学習を「面白く」感じられないのは当然かもしれない。しかし教育社会学が注目するのは,特定の学校知を「面白く」感じる人とそうでない人とが存在し,さらにはそれが社会集団のあり方と密接にか

かわっているということである。あるカリキュラムが，支配的社会集団の意識やハビトゥス（▶第1章）と親和的なものであれば，支配的社会集団に属さない者にとってカリキュラムは，レリバンス＝有意味性を持たないということになる。

　学校カリキュラムの決定には，社会の多様化・階層化が深くかかわっている。端的にいえば，知識とは，それを持っている者が権力を握り，またそのことを正当化するような知識を普及することが，権力の維持につながる。知識社会学という研究分野は，こうした知識と権力との深いつながりを指摘しており，教育社会学は，この知識社会学と密接に関連している（Young ed. 1971）。

1 支配を正当化するものとしての知識

　マルクスは，生産様式（下部構造）が人間の意識（上部構造）を規定するという社会把握の枠組みを示したが，**アルチュセール**はその枠組みを展開し，意識を規定する際の「**国家のイデオロギー装置**」としての学校の役割を重視した（Althusser 1970＝1993；1995＝2005）。学校は，既存の不平等な階級関係を正当化するイデオロギーを普及させる装置であるというのである（▶第1章）。

　ネオ・マルクス主義に位置づけられるアップル（Apple 1979＝1986）によれば，カリキュラムとは「世界についての常識的見方」であり，特定の社会集団によるイデオロギーを正当化する，意味と価値の体系である。またボウルズとギンティス（Bowles & Gintis 1976＝1987）は，学校の階層性と職場での労働者の立場の階層性との対応関係を指摘する。高等教育では，将来の職場で指導的地位に就くことを見越したリーダーシップが，義務教育では，上司の命令を聞き単純作業に従事する従順さが，それぞれの学校で伝達されているという，「**対応原理**」を示した（▶第1章）。

　これらは，学校教育が，様々な知識の中から，既存の支配体制を正当化する知識を選択し伝達しているという観点から，カリキュラムを捉えたものである。

　またこうした知識と権力との結びつきに注目し，学校や医療，法律を通して，知識が当該社会の支配の形態を正当化する形で構築され伝達されることを指摘し，いわば知識の相対主義（知識は，それを持っている人や集団の立場，あるいはそれが用いられる場面や時代などの社会状況との関連で理解されるべきと

考え，絶対的に正しくあるいは真理であるような知識を想定しない立場）を表明した代表的論者として，**フーコー**（Foucault, M.）がいる。

2 知識の階層性

　学校カリキュラムは，社会に流通する知識や物の見方・考え方から，選択され，再構成され，体系化されたものであり，**階層性** hierarchy をもって編成されている。ここでいう階層性とは，学ぶべき内容はでたらめに羅列されているのではなく，順序性や系統性を確保し，一般論と具体的事例のバランスがとられ，もしくは学習者にとって身近な問題からより広い社会一般の問題へと広がっていくという，いわゆる**スコープアンドシークエンス**（教育内容の範囲と順序）の意味も含まれるが，それだけではない。教育社会学が重視するのは，一定の知識のかたまりの公的形態である「教科」が，学習者をはじめそれと関わる人々によって，一方が重要であり，他方はそれに比べてあまり重要ではないと認識されていること，つまり，学校知に序列があるということそれ自体である。

　読者の皆さんも，「特定の教科は重要だが，他の教科はあまり重要ではない」と思った経験が，これまで一度ならずあるのではないだろうか。受験に必要だからこの科目は大事，内申点に響くから優先すべきという，学校制度内部の視点から理由づけする場合もあれば，これからの時代はグローバル社会だから国語よりも外国語が大事，あるいは，「日本人」なのだから外国語や世界史よりもまずは日本語や日本史を知っておくべきなど，学習内容それ自体に意味づけをする場合もあるだろう。さらには，やはり人間は身体が資本だから，体育が得意な方が「かっこいい」し，体育を頑張った方が「社会を生き抜いていくのに役立つ」，あるいは家庭科は「生活に密着しており，人として生きる基本的なスキルを扱うので，（他の教科に比べて軽視されがちであるが実は）一番大事」など，「常識的」序列をあえて転倒させるような階層性の認識が共有されることもある。このような，「重要なものとそうでないものとがある」というカリキュラム観は，現代に特有のものではない。例えば 19 世紀初頭の近代化の時期にあったイギリスの大学では，古典人文学的教養の優位性の是非をめぐって論争があったという（日英教育学会編 2017：44）。

こうした教科の階層性の認識は，その社会的レリバンスの程度を根拠とするだけでなく，知識そのものの序列化を基盤とする場合もある。古典重視の立場もあれば，他方で最新の科学的知識の礼賛があり，あるいは抽象度の高い一般原理の尊重と，個別具体例の中での実践的知識の称揚など，知識はしばしば，どちらかが他方に対して優位であるという構図で認識されてきた。

　デュルケームは，知識を**集合表象**（集団で共有される社会の認識の仕方）ととらえ，その原初形態として，原始的な宗教生活が描き出していた表象の体系を分析している。知識は，その内容においても形態においても，宗教的信念にその起源をもつという。知識のあり方は宗教のあり方によって変わるが，宗教的信念に共通する特質として，事物を「聖」と「俗」という，相反する二つのジャンルに分類するということがあり，「世界を一つはあらゆる聖なるもの，他はあらゆる俗なるものを含む二領域に区別すること，これが宗教生活の著しい特徴である」と指摘する（Durkheim 1912＝1975：72）。

　バーンスティンはこれを踏まえ，知識の配分・再生産・具現化にかかわる〈**教育**〉**装置** pedagogic device を概念化し，それぞれの時代・社会には，知識を，「考えられないもの unthinkable」と「考えられるもの thinkable」との二つに区別する「配分ルール distributive rules」が存在すると指摘する。それらは例えば，秘伝の深遠な知識と，世俗的な日常の知識との区別などである。今日，「考えられないもの」の統制と管理は高等教育機関で，「考えられるもの」の統制と管理は中等・初等教育機関で担われる傾向にあるという（Bernstein 1996＝2000：77）。

　こうした，知識に対する序列化の認識（評価）について教育社会学が注目するのは，それら知識の階層性と，それらの科目や知識群の担い手である社会集団の階層性との関連である。

　特定の科目や知識群は，「本質的に」「絶対的に」他の教科より優れていたり劣っていたりするわけではない。その点で知識とは，各行為者と各場面によって，それを活用する際の人々の経験に基づいて，それぞれに相対的に価値を持つものと考えられる。しかし学習者は，それらになんらかの階層性を見出す傾向がある。またそうした階層性の認識の仕方は，個人によって異なる部分はもちろんあるものの，例えば，中産階級の人々が古典音楽の知識にレリバンスを

みいだす傾向にあるように（► 第1章），社会の中で「概ね」共通認識として存在している。特定のカテゴリーを，他のカテゴリーと区別し，なんらかの理由で「優れている」，もしくは「重要度が高い」などと判断することを，「**差異化**」「**卓越化**」という（Bourdieu 1979＝1990a；1979＝1990b）。カリキュラムをめぐっては，教育課程のような公的指針における特定の知識・技能の重点化から，学習者個人による認識（判断）まで含め，絶えずこうした差異化・卓越化が繰り返されている。

　なぜ，科目間，知識群間の差異化・卓越化が起こるのだろうか。その背景には，知識生産の担い手がそもそも階層化されているという事実がある。

　学校で伝達されるカリキュラムは，西洋における白人男性の知識を中心に構成される傾向が強いことが指摘されてきた。そのアンチテーゼとして，女性やマイノリティの価値観の重視，あるいは「**オリエンタリズム**」（西洋から見た，東洋はじめ異国の歴史や文化に対する趣味）が位置づけられてきた。その社会で優位に立つ社会集団の価値観を正当化し，その他を軽視する形でカリキュラムが形作られているということは，社会集団自体の階層性を正当化する方向で，知識も階層化されているということである。

　学校知の階層性に着目し，教育社会学と知識社会学との関係の深さを指摘したのが，ヤング（Young, M.F.D.）の編纂による論文集『知識と統制』（1971）である。絶対的な真実であり中立なものとして把握されがちな学校知を，その文脈や担い手との関係の中で構築される相対的なものであることを主張する本著の方向性は，**新しい教育社会学** new sociology of education と呼ばれた。

　そもそも，なぜ社会の格差や不平等はなくならないのだろうか。世襲による財産の排他的相続が認められているという社会制度上の要因も大きいが，それだけではない。ブルデューの**文化的再生産論**（► 第1章）は，単なる財産の相続による世代的再生産があるだけではなく，格差の背景には，大きな文化的要因が介在しており，支配的とされる文化が継承されることが，特定の社会集団の支配を維持し再生産を可能にしていると指摘する。

　ブルデューは，「**卓越化** distinction」という概念を用いて，特定の**知識／認識／趣味／判断**（► 用語解説）が正統なものとして押しつけられ意識化される，「**象徴的暴力**」（► 第1章）の場として学校を描き出した（Bourdieu 1970

＝1991；1979＝1990a；1979＝1990b）。ブルデューは，デュルケームによる，原始宗教が描き出す事物の分類と当時の人間集団の編成のされ方とが対応していたという指摘をふまえ，支配者たちが，人々が世界に対して抱く像（ビジョン）を，自分たちに有利な形で「分割 division」すると指摘した（Bourdieu 1982＝1993）。世界像の分割は，人間集団の分割（階級区分）と対応しているという。学校では，日常的実践から距離がある，支配階級に親和的な文化が重視され，その文化に馴染めない学習者は，低い評価を受けることになる。

　バーンスティン（Bernstein 1996＝2000：47-48）は，教科というカテゴリー間の序列づけだけでなく，教科間の区別＝類別が明確な**収集コード** collection codes・＋Cと，教科間の区別＝類別が曖昧な**統合コード** integrated codes・－Cという，カリキュラムの二つの類型にも注目している（▶序章）。

　なおデュルケームは，中世の大学における三科（文法，論理学，修辞学）と四科（算術，天文学，幾何学，音楽）との区別について，「前者は人間の精神を志向し，後者は事物および世界を志向」しており，「前者は知性を一般的に形成し，知性に正常な形式，正常な態度を与えることを役割とし，後者は知性の内容を豊かにし，知性に素材を与えることを目的としている」（Durkheim 1938＝1981：106-107）という。バーンスティンはこれを踏まえ，三科と四科との区別の背景として，それが当時のキリスト教的世界の確立の前提条件であったと指摘する。そして現代においては，市場への適合性（マーケット・レリバンス）が知のあり様を基礎づけているという（Bernstein 1996＝2000：141-150）。ローダーら（Lauder et al. 2006＝2012：83）は，バーンスティンの指摘を踏まえ，現代の**道具主義的な知識**のあり方（知識が，それが実生活上何の役に立つのかという，経済的合理性の観点からのみ語られること）に警告を発している。

3 知識をとりもどす

　『知識と統制』で教育社会学に新しい地平を開いたヤングは，近年では，自身が初期の著作で示した相対主義的な知識論を修正し，知識と個人の経験とを区別すべきであると主張する（Young 2010；天童・石黒 2012）。ヤングは，社会は個人に外在して個人を拘束するという，デュルケームの系譜をひく**社会実**

在論 social realism に立脚し，知識社会学による知の過度の相対化に警鐘を鳴らし，知識それ自体の重要性に帰るべきであることを主張する（Young 2008）。デュルケムは，社会を，個人という「部分」の集合体としてではなく，個人を超えた一種独特のもの，すなわち「社会それ自体」として捉え，社会は個人に外在して個人を拘束すると見る立場をとったが（▶序章），ヤングはいわば，「知識それ自体主義」ともいえる立場をとり，社会的事実を客観的な外在性をもったものとして把握する，デュルケムの伝統への回帰ともいえる知識論の展開を見せている。

知識の過度の相対主義化を批判する動きは，過去にも見られる。1980 年代にブルームは，自由と平等を掲げ，伝統的教養の解体を経験したアメリカの大学が，学問の空洞化ともいえる危機を経験していることを描き出した。同書は，社会の平等と学問の機会均等，知識の相対主義化が，必ずしも学問の発展に結びつかなかったことを告発している（Bloom 1987＝1988）。

以下の表 1 は，知識に対するアプローチについて整理したものである。ゆるぎない真理として知識を捉えようとした新保守・伝統主義への批判から，知識の社会的レリバンスを問う道具主義の流れと，知識の権力性を告発するポストモダニズムの潮流を経て，今再び，知識それ自体の価値を重視する社会実在論が，ヤングによって展開されている（Young 2008）。かつて知識の相対化を主張したヤングから，こうした問題提起がなされたことは興味深い。

表 1　知識へのアプローチの概念整理

アプローチ	新保守・伝統主義	技術的道具主義	ポストモダニズム	社会実在論
知識の特徴	真理，普遍，権威	有用性	権力	社会的事実
思想的源流	伝統的西洋哲学	プラグマティズム	フーコー	デュルケム

出所：Young(2008; 2010) より筆者ら作成，天童・石黒 (2012) より転載。

4　コンテンツからリテラシーへ

道具主義的な知識観が批判される一方で，知識の実際的な有用性に対する期待も根強い。近年では知識を，単に「何を what」知っているかということ（コンテンツ）ではなく，それを用いてなにができるか (do) という，より実

用的で応用的で,問題解決のための判断をともなうもの(リテラシー)として捉えなおす動向がある。OECDによる**コンピテンシー**論などもその例である。

ただし知識社会学においては,そもそもそうした日常的な処方的知識も,知識の類型のひとつとして議論されてきた。バーガーとルックマンは,日常生活において常識的で自明のものとして他者と共有される知識に注目し,それらを**知識の社会的在庫** social stock of knowledge と呼んだ。そこでは,「処理的な知識,つまりルーティーンの遂行における実用的な能力に限定された知識」が重要な位置を占めているという(Berger & Luckmann 1966=1977:72)。またそうした日常生活に関する各自の知識は,その当人にとってのレリバンスによって構成されている(Berger & Luckmann 1966=1977:77)。

バーンスティン(Bernstein 1996=2000)は,カリキュラムの**パフォーマンスモデル**(内容を基盤とする)と**コンピテンシーモデル**(能力を基盤とする)とを区別している。近年の教育をめぐる世界的な傾向は,前者から後者への転換とされており,日本の教育改革におけるカリキュラム再編でもまた例外ではない。**知識基盤社会**といわれる現代において,グローバルな知の捉え方の変化が,各国のカリキュラムにも影響を与えている。

IV ▶ 社会変動とカリキュラム

1 知識か生活経験か

日本における公的な教育課程である学習指導要領も,知識の体系の修得か,生活経験の重視かの間で,振り子のように揺れながら改訂を重ねてきた。第二次世界大戦後には,デューイの影響を受けた経験主義的カリキュラムが,教育の民主化の潮流を実現する方策として導入されたが,これに対しては,矢川(1950)が「はい回る経験主義」と揶揄したことに代表されるように,批判が集まった。さらに,いわゆる1957年の「スプートニク・ショック」(旧ソビエト連邦がアメリカに先んじて世界初の人工衛星スプートニクの打ち上げに成功したこと)を背景とした「教育の現代化運動」(数学や科学技術教育の重点化運動)に促され,教育内容の見直しが図られ,1950年代後半から1960年代には,アメリカに続き日本も理数教育の重視へと方向転換した(▶第7章)。

また，学習指導要領の 3 割減などを特徴として改訂された 1998 年の学習指導要領に象徴される「ゆとり教育」は，大学生の学力低下問題や小 1 プロブレムなどの学校問題への注目や，国際学力テストでの日本のランキングを背景に，大きな批判を浴びることとなった。苅谷（2001）は，内容を精選しアクセスの平等を意図した，「ゆとり教育」の導入を中心とするカリキュラム改革は，**意欲格差**をもたらし，結局は階層格差を拡大させたと指摘する。

　近年推進されている**アクティブ・ラーニング**は，学習者の主体的で対話的で深い学びを柱とする教育方法とされているが，それが，意欲や資質の点で異なる様々な学習者に，どのように異なる効果をもたらすのか，検証の必要がある。

2 カリキュラム・マネジメント

　さらに近年強調されているのが，カリキュラムの計画的立案と実施，またその評価と改善（**PDCA サイクル**）を指す，カリキュラム・マネジメントである。2017 年 3 月に告示された，幼稚園から高等学校までの教育要領・学習指導要領では，望ましい「資質」や「能力」を特定したうえで，これを育成するための計画と方法，結果の評価を含めた包括的なカリキュラムが描き出されている。その背景には，PISA 型学力や OECD によるコンピテンシー論の展開，アクティブ・ラーニングの推進などといった，グローバルな知の再編成がある。そこで求められているのは，より構造化されたカリキュラムの編成とその組織的なマネジメントであり，学校教育におけるカリキュラムの存在意義は益々強調される傾向にある。なお，Plan-Do-Check-Act という，そもそも商品の開発および品質の維持向上のために発案され，ビジネスにおける業務プロセスの管理のために用いられてきた手法が，教育におけるカリキュラム運営の手法として導入されることに，教育の市場主義化の傾向を見てとることもできる。

　こうした，目標に準拠した達成志向のカリキュラム編成は，そもそも学校教育で学ばれるべき内容とはどのようなものであり，それをどのように評価すべきかという，基本的な問いに私たちを立ち返らせる。

　一般的に，進級や卒業の要件としては，**履修主義（年齢主義）**と**修得主義（課程主義）**とがある。前者は，教育目標の類型としての**方向目標**と，後者は**到達目標**と親和性が高い。目標とそれに基づいた評価を重視するカリキュラム

改革は，学校教育が，後者への志向性を強めていると把握できる。

3 学校段階とカリキュラム

　学校カリキュラムの社会的レリバンスは，学校段階によっても異なる。それは，公教育や義務教育をどのように捉えるのかということともかかわる。例えば，いわゆる**私教育**（家庭教育や私塾など）であれば，学習者個人や教育を担うものの希望や信念に基づいた学習内容が尊重されようが，公的財政支援を伴った**公教育**であれば，社会の成員たるにふさわしい資質・能力を育成するという観点が重要となり，個人の学習意欲は二の次となるかもしれない。

　近年重視される，**保幼小の接続**は，まさにカリキュラムを柱に，保育所および幼稚園と，小学校での学習内容の連続性を確保しようとする試みであり，小学校入学に向けて準備を行う**アプローチ・カリキュラム**，小学校入学後の**スタート・カリキュラム**などの開発が進んでいる。そこで問われるのは，方向目標から到達目標へ，経験から知識へという，まさにカリキュラムの類型間の移行の問題である。

　さらに，高等教育段階においては，トロウ（Trow 1976）が指摘するように，限られたエリートのみが通学していた大学と，現在の日本のように，大学進学率が50％を超え，ユニバーサル段階に達した社会における大学とでは，学習者からも社会からも，求められる学習内容は異なるだろう（▶第10章）。

　とりわけ現代では，大学を含む学校教育の「失敗」を強調し，より経済的で功利主義的な改革を主張する「教育の福音」ともいえるレトリックが，学校を職業への準備機関とみなす**職業教育主義**へと帰結している（Grubb & Lazerson 2006＝2012：130）。こうした立場に対しては，以下のことばを引用したい。ミル（Mill, J.S.）は，1867年のセント・アンドルーズ大学名誉学長就任講演において，「大学は職業教育の場ではありません。大学は，生計を得るためのある特定の手段に人々を適応させるのに必要な知識を教えることを目的とはしていないのです」（Mill 1867＝2011：12）と，一般教養教育の重要性を指摘している。こうした大学教育観は，ユニバーサル段階を迎え，職業に向けた専門的な知識技術のみならず，「社会人基礎力」（経済産業省），「学士力」（文部科学省）などと形容される，いわゆる汎用的能力の育成も含め，卒業後の職業生

活に役立つべきこと（職業的レリバンス）が前提とされる現在の日本の大学教育の在り方や方向性について，問題提起をするものであるといえよう（▶ 第10章）。

4 多様性を覆い隠す学校カリキュラムに対する批判的検討

隠れたカリキュラム研究は，画一的になりがちで多様性を排除する傾向のある学校教育に対して，多くの問題提起をしてきており，例えばジェンダーの分野で多くの蓄積がある。それらは，家庭科等の男女別の教科のあり方や，名簿における男子優先，グループ活動における役割分担，制服などの性による区別的取り扱い，教員の働きかけの違いなどを明らかにし，それらを貫く男女の二分法や異性愛主義を指摘するなど，ジェンダー平等化を促進するエビデンスを提供してきた（▶ 第12章）。

文化的民族的多様性の保障を積極的に掲げた，全米乳幼児教育協会による『アンチ・バイアス・カリキュラム』（Sparks 1989＝1994）は，多様性尊重の視点からの保育環境への配慮や差別行動への介入を説いた，隠れたカリキュラムの積極的な見直しとその再構築の事例である。

近年では，少子化対策や子育て支援の学校教育への浸透により，学校で「家族の大切さ」を説く教育内容が選択される傾向もある。しかし，例えば「2分の1成人式」といった学校行事における家族イデオロギーの問い直しなど，学校が伝える暗黙のメッセージである「標準的家族観」がどのように構築され，どのような影響をもつのかについての検証が進んでいる（内田 2015）。

5 「標準化」の功罪

「学校知は役に立つのか」という問いは，Ⅲで確認したように，社会学的にさらに異なる視点から検討することができる。すなわち学校知は，特定の一部の人には役に立つかもしれないが，それに対するレリバンスを持たない人には役に立たないかもしれないという視点，つまり，学校知の有用性の階層性，あるいは偏在性への着目である。その視点はとりわけ，義務教育段階の公教育について考える上で重要である。公教育としての学校カリキュラムは，特定の人々だけに閉鎖的に伝達されることがないよう，アクセスの開放性を確保する

ことをねらいとして制度改革がなされ，内容的にも，中立性や多様性の尊重を旨に改訂されてきた。それは，カリキュラムの**標準化** standardization という動向として把握できる。

その例として，**家庭科の男女共修化**がある。平成元年の学習指導要領改訂により，1993 年から中学校，1994 年から高等学校で，家庭科の男女共修が実施された。その背景には，1985 年の女子差別撤廃条約の批准があった。同条約では，カリキュラムにおける男女別規定が禁止されている。学習内容を性別というカテゴリーで限定することは，性別による不平等につながる（▶ 第 12 章）。このようにカリキュラムの類別や内容は，国際的動向の影響も受けつつ決定される。

他方で，各学校や地域を超えて共通のカリキュラムを設定することは，知識へのアクセスの開放性を保障するためには重要であるが，各学校や教員個人による自由裁量の確保という点で，課題もある。例えばイギリスにおいては，1988 年のサッチャー保守党政権における教育改革法の成立まで，国家のスタンダードとしての共通のカリキュラムは設定されていなかった。イギリスで初めて全国共通のナショナル・カリキュラムが導入されたことに対しては，その市場主義的な教育改革の手法が批判されている（Apple et al. 1994）。

グローバリゼーションの進行にともない，各国の教育制度やカリキュラムは**同型化**しており，国民社会からグローバル社会へと，その志向性はシフトしている（Meyer 1999＝2000）。PISA などの国際調査の進行は，国家間でのカリキュラムの標準化を促している。カリキュラムは，地域，国家，国際情勢を含む，周囲からの影響の中で構築されている。

他方で現代は，標準化自体が問い直され，多様性こそが尊重されるべきと考えられる時代でもある。中央政府によって全てを規定されるのではない，**分権化**や**ローカライゼーション**（地域重視）の視点も重要である。

本章では，社会的レリバンスを軸に，カリキュラムおよび学校知について検討した。最後にひとつ，さらなる問題提起をするならば，カリキュラムにとって外在的ではない，**学問それ自体のレリバンス**，あるいは**学問の相対的自律性**の確保という課題がある（東京大学教育学部カリキュラム・イノベーション研究会編 2015：4）。学校で学ぶ知識の有用性は，職業その他の実生活とのレリ

バンスだけで判断されるべきなのだろうか。各学問分野の研究成果として結実した、私たちが長年に渡って積み重ねてきた思考の体系に触れることは、それ自体が、他者の考えや問題関心を知り、それらを尊重し、また自分が生きている現在の社会がどのように形成されてきたのかを考え理解するための、有意義な機会ともなりえるはずである。

> ✅ 教育社会学的想像力を拓くレッスン
>
> ステップⅠ　リフレクティヴな学び
> 　今まで学んできた教科やテーマの中で、特定のものを「面白い」または「好き」と感じたり、あるいは「重要だ」と感じたりしたことはないだろうか。なぜそのように感じたのだろうか。自身の体験を振り返ってみよう。
>
> ステップⅡ　コミュニカティヴな学び
> 　義務教育段階では、履修主義と修得主義のどちらが望ましいだろうか。また、教育における方向目標と到達目標それぞれの、長所と短所はなんだろうか。意見を出し合って、議論してみよう。
>
> ステップⅢ　イマジナティヴな学び
> 　学校で学ぶことの意義は、職業その他の実生活とのレリバンスだけで判断されるべきだろうか。学ぶことそれ自体、あるいは、知識それ自体に価値はないのだろうか。歴史的文脈や社会構造の変化とも関連づけながら、社会における知識の意味について考えてみよう。

《用語解説》

知識／認識／趣味／判断 ●学校で教えられる**知識**は、「正しく中立な社会の**認識**の仕方」とされる。だからこそ知識社会学的見地からの、知識とは相対的なものであり階層性を帯びているという指摘は非常に刺激的であった。では、学校知のような「正しさ」や「中立性」とは無関係と思われる、「**趣味**」はどうだろうか。学校外における音楽やスポーツ、ファッションなどについて、その認識の仕方は人それぞれであり、それを「好き」か「嫌い」かは、個人の「自由な」**判断**の結果と捉えられがちである。

しかしブルデューは，そうした趣味的判断も高度に階層性を帯びており，他の社会集団との区別（差異化）を意図して行われていると指摘する（Bourdieu 1979＝1990a；1979＝1990b）。社会階層と趣味（文化的活動）とのつながり方については，事例研究が多数蓄積されている。

（石黒万里子）

第 7 章　教育改革と学力問題

I ▶ はじめに

　この本を読んでいる皆さんはこれまで入学試験をはじめ数多くの試験を受けて「学力」を測られてきたはずである。また，「学力」をつけるために多くの時間を費やして学習してきただろうし，学校だけでなく学習塾や予備校に通った人もいるかもしれない。こうした体験を通して肌感覚で「学力」とはこういうものだとわかってはいるはずである。しかし，いざ「学力とは何か？」と聞かれると明確な答えが思い浮かばないかもしれない。大学の講義で「学力って何だろう？」と質問をすると次のようなコメントが返ってくる。

「試験の点数だと思います」
「入試の偏差値が学力だと思う。偏差値が高ければ学力が高いということ」
「単に勉強ができるだけの受験学力と地頭の良さは別じゃない？」
「試験の点数や入試の偏差値だけじゃなくて，社会で生きていくのに必要な学力が本当の学力なんじゃないかな？受験学力や学校の勉強なんて社会に出たら役に立たないでしょ」

　「学力」とは何だろう。私たちはなぜ「学力」を身につけようとしたのだろうか。私たちを「学力」獲得へと駆り立てた背景，すなわち「学力」が求められる歴史的・社会的背景とは何だろうか。かつて，「ゆとり教育」や「脱ゆとり」などと言われたが，「学力」の現状はどうなっているのだろう。そして，今後の社会ではどのような「学力」や能力が求められるようになると考えられているのだろうか。そのためにどのような教育改革が進んでいるのだろう。その問題点や課題は何だろう。教育社会学の理論や実証研究等を参考にして，これらの疑問について考えていこう。

II ▶ 教育改革と学力問題の歴史

1 近代公教育制度の成立と業績主義

　現在の社会では,「学力を身につけること」や「学力が高いこと」は, とても価値があることとみなされているようだ。実際,「学力を身につけることを重視するか」「学力が高いことは高い価値があると思うか」と講義で尋ねてみると,「そんなの当たり前でしょう」という反応や, 反対に,「『学力』だけがすべてではない, 人柄や体力も大事だ」といった意見が返ってくる。後者の意見は「学力」だけがすべてではないといいつつも,「学力」に価値があることが大前提になっている。それほど私たちの社会では「学力」が重視され,「学力」向上のための学習や教育が充満し, 学習塾などの教育産業が興隆してさえいる。

　では, こうした社会の状況は, 時間・空間を超えて「当たり前」のことなのだろうか。実は日本が,「学力」が重視される社会へと変貌を遂げ始めたのは約150年前, 近代以降のことである。さらに大多数の人々が「学力」を重視し, 学歴を求める競争に巻き込まれるようになったのは, たかだか数十年前の高度経済成長期以降のことなのだ（▶第3章・第10章）。前近代の社会では, 現在ほど学力は重視されていなかった。前近代の社会, 例えば, 日本の江戸時代の社会では, 個人の学力や能力よりも武士や百姓といった「身分」の方が重要だったからだ。当時は身分によって通える学校が異なっており, 各藩の武士の子は**藩校**で, 町人や百姓の子は**寺子屋・手習塾**で学んだ[1]。また, 学力が高いからといって, 町人や百姓の子が藩主や将軍になれるということはなかった。つまり, 当時は, 子どもの将来が身分・家柄・血統などの「生まれ」によって決定付けられる**属性主義**の社会だったのである。だから, どれだけ子どもの学力が高くても, 基本的には, 武士の家に生まれれば将来も武士, 百姓の家に生まれれば将来も百姓のままであった。

　明治期以降, 日本は次第に, 身分・家柄・血統という属性よりも, 個人の能力・努力や業績が重視される**業績主義**の社会になっていった（▶第5章）。近代公教育制度が導入され, 職業を自由に選択できるようになると, 子どもた

ちは生まれながらの身分や家柄などの属性ではなく，能力や業績によって選抜され，地位や所得の異なる様々な職業に配分されるようになった。この意味でも，近代公教育制度の成立は人びとの人生や教育・社会のあり方に大きなインパクトを与える教育改革であったといえるだろう[2]。

その選抜の際に基準となったのは，主として学力であり，その学力を測るために用いられるようになったのが試験である。日本の場合，1872年の**学制**により近代公教育制度が成立するが，有名な学制の「序文」には，以下のような記述がある（▶第5章）。

> 人々自ら其身を立て其産を治め其業を昌にして以て其生を遂るゆゑんのものは他なし身を脩め知を開き才芸を長ずるによるなり而て其身を脩め知を開き才芸を長ずるは学にあらざれば能はず（中略）学問は身を立るの財本ともいふべきものにして人たるもの誰か学ばずして可ならんや（文部省 1972b：11）

学問は「立身」，つまり，生計を成り立たせたり，出世したりするための「財本」（ざいほん・もとで）であるという考え方が示され，全ての国民が学ぶべきであると述べられている（国民皆学）。また，当時の著名な思想家である福沢諭吉は『学問のすゝめ』で，学ぶことの意義について以下のように述べた。

> 天は人の上に人を造らず人の下に人を造らずと言えり。（中略）されども今広くこの人間世界を見渡すに，かしこき人あり，おろかなる人あり，貧しきもあり，富めるもあり，貴人もあり，下人もありて，その有様雲と泥との相違あるに似たるは何ぞや。その次第甚だ明らかなり。（中略）賢人と愚人との別は，学ぶと学ばざるとに由って出来るものなり。（中略）人は生まれながらにして貴賤貧富の別なし。ただ学問を勤めて物事をよく知る者は貴人となり富人となり，無学なる者は貧人となり下人となるなり。
> （福沢［1880］1978：11-12）

人間に生まれながらの差はないが，社会に格差があるのは，その人が学力を身につけたかどうかによって差が生じるためだという。

　近代社会では，子どもたちは生まれながらの「属性」ではなく，学力や能力に示される「業績」によって選抜され，社会的地位や所得の異なる様々な職業に配分されるようになる。そして，成人の人生における社会的地位や所得の不平等は，公正で平等な競争における業績の違いに基づくのだと考えられる。こうした考え方は，**教育の合意論的アプローチ**（Lauder et al. 2006＝2012：11-14），あるいは，**機能主義理論**と呼ばれる。こうした合意論的アプローチとは対照的な考え方に，**葛藤論的アプローチ**（Lauder et al. 2006＝2012：14-19）がある（▶第1章）。合意論者・機能主義者が教育システムの機能は個人に移動の機会を提供する（能力による公正な選抜と配分）とみるのに対して，葛藤論者は教育の役割は構造化された社会的不平等のシステムを維持することにあるとみる（Karabel & Halsey 1977＝1980：44）。

　学校教育の役割に関しては相反する見方があるものの，前近代社会と比較すると，近代社会では学力が重視されるようになり，学力を測定・評価するための試験が威信を持つようになる。そして，学力や学歴が地位や所得の異なる職業への配分と結びつくようになる。明治時代，国家の高級官僚はきわめて高い社会的地位と所得を得ていたが，その高級官僚の採用・昇進が縁故（コネクション）によるものから学歴によるものへとシフトしていった。その後，こうした学歴を重視した採用・昇進・人事評価システムが財閥系の大企業へと広がっていった。明治30年代後半以降，大企業が帝国大学や高等商業学校等を卒業した「学校出」を定期的に採用する慣行が生まれたが，これが現在まで続く新規学卒一括採用方式の起源である（天野 1992：256-268）。大正時代半ばになると帝国大学の学生の就職は官吏よりも会社員・銀行員の方が多くなるが，財閥系の企業では学歴による初任給の違いがみられるなど，学歴による大きな格差が存在した（竹内 1999：70-71）。

　さらに，医師などの職業資格と学歴がリンクするようになる。江戸時代には，全国一律の医師免許制度が存在しておらず（海原 2014：7），もちろん，現在のような医師国家試験もなかった[3]。したがって，制度上は医師になることを希望すれば，誰でも医師になるチャンスがあった。しかし，明治以降，教育制

度や職業資格制度が整備されるにつれて,医師になるための試験(医術開業試験)に合格するか,医学を専門とする学校や大学を卒業しなければ,医師になることができなくなっていった[4]。このように,明治期以降の近代社会では学歴と職業がリンクするようになり,人々はより高い学歴を求めるようになっていく。教育制度の改革としては,1886年に小学校令,中学校令,帝国大学令,師範学校令が公布され,帝国大学を頂点とする学校間の序列が形成される制度的背景となった(▶第10章)。先にみたように,1872年の学制序文において,学問は「立身」のため「財本」であることが示されたが,制度的にも学問が「立身出世」のための手段として機能するシステムがつくられていった。こうした社会的状況の下で,明治後期になると旧制中学校や旧制高等学校[5]への受験競争が激しくなり,受験生は入学試験のための勉強と競争に巻き込まれていった(斉藤2011:224-245)。試験(特に入学試験)が学校教育を規定する状況が立ち現れてきたのである。

　近代以降の日本の学校教育の大きな特徴は,試験による選抜・競争に加えて,画一的・形式的な教授方法による教育内容の注入教授と児童生徒の生活を厳しく律する管理規律であった。例えば,生徒行進並教室出入法・来客への敬礼法・児童姓名呼び方規定,さらには机への座り方にいたるまで細かく規則で定めるなど,子どもたちは「国民」となるための知識の記憶・暗記を強いられ,規律によって厳しく管理されていた(四方1987:106-110)。このような教師中心の画一的・形式的・注入主義的な教育に対して,当時からすでに批判があり,大正時代には一部の私立学校や師範学校附属小学校などで経験主義的・児童中心主義的な教育の試みもなされた(いわゆる「大正自由教育」)。現代日本の教育界で称揚される「アクティブ・ラーニング」に相当するような教育は,すでに戦前期に実践されていたのである(小針2018)。また,戦前の場合,上級学校への受験競争に巻き込まれたのは,主として一部の経済的・文化的に高い階層の人々であった。戦後,高度経済成長期以降の学校教育の爆発的な量的拡大とともに,多くの子どもたちが受験競争に巻き込まれていくことになるのである。

2 戦後の教育改革と学力問題

　実際の歴史はこれほど単純ではないが，図式化してみるならば，戦後のカリキュラム[6]は振り子が左右に振れるように，「**経験主義**」と「**系統主義**」の間を揺れ動いてきたとみることができる（▶ 第 6 章）。

図 1　カリキュラム改革の振り子

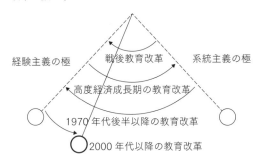

出所：志水（2005:30）をもとに，筆者が加筆・修正。

　「経験主義」の教育とは，「子どもたちの学習のあり方は，固定した文化体系を受け身で吸収するのではなく，みずからの生活経験と現実的興味に基づき，自発的に活動することを通して行われるべき」（日本教育社会学会編 1986：251-252）とする考え方に基づく教育である。こうした経験主義の教育に対して，伝統的な知識重視の教育観は教科内容の体系性・系統性を重視するという意味で「系統主義」と呼ばれる。系統学習は「各教科の科学的系統性を重視し，児童生徒に主として演繹論的な順序で教材を提示していく学習指導法」（日本教育社会学会編 1986：255）である。教える側の主体性を軸として，学習者に比較的短い時間で多くの情報を提示する教育だといえよう。教育を経験主義に拠って展開するか，系統主義に拠って展開するかということは，つねに議論がせめぎ合っている。もっとも，両者は必ずしも厳密に区別されるわけではなく，現実の教育は一般的にはその折衷として営まれることも少なくない（佐藤・岡本 2014：61-62）。

　さて，敗戦後，米国を中心とする連合国軍総司令官総司令部（GHQ）によ

る間接統治の下で，ドラスティックな教育改革が行われた。日本の教育制度の調査を行った米国教育使節団の報告書には，以下のような指摘がある。

> 日本の教育制度は，その組織についても，カリキュラム規定についても，たとえ超国家主義や軍国主義がそこに組み入れられていなかったとしても，近代の教育理論に基づいて当然改革されなければならなかったであろう。（中略）このことは，特に両親，生徒，および教師の心を支配してきた試験第一主義という目的を改めることを意味している。試験の準備に支配されている教育制度は，形式的で紋切型になってしまうものである。それは，教師と生徒の側の大勢順応主義を作り出す。それは，研究と批判的判断の自由を窒息させ，全体としての社会よりもむしろ狭い官僚社会の利益に迎合するお上の操縦に容易に身をまかせる。（中略）学ぶ者が教育の過程において活発な参加者となるのでなければ，すなわち，学ぶ者が理解して学び取るのでなければ，教育は，試験が終わるや否や忘れ去られてしまう諸項目をただ集積するだけのものになってしまうのである。(The United States Education Mission to Japan 1946＝1979：27-34)

この報告書において，日本の教育制度は超国家主義や軍国主義がなかったとしても改められなければならなかったと指摘され，戦前の日本の教育は，画一的で形式的であったという批判がなされた。そして，戦後教育改革では，自分の頭で批判的に考えることや経験の中で自発的に学ぶこと，問題解決学習が重視され，経験主義の教育が実施された。1947年の学習指導要領（試案）の小学校のカリキュラムでは，戦前の修身・公民・地理・歴史が廃止され，社会科，家庭科，自由研究の3科が新設された。とくに社会科については，従来の修身・公民・地理・歴史を，ただ一括して社会科としたのではない。新しい時代の「社会生活についての良識と性格とを養うことがきわめて重要」であるとして，新たに設置されたのである（水原2009：48-49）。

ところが，児童・生徒の保護者や研究者などから，「読み書き計算の基礎がおろそかになっている」（国分［1949］2010），「舞鶴の場所もわからない」（青木［1949］2010：31）などというように，子どもの基礎学力が低下している

という批判があらわれた。さらには，「甘い新教育」，「はい回る経験主義」などといった批判がなされ，学力低下が問題化するとともに，様々な立場から学力論が展開されることになった。

1950年代後半になると，戦後日本が経済成長政策を推進し，科学技術を担う人材育成を目指す中，カリキュラムは経験主義から系統主義へと転換していった。この背景には，政策の転換だけでなく，「新教育」に対する批判や学力低下の問題化もあった。1958年の学習指導要領では系統性と基礎学力の育成が重視され，1968年の学習指導要領では，**教育の現代化・科学化**が推進され，カリキュラムの振り子は系統主義の極へと振れていった。高度経済成長政策と連動した1968年の学習指導要領では，理数系科目が重視されたが，その動向はこの時期の教育政策のあり方を最も象徴していた。小学校の算数には，集合・関数・確率などの新しい概念が導入され，中学数学との系統的発展性を重視して水準向上策がとられた（水原2009：63）。

また，文部省は1956年度から1966年度まで全国学力調査を実施し，特に1961年度から1964年度は中学2・3年について悉皆調査を行った。こうした学力調査に対して，日本教職員組合（日教組）は，中学校を予備校化するとして，「学テ反対闘争」を宣言して批判した。マス・メディアからも学力テストに対する批判の声があがるとともに，教育学などの研究者らから様々な学力モデルが提起された（水原2009：61）。

戦後復興期から高度経済成長期は学校教育の爆発的な量的拡大の時期でもあった。1950年に42.5％であった高校進学率は1974年には90％を越え，大多数の子どもたちにとって高校への進学は「当然のこと」になった（► 第10章）。大学・短大進学率も1955年には10.1％であったが，1975年には37.8％に達し，大幅に上昇した[7]。こうして，ほとんどの子どもたちが受験競争に巻き込まれることになった。戦前期には主として一部の経済的・文化的に高い階層の人々だけに関係があった受験競争が「大衆化」したのである。

また，高度経済成長期は，学校教育の量的拡大が進むとともに，学校と職場の「間断のない移行」システムが完成した時期でもある（菅山2011）。産業構造が大きく変動し，第一次産業従事者である自営業者（主に農業従事者）が大幅に減少し，第二次・第三次産業に従事する被雇用者が増大した。これは農山

漁村から都市部への人口移動を伴うものでもあった（見田 2006）。高度経済成長によって若年労働力に対する需要が高まる中で，大企業を中心に，**ホワイトカラー層**だけでなく**ブルーカラー層**（▶ 用語解説）まで，「新規学卒採用」・「終身雇用」・「年功賃金」という日本的雇用慣行が広がり，採用と昇進に学歴がリンクする仕組みが拡大していった（菅山 2011）。こうした社会変動は，家庭の教育戦略にも影響を与えたと考えられる（▶ 第 3 章）。いわゆる「良い学校」に進学し，いわゆる「良い企業」に入社することが多くの人々にとって理想的なライフコースとなった。「良い学校」とは入学難易度が高く，大企業に就職しやすい学校であり，「良い企業」とは所得が高く企業内福祉が充実している安定した大企業である。このような社会の仕組みができあがる中で，より多くの子どもたちが受験競争に巻き込まれる，「大衆教育社会」（苅谷 1995）が出現したのである。

　物質的な豊かさを渇望した高度経済成長期・「夢の時代」（見田 2006）が終わり，多くの人たちにとって「夢」であった物質的な豊かさが現実のものになると，精神的な豊かさがより重要視されるようになった。学校教育においても，受験競争の弊害や「落ちこぼれ」が社会問題化していた。こうした問題に対応するため，1977 年の学習指導要領では「ゆとり」と「人間化」が強調され，カリキュラムの振り子は人間性重視の方向，経験主義の極へと転換していった。いわゆる「ゆとり教育」というと，1998 年の学習指導要領が思い浮かぶかもしれないが，実は「ゆとり」路線は 1977 年の学習指導要領において既に示されていたのである（佐藤・岡本 2014）。

　戦後から高度経済成長期にかけて，「教育問題」は「学校の外での問題」（勤労青少年の非行問題など）であったが，学校教育の爆発的な量的拡大を経た1970 年代以降，教育問題は「学校の中での反乱」や「学校教育の拒否」という形で現れるようになった（藤田 1991：5）。1970 年代から 1980 年代中頃まで，「校内暴力」が大きな問題となり，1980 年代中頃以降は，「校内暴力」はやや沈静化したものの，「いじめ」や「登校拒否」が問題化した。その後も「いじめ」は断続的に問題化し，1990 年代になると「不登校」が増加した。そして，学校教育の問題が語られるとき，しばしば受験競争の弊害にその原因が求められた。

1984年から1987年まで設置された臨時教育審議会（臨教審）においても，「詰め込み教育」が子どもたちのさまざまな「荒れ」をもたらしているとして（山内・原 2006：15），学校教育における個性重視や生涯学習化が提言された。1989年の学習指導要領では，「ゆとり」路線を継承しつつ，「新学力観」といわれる学力観が登場し，「個性化」が進められた。小学校のカリキュラムでは合科的な指導や体験的な活動を重視した教育が目指された。「新学力観」は，基礎学力の習得を前提としつつも，自ら学ぶ意欲，思考力，判断力，表現力などを重視し，生涯にわたる学びの基礎となる自己教育力を中核としており，2003年にOECD-DeSeCoが提言した**キー・コンピテンシー key competency**（▶用語解説）の方向性と一致している（▶第6章）。キー・コンピテンシーほど概念化されていないものの，その方向性を先取りする学力観であったといえるだろう（佐藤・岡本 2014：104-106）。

　1977年の学習指導要領において「ゆとり」路線が標榜され，カリキュラムは系統主義から経験主義へと転換していった。そして，カリキュラムの振り子が経験主義の極に最もふれたのが1998年の学習指導要領である。1998年の学習指導要領では，子どもたちが「生きる力」を身につけることを目標とし，各教科の授業時数が大幅に削減され，「総合的な学習の時間」が導入された。この1998年の学習指導要領が，いわゆる**ゆとり教育**と呼ばれたカリキュラムである。

3 「ゆとり教育」と学力論争

　1998年の学習指導要領では，知識に関しては必要最低限の内容をすべての児童生徒が確実に身につけることを目指し，各教科の授業時数が減らされた。各教科の知識を統合して問題を発見し，児童生徒間で議論して解決策を考え，それらを表現する力を伸ばすために，新たに「総合的な学習の時間」が設けられた。また，小学校低学年では「生活科」を中核とした合科的な指導の一層の充実が求められた。こうした理念を掲げた，いわゆる「ゆとり教育」であったが，このカリキュラムの実施をめぐって学力論争が起こり，マス・メディアでも大きく報道されることになった。「ゆとり教育」を推進する文部省（当時）は，国際的な学力調査の結果をもとに，日本の小・中学生の学力は「おおむね

良好」(文部省『わが国の文教政策』平成12年度)であるとしたが，2003年に学習指導要領の一部を改訂し，総合的な学習の一層の充実と個に応じた指導のさらなる充実を求めた。

　1998年の学習指導要領において，育成すべき目標として掲げられた理念は「生きる力」であった。2003年の一部改訂を経て，「生きる力」は「①確かな学力，②豊かな人間性，③健康・体力」によって構成され，「確かな学力」は知識・技能，判断力，表現力，問題発見力，問題解決能力，学び方，思考力，学ぶ意欲の諸能力から構成されるものとされた(文部省初等中等教育局2004)。

　ここまで「学力」とは何かということを脇に置いて論じてきたが，「学力」とは何かをめぐって様々な論争がなされてきた。ローダーらが述べるように，「何が学力を構成するのか」ということが，学力論争の核をなしている。

> 何が学力を構成するのかというかなり論争的な問題がある。たとえば，生徒たちが30年前ほど字を正しく書けなくなったとして，そのかわりにコンピュータのスキルを新たに身につけるようになり，対人関係のコミュニケーションが昔より上手になったとしたら，学力は上がったことになるのか，それとも下がったことになるのだろうか？教育関係者にとっての問題は，『学力』が文脈依存的である，ということである。ある時代に重要だと考えられているものは，別の時代には重要ではないかもしれないのだ。(Lauder et al. 2006＝2012：79)

　つまり，「学力」は文脈依存的に定義されるのであり，「学力」がどのように定義されるのかは，時代や場所によって異なる。言い換えれば，「どのような教育目標・望ましい人間像を描くか，それによって身につけるべき学力は根本的に異なる」(山内・原2006：6)のである。そのため，「学力」それ自体をめぐる論争が繰り返されることになるとも言えよう。「学力」をどう定義し，それをどう評価するのか，それ自体が論争的なテーマとなるのだ。

　教育学における「学力」とは何かをめぐる論争の歴史については紙幅の関係から割愛するが，「学力」に関する社会学的定義は「なにがしかの方法で測定された学業達成」をほぼ共通項とし，この点で，望ましい学力や真の学力など

規範的含意を持った教育学的定義とは異なる（耳塚 2018：556）。この社会学的定義は「能力および能力シグナルの社会的構成説」（苅谷 1997）を前提とする。「生きる力」を構成する「確かな学力」で掲げられた「学力」は，「学業達成」だけでなく，「学び方」や「学ぶ意欲」をも含む総合的な「学力」であると考えられる。

さて，「『ゆとり教育』（1998 年の学習指導要領）によって学力が低下した」とする向きは少なくないが，経年変化を比較可能な国際学力調査の結果を詳細に見ると，簡単にこのように断定することはできない。経年比較が可能な学力調査として PISA と TIMSS という二つの国際学力調査がある（表 1）。

表 1　PISA 調査と TIMSS 調査の概要[8]

	PISA (Programme for International Student Assessment) 生徒の学習到達度調査	TIMSS (Trends in International Mathematics and Science Study) 国際数学・理科教育動向調査
実施主体	経済協力開発機構（OECD:Organization for Economic Co-operation and Development）	国際教育到達度評価学会（IEA:International Association for the Evaluation of Educational Acheivement）
参加国 （2015年調査）	72 か国・地域（OECD 加盟 35 か国，非加盟 37 か国の約 54 万人）	小学校 50 か国・地域（約 27 万人） 中学校 40 か国・地域（約 25 万人）
調査実施時期	2000 年，2003 年，2006 年，2009 年，2012 年，2015 年	小学校 4 年生：1995 年，2003 年，2007 年，2011 年，2015 年 中学校 2 年生：1995 年，1999 年，2003 年，2007 年，2011 年，2015 年
調査対象 （2015年調査）	世界：15 歳（約 54 万人） 日本：高校 1 年生（198 校の約 6600 人）	世界：小学校 4 年生（約 27 万人） 日本：小学校 4 年生（148 校の約 4400 人） 世界：中学校 2 年生（約 25 万人） 日本：中学校 2 年生（147 校約 4700 人）
調査項目	読解力，数学的リテラシー，科学的リテラシー 問題解決能力（2003 年，2012 年） 協同問題解決能力（2015 年）	算数・数学，理科
調査内容	知識や技能等を実生活の様々な場面で直面する課題にどの程度活用できるかを評価（記述式が中心）	学校のカリキュラムで学んだ知識や技能等がどの程度習得されているかを評価（選択肢が中心）

TIMSS の調査内容は「学校のカリキュラムで学んだ知識や技能等がどの程度習得されているかを評価」するもので，選択肢の問題が中心である。PISA の調査内容は，「知識や技能等を実生活の様々な場面で直面する課題にどの程度活用できるかを評価」するもので，選択式の問題に加えて，記述式の問題も出題される。PISA で評価される学力は「PISA 型学力」とも言われ，「**真正の**

評価 authentic assessment」論（▶用語解説）の影響があるといわれる（田中 2006）。

　2000 年代から 2010 年代に実施された国際学力調査の結果を見れば，日本の子どもたちの学力はおおむね高い水準を維持していたと考えられる[(9)]。いわゆる「ゆとり教育」（1998 年の学習指導要領）が実施された時期もそれ以降の「脱ゆとり」（2008 年の学習指導要領）と呼ばれる時期も，おおむね良好であったといえるだろう。2003 年の PISA の結果（読解力）については PISA ショックと呼ばれ，子どもたちの学力低下が危惧された。しかし，PISA と TIMSS の結果を総合的に見れば，子どもたちの学力は国際的に高い水準を維持していたとみてよいだろう。また，PISA2003 の結果に限ってみても，単純に「ゆとり教育」の影響であるとはいえない。1998 年の学習指導要領が小中学校で実施されたのは 2002 年である。つまり，2003 年の PISA を受けた児童生徒は小中学校の大部分を 1989 年の学習指導要領で学んできた世代なのである。そして，PISA2012 の結果をみれば，子どもたちの学力が V 字回復したようにみえる。2013 年に PISA2012 の結果が公表された際，マス・メディアの中には，これを「脱ゆとり」の教育政策の成果と報道した新聞もあった。しかし，この PISA2012 を受けたのは 1998 年の学習指導要領のカリキュラム（「ゆとり教育」）で学んできた世代だったのである（佐藤・岡本 2014：14-18）。したがって，「ゆとり教育」政策のせいで学力が低下し，「脱ゆとり」政策によって学力が向上したと単純に言うことはできないのである。

　2008 年の学習指導要領改訂では，「生きる力」という理念を継承し，①「基礎的・基本的な知識及び技能」，②「これらを活用して課題を解決するために必要な思考力・判断力・表現力その他の能力」，③「主体的に学習に取り組む態度」という 3 層の学力観（水原 2009：97）が示された。PISA など国際的学力調査に対応する学力づくりが目指され，かつ外国語教育が重視された。また，小中学校ともに，総合的な学習の時間の時数が減少し，各教科の授業時数が増加し，総授業時数も大幅に増加した。いわゆる「脱ゆとり」と呼ばれたカリキュラムである。この改訂により，カリキュラムの振り子は経験主義の極からやや系統主義の極へと揺り戻したといえるが，基本的な理念は「生きる力」の育成を継承し，PISA 型の学力に対応していることから，依然として振り子は経

表2　小学校の年間標準授業時数（全学年総数）の変遷[10]

学習指導要領公示の年	各教科の授業時数											道徳	特別活動	総合的な学習の時間	外国語活動	総授業時数
	国語	社会	算数	理科	生活	音楽	図画工作	家庭	体育	外国語					
1989	1601	420	1011	420	207	418	418	140	627	—	209	314	—	—	5785
1998	1377	345	869	350	207	358	358	115	540	—	209	209	430	—	5367
2008	1461	365	1011	405	207	358	358	115	597	—	209	209	280	70	5645
2017	1461	365	1011	405	207	358	358	115	597	140	209	209	280	70	5785

表3　中学校の年間標準授業時数（全学年総数）の変遷

学習指導要領公示の年	各教科の授業時数								道徳	特別活動	選択教科等	総合的な学習の時間	総授業時数
	国語	社会	数学	理科	音楽	美術	保健体育	技術・家庭	外国語				
1989	455	350〜385	385	315〜350	140〜175	140〜175	315〜350	210〜245	☆	105	105〜210	315〜630	—	3150
1998	350	295	315	290	115	115	270	175	315	105	105	155〜280	210〜335	2940
2008	385	350	385	385	115	115	315	175	420	105	105	★	190	3045
2017	385	350	385	385	115	115	315	175	420	105	105	★	190	3045

験主義の極の側にあるといえよう。

　2017年の学習指導要領改訂では，2008年の学習指導要領の枠組みや教育内容を維持した上で，知識の理解の質をさらに高め，確かな学力を育成することが目指され，「主体的・対話的で深い学び」（アクティブ・ラーニングの視点）が重視された。また，外国語教育の充実が図られ，小学校において教科として「外国語」が導入された。授業時数については小学校の外国語導入分が増加したのみでその他は2008年と同じである。

III ▶ 近年の教育改革の動向

1 教育改革と「新しい能力」

　2017年に公示された学習指導要領では，2008年の学習指導要領で示された「生きる力」という理念や，学力の3つの要素（①「基礎・基本的な知識及び技能」，②「思考力，判断力，表現力」等，③「主体的に学習に取り組む態度」）をバランスよく育成するという方針を受け継ぎ，「生きる力」という理念の具体化が目指されている。「生きる力」は1998年の学習指導要領で掲げられた理念であるが，2007年の中教審答申では，「『生きる力』をはぐくむという理念はますます重要になっている」と肯定しただけでなく，これまでの日本の教育方針はOECDが2003年に報告した「キー・コンピテンシー」を「先取りしていた」ものと称賛した（水原2009：96）。2017年の学習指導要領においても，「生きる力」は児童生徒が未来の知識基盤社会を生きる上で身につけるべき力であると考えられている。松下は，1980年代以降，特に1990年代に入ってから，多くの経済先進国で共通して教育目標に掲げられるようになった能力に関する諸概念を「新しい能力」と呼ぶ（松下2010）。「生きる力」はこの「新しい能力」の典型的な例である。「新しい能力」には，以下のような能力や特性が含まれる。

・基本的な認知能力（読み書き計算，基本的な知識・スキル，など）
・高次の認知能力（問題解決，創造性，意思決定，学習の仕方の学習，など）
・対人関係能力（コミュニケーション，チームワーク，リーダーシップ，など）
・人格特性・態度（自尊心，責任感，忍耐力，など）

　これらの「新しい能力」概念に共通する特徴は，①認知的な能力から人格の深部にまでおよぶ人間の全体的な能力を含んでいること，②そうした能力を教育目標や評価対象として位置づけていること，にある（松下2010：2-3）。

こうした「新しい能力」は，「生きる力」（文部科学省）だけではなく，「リテラシー」（OECD-PISA），「人間力」（内閣府・経済財政諮問会議），「キー・コンピテンシー」（OECD-DeSeCo），高等教育・職業教育においては，「就職基礎能力」（厚生労働省），「社会人基礎力」（経済産業省），「学士力」（文部科学省）というように，ほぼすべての教育段階，さらには職場における研修にまで広がっている（▶第11章）。

　他方で，こうした「生きる力」や「人間力」に対する懐疑も存在する。例えば，本田はこれらを「ポスト近代型能力」と名づけ，人びとにこうした能力を絶えず要請する社会状況を批判的に考察している（本田 2005；2011）。本田による批判の主な論点は，以下の3点である。第一に，「ポスト近代型能力」が重要視されることによって，人間の深く柔らかい部分（人格や感情，血肉化された行動習慣や身体化された立ち振る舞い等）までを含む全体的な能力が絶えず開発・評価され，個々人の人格全体が社会に動員されることである。こうした社会では，個々人の何もかもをむきだしにしようとする評価のまなざしが充満し，評価される者は常に気を許すことができなくなる。個々人の一挙手一投足，微細な表情や気持ちの揺らぎまでが，不断に注目の対象となる。個々人の全存在が洗いざらい評価の対象になってしまうのである。第二に，こうした身体や感情のレベルにまで深く根を下ろした「ポスト近代型能力」の高低に対しては，幼いころからの，とくに家庭での親子間のコミュニケーションのあり方など，生活環境の質的なあり方がきわめて大きく影響するため，個々人の間の格差が拡大し，覆しがたいものとなる。第三に，「ポスト近代型能力」の評価は，知識の習得に関する評価と比較すると恣意的なものとなる恐れがある。こうした「新しい能力」を求める社会の要請は医師などの専門職養成にまで深く浸透してきており，社会の要請と学習者個人の自由をどう調停していくかが課題の一つとして浮かび上がってくる（前田 2017：40-56）。

　では，従来のいわゆるペーパーテストによって測定された学力は社会階層による影響がないと言えるのだろうか。次節で考えていこう。

❷ 学力格差と社会階層

　大学で教育改革と学力論争の講義をすると，学生から以下のようなコメント

がよく返ってくる。

　学力はその人の努力次第で何とでもなると思う。だから，努力や根気の有無をある程度測れる学力試験を私は公平だと感じる。

　学力は努力によって決まるといった「日本の教育社会における努力を重視する考え方」は「努力主義神話」と呼ばれるが，こうした神話は社会に広範に流布している（中西 2017：18-19）。果たして学力は，本人の努力次第で何とでもなるものだろうか。
　「ゆとり教育」と学力論争を経て，学力の階層差に関する議論や研究が活発化し，学力格差の問題が社会的に目に見えるようになってきた。また，同時期の 1990 年代後半から，「日本的」雇用慣行に揺らぎが生じており，社会階層の格差が注目されるようになっていた。かつて日本では国家的規模での学力の把握は長期にわたって行われておらず，長い間，学力と社会階層の問題は社会から消えていた。1956 年度から 1966 年度までは文部省による全国学力調査が実施されていたが，「旭川学テ事件」に端を発した裁判の第一審において，全国学力調査の違法性が認定されたことなどを理由に 1967 年度以降は実施されていなかった。その後，文部省は 1982 年から 1984 年度にかけて「教育課程実施状況に関する総合的調査研究」と題する全国的なサンプリング調査を実施しているが，この調査は一般の人々にはあまり知られず，激しい議論もなかった（山内・原 2011：viii）。
　1950 年代までは学力と貧困や社会階層の問題が学術研究者や教師集団においても論じられていたが，1960 年代以降になるとその数は減っていき，1980 年代中頃から 1990 年代中頃においては，マス・メディアの報道もみられなくなっていた（苅谷 1995：29-57）。
　2000 年前後の学力論争を経て，学力に関する全国的なデータを蓄積する重要性が認識されるようになり，2007 年度からは文部科学省による「全国学力・学習状況調査」が実施されることになった。さらに，2013 年に実施された「平成 25 年度全国学力・学習状況調査（きめ細かい調査）」では，保護者の収入，学歴，教育に関する考え方等の情報も調査された。この調査結果の分析がお茶

の水女子大学に委託され，学力に影響を与える要因が分析・報告されている。こうした調査や委託事業が実施されるということは，国家が家庭の**社会経済的地位**（SES：socio-economic status）による学力格差を重大な問題として認識したとも考えられ，これまでの学力に対する認識が大きく変化したことを示すものであるといえよう。

　2013年に実施された「平成25年度全国学力・学習状況調査（きめ細かい調査）」の分析結果の報告では，学力に影響を与える要因が明らかにされている。自分のこれまでの経験を踏まえて想像してみるとどうだろうか。いったい何が学力に影響を与えているのだろう。この分析結果（お茶の水女子大学2014）によれば，児童生徒の学力に最も強い影響を与えているのは家庭の社会経済的地位である[11]。教科や問題の違いを問わず，小学生・中学生の両方でSESの高い保護者の子どもほど学力テストの正答率が高い傾向が認められたという。他方で，SESを統制した場合，つまり，「重回帰分析」（▶第2章）を用いることによってSESの直接的な影響を取り除いた場合でも，保護者の教育期待や子どもの学習時間は学力に対して統計的に有意な影響が認められる。ただし，SESは教育期待や学習時間を媒介して学力に影響を与えている可能性も否定できない。したがって，教育期待や学習時間といった各家庭や個人の「努力」固有の影響力を過大に評価することはできない（お茶の水女子大学2014：57-70）。このように，学力は個人の努力次第でなんとでもなるものとは言えないのである。

　本章でみてきたように，私たちの「テストの点数が良かった！（あるいは悪かった……）」と一喜一憂した個人的な経験は，歴史的な背景を持つ教育や社会のしくみとつながっていたのである。2000年前後の学力論争を経て，近年，学力を個人の努力の産物としてのみ捉えることが妥当とはいえないこと，学力をSESの影響をも含めて捉える必要性があることが，社会的に認識されるようになってきた。さらに，従来の学力問題だけでなく，「新しい能力」の台頭とその課題も指摘されている。山内が述べるように，「学力論争とは，『学力が上がったか下がったか』等という陳腐な議論ではなく，学力とは何かを通し『学校，教育，社会がどうあるべきか』を考える深遠な議論である」（山内・原2006：5）。教育と社会をどう構想するか[12]。このことについて考え，これか

らの教育と社会を創っていくのは，今と未来を生きる私たちである。

> ✅ **教育社会学的想像力を拓くレッスン**
>
> **ステップ I　リフレクティヴな学び**
>
> あなたは「学力」をどのようなものだと考えているだろうか。また，あなたはどうして「学力」を身につけようと思ったのだろうか（あるいは，逆に「学力」を身に付ける必要はないと思ったのだろうか）。自分の経験を振り返ってみよう。
>
> **ステップ II　コミュニカティヴな学び**
>
> これから私たちは，どのような教育と社会を構築していくか。本章で学習したことを踏まえて，今後の教育と社会のあり方について考えて，話し合ってみよう。
>
> **ステップ III　イマジナティヴな学び**
>
> 「学力」を個人の努力の産物としてのみ捉えることが妥当とはいえないこと，「学力」を SES の影響をも含めて捉える必要性があることが指摘されている。それでは「学力」への SES の影響を縮小するためには，どのような方策が考えられるだろうか。

《 **用語解説** 》

ホワイトカラー／ブルーカラー ●「ホワイトカラー」（white-collar workers）とは，デスクワークをする「白い襟」のシャツを着用した職員層に由来し，「専門的職業，技術的職業，管理的職業，事務的職業，販売的職業などの職種に属する非現業部門の雇用従業者」を指す。「ブルーカラー」（blue-collar workers）は，「生産現場で生産工程に直接ついて労働する賃金労働者」（濱島・竹内・石川 1997）を指し，肉体労働の現場で働く人々が「青い作業服」を着用していたことに由来する。

キー・コンピテンシー ● OECD の DeSeCo プロジェクトで作成された，個人の人生の成功とうまく機能する社会のためのコンピテンシーである。「コンピテンシー」と

は、「単なる知識や技能以上のものであり、特定の状況において、（技能や態度を含む）心理社会的な資源を引き出し、結集することによって、複雑な要求に対応する能力を含む」（OECD2005：4）。キー・コンピテンシーには、①「（例えば、言語やテクノロジーのような）道具を相互行為的に使う」、②「異質な人々からなる集団で相互行為をする」、③「自律的に行為する」という3つのカテゴリーがあり、その中心には反省性 reflectiveness がある（OECD2005：5）。OECD-DeSeCo プロジェクトでは、こうしたコンピテンシーが重要になってきた背景には世界のグローバル化と近代化の進展があると考えられている。

真正の評価 ●「真正の評価」とは、その代表的な論者であるウィギンズによれば、「大人が仕事場や市民生活、私生活の場で『試されている』、その文脈を模写したり、シミュレーションしたりする」課題に取り組ませる中で学習者の学びを評価することである（Wiggins 1998：24）。もともと「真正の評価」論は、1980年代のアメリカにおいて、「標準テスト」に対する批判を背景にして登場してきた（田中 2010：71-72）。「標準テスト」では学校の中でしか通用しない特殊な能力を評価したに過ぎず、生きて働く学力を評価したことにならないのではないかという疑問や批判が生じた（田中 2008：71）。こうした「標準テスト」に対する批判を背景として、教育評価において「現実世界」「生活」「リアルな課題」が重視され、近年では「真正の評価」論が台頭してきている。

●―― 注 ――

(1) 近世においては、幕府の教育機関として昌平坂学問所（昌平黌）や和学講談所、医学所などがあり、諸藩の教育機関としては藩校が設けられていた。「寛政頃から多くの藩が藩校を設けるようになり、幕末維新期には小藩も学校を開設する情勢となり、全国の藩校数は二七〇校ほどに達していた」（文部省 1972a：2-3）。大きい藩や教育に熱心な藩では、郷学（郷校）とよばれる学校を設けたものもあった。郷学には藩校の延長として藩士の教育を主とするもののほか、庶民の入学を許して藩内の教育一般を奨励したものもあった（海後ほか 1999：13）。藩校は武士の子弟ための学校であったが、岡山藩や加賀藩などのように、庶民の入学を許可したものもあった。しかし、一般に庶民の入学を許可し、あるいは、奨励した藩でも実際に入学した庶民は極めて少なかった（笠井 1960：198）。庶民のための教

育機関としては，寺子屋・手習塾があった。一般的には「寺子屋」で知られるが，近年ではより正確にその実態を表す「手習塾」という呼称も使用されるようになっている（大間 2005：12）。寺子屋での教育方法は個別指導であり，現在のような教室での一斉教授が始まるのは近代以降のことである。

(2) ただし，属性主義から完全な業績主義の社会に変化したわけではない。例えば，性差による制度上の教育機会の不平等は近代以降も存在した。

(3) 1801年に尾張藩で医師門弟の登録と開業の許認可制を採用したケースがあるが，これはきわめて例外的である（海原 2014：7）。

(4) 医師の資格試験制度の歴史に関して，詳しくは天野（1983；1992）を参照。

(5) 戦前の学校教育システムは「分岐型」であり，例えば，明治41年の学校教育システムは尋常小学校卒業後に中学校，高等女学校，高等小学校，実業学校等というように分岐しており，中学校は高等学校，帝国大学へと接続されていた。戦後，学校教育制度が改革され，小学校，中学校，高等学校，大学という「単線型」の学校教育システムになった。戦前と戦後で学校教育システムが大きく異なるため，戦後の中学校，高等学校は「新制中学」，「新制高校」と呼ばれ，かつての戦前の中学校，高等学校は「旧制中学」，「旧制高校」などと呼ばれるようになった。

(6) 「カリキュラム」（curriculum）は「ラテン語の語源では，競馬場とか競争路のコースを意味し，『人生の来歴』をも含意したが，転じて学校で教えられる教科目やその内容および時間配当など，学校の教育計画を意味する用語となった」（日本カリキュラム学会編 2001：1）。

(7) 高校進学率，大学・短大進学率の数値の出典は，総務省統計局「日本の長期統計系列 第25章 教育 25-12 就学率及び進学率」である。

(8) 文部科学省「PISA調査とTIMSS調査の概要」の表を元に，TIMSSに関しては，文部科学省「国際数学・理科教育動向調査（TIMSS2015）のポイント」，PISAに関しては，国立教育政策研究所「OECD生徒の学習到達度調査（PISA）」を踏まえて加筆修正した。

(9) PISAとTIMSSの結果の詳細については，国立教育政策研究所「OECD生徒の学習到達度調査（PISA2015）のポイント」と文部科学省「国際数学・理科教育動向調査（TIMSS2015）のポイント」を参照のこと。

(10) 表2・表3については，佐藤・岡本（2014：129）の表を元に，各年の小中学校の学習指導要領を確認して，加筆・修正した。出典は，1989年から2008年の学習指導要領は国

立教育政策研究所『学習指導要領データベース』の『小学校学習指導要領』『中学校学習指導要領』，2017年の学習指導要領については，文部科学省ホームページ「学習指導要領等」の『小学校学習指導要領（平成29年告示）』『中学校学習指導要領（平成29年告示）』である。表の授業時数の1単位時間は，小学校は45分，中学校は50分である。1989年改訂学習指導要領の中学校の外国語（☆）は，選択教科の中に各学年105〜140時間を標準とする。2008年と2017年改訂の学習指導要領の中学校の選択教科（★）は廃止されたのではなく，学校の判断で開設できるものとなっている。

(11) 社会学では社会経済的地位は学歴，所得，職業の三つの要素で構成されるのが一般的であるが，この調査の分析では親の学歴と家庭の所得が使用されている。欧米の教育調査では，調査項目にSESが含まれており，学力とSESとの関連を分析することは珍しくはない。例えば，国際学力調査のTIMSSやPISAにおいても，保護者調査はオプションとして設定されている。しかし，日本はTIMSSやPISAといった国際学力調査には参加しているものの，オプションの保護者調査は行っておらず，保護者調査が実施されることは少ない（お茶の水女子大学2014：13-15）。

(12) 望ましい教育と社会の構想は，独善的な正義や，学問共同体において十分に検討されていない主観的な価値観に基づくべきではない。盛山の議論（盛山2017：336）に依拠すれば，「経験科学」としての社会学・教育社会学は，社会調査を通じて得られるデータをもとにして，社会的事実を「モノのように」考察し，「客観的な」知見を探求する。同時に，望ましい教育と社会の構想は，学問共同体の中で対立する諸議論と対峙し，データ，理論，論理等を駆使して語られるべきものである（▶ 序章）。さらにそれは社会で共に生きる人々からなる社会空間における対話とコミュニケーションの素材となり，そこでの検討にさらされる。つまり，望ましい教育と社会の構想という規範的な議論も「客観的に妥当する」ことを目指すものでなければならない。

（前田崇）

第 8 章 いじめを複眼的に考える
――いじめの構造・変遷・言説――

I ▶ はじめに

　本章では，これまで「いじめ」についてどのように実態の把握が試みられてきたのか，何が論点となっているのかといった，いじめについて考える土台を示したい。渦中にいる当事者にとって，いじめは往々にして耐え難い，逃れがたい経験であり，それ自体を分析したり考察する対象としては考えにくいものと感じられるだろう。しかし状況を俯瞰し，自らの経験が個人的な出来事にとどまらない，社会のありようと深く関係していることに気づくことは，追い詰められた袋小路から抜け出す可能性を見つけることにもつながる。それゆえ，ここではいじめを社会学による分析の対象とすることで，現象の輪郭を浮かび上がらせ，具体的な検討へとつなげることを試みたい。

　これまでの諸研究からは，いじめを読み解くための視点はすでに幾つも示されている。たとえば，いじめを被害者と加害者だけでなく，それを取り巻く人々との関係や，現代の子どもたちの日常の友人関係のつくり方も視野にいれると，何がみえるのか。日本以外の国や地域でいじめはどのように対策が講じられているのか。また，いじめが社会問題として取り沙汰されることはどのような影響をもつのか。いじめを様々な角度から考えていくと，現代の子どもや若者たちのおかれた閉塞した社会状況や，社会的な弱さを抱えた人びとを排除する構造といじめとの関係性も浮かび上がる。本章では，これらの視点から批判的にいじめを検討することで，いじめの社会学の入り口を示そう。

II ▶「いじめ」現象をいかに説明するか

1 いじめの社会問題化と四層構造論

　いじめが社会問題として注目されたきっかけは，1986年2月にあった東京

都中野区の中学2年生の男子生徒のいじめを理由とした自殺があげられる（中野富士見中学いじめ自殺事件）。遺書に書かれた「このままだと『生きジゴク』」という言葉には，日常的に繰り返されていたいじめが，いかに辛いものであったかが滲んでいる。

教室内の子ども同士の関係に潜む問題性が注目されるなか，いじめの発生を説明する理論として発表されたのが，**いじめの四層構造論**である。森田・清永は，実証的なデータにもとづいて，いじめを「**被害者**」と「**加害者**」のほかに，それを取り巻いて直接には手を下さず面白がる「**観衆**」，そして関わりをもたない「**傍観者**」が，いじめを深刻化させる役割を果たしていることを指摘した（森田・清永 1994）。「観衆」や「傍観者」の存在により加害者の行為が促進されるだけでなく，彼らの反応から状況を判断した教師や大人たちには，いじめが遊びや些細なことに見えたり，深刻さが気づきにくいものとなったりするのである。四層構造論は，"いじめられやすい性格の子がいじめられる"，といった，個人の性格特性による因果関係ではなく，教室の場の力学によって説明することでいじめの把握に新しい視点を示すものだった。加害者と被害者の立場の入れ替わりやすさも，この四層構造論から指摘されたいじめの特質である。

図1　いじめの四層構造

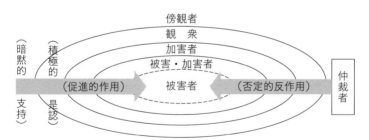

出所：森田・清永（1994：51）「図I-2 いじめ集団の構造」をもとに作成。

この理論にもとづくと，いじめが深刻化するか否かは，周囲の子どもたちの反応が鍵となる。つまり面白がったり，もしくは見て見ぬふりをしたりする子どもたちが層を形成すればいじめは促進されるが，それを止める働きかけをする子どもがでれば，抑止力となるという対処策が示せるのである。これは実際

に学校の生徒指導でも生かされる考え方となって普及した。小学校や中学校で，"見て見ぬふりをすることは，いじめをしているのと同じだ"，という指導を受けたことがあるという若者は今でも多い。いじめの四層構造論は，学校現場の実践にも影響力をもち，今日でもいじめ理解の枠組みとして，一定の説明力をもっているといえる（文部科学省 2010：185）。

2 四層構造論から「優しい関係」へ

　四層構造論はいじめを生み出す教室の力学を可視化することに寄与したが，しかし実際に抑止力としての役割を求められた子どもたちは，違和感をもつ側面もあった。いじめを止めるような介入を求められても，実際にはそれができない子どもたちは少なくない。理由は，いじめへの無関心やいじめを楽しんでいるからではなく，それによって次のターゲットが自分になるかもしれないという切実な恐怖からである。つまり四層の関係は，相互に断絶して固定しているのではなく，入れ替わりのある動的なものであるがゆえに，その均衡を崩す働きかけを「傍観者」や「観衆」の子どもたちが行うことは，実際には極めて難しいのである。

　こうした特質を，土井は広く若者の日常のなかにも遍在するものとして捉え直し，「**優しい関係**」と表した（土井 2008）。現代の若者の多くは，互いの衝突や摩擦を回避するために，つねに繊細に気をくばり続けることで，潜在的には緊張関係のなかにある。現代のいじめは，諍いなどの具体的な原因があって行われるのではなく，こうした緊張した関係性から意識をそらすための，いわばガス抜きのかたちで行われるという。それゆえ，相互の立場の入れ替わりは一層流動的である。それに拍車をかけているのは，今日の時間や空間で制約されないコミュニケーションのありようである。SNS（ソーシャル・ネットワーキング・サービス）などを利用するツールとして広く普及しているスマートフォンの所有率は，2016年度は中学生で51.7％，高校生では94.8％に及び，高校生の一日のスマートフォンの利用時間は平均で170.3分という（内閣府 2017b）。こういった，時間や空間を越えて絶えずつながり続ける手段が発達した状況も後押ししながら，子どもたちが自らの人間関係を相対化できずに，その関係に埋没してしまうリスクが今日は一層高まっているのである。

これらを踏まえると，いじめは，特殊な場面や関係を指すものというより，むしろ多くの子ども・若者の，日常の友人関係の延長線上で理解することが鍵となる。いじめに遭っている子どもに，その関係を断つように大人が助言してもそれが難しいのは，居場所を失い，孤立することへの恐れや不安が，関係を断ち難くしているのだという（森田 2010：92）。こうした状況のなかでは，子どもたちが人間関係を形成する際には，"友達とのつながりは大切"，と無批判に唱えるのではなく，「距離感を丁寧に見つめ直したり，気の合わない人とでも一緒にいる作法」（菅野 2008：25）を，改めて考える姿勢が必要になるのである。

Ⅲ ▶ 「いじめ」の実態と取り組み
──いじめの調査と国際比較

1 いじめの定義と実態

　先にみた 1980 年代の中学校生徒のいじめによる自殺がきっかけになって，いじめの実態調査が公的に行われるようになり，それに伴い，いじめの定義がされるようになった。

　表1は，これまで文部科学省（2000 年以前は文部省）によって提示された，いじめの定義の変遷をまとめたものである。幾度か定義の変更を経ているのは，いじめの被害者の自殺が社会問題となり，実態が把握されるなかで定義の不備が指摘され，その都度修正がなされたからである。1986 年から，1994 年，2006 年の見直しを経て，2013 年からは「**いじめ防止対策推進法**」の施行に伴って法律の条文が定義となっている。変遷をみると，行為の外形的な特徴で判別できるような表現は削られ，被害者の感じ方を中心にし，いじめの発生を学校内に限定しないなど，より幅の広い表現へと変化をしていることがみてとれる。

表1 いじめの定義の変遷

- 1993年までの定義（児童生徒の問題行動等生徒指導上の諸問題に関する調査）
①自分より弱い者に対して一方的に，②身体的・心理的な攻撃を継続的に加え，③相手が深刻な苦痛を感じているものであって，学校としてその事実（関係児童生徒，いじめの内容等）を確認しているもの。
- 1994年からの定義（児童生徒の問題行動等生徒指導上の諸問題に関する調査）
①自分より弱い者に対して一方的に，②身体的・心理的な攻撃を継続的に加え，③相手が深刻な苦痛を感じているもの。なお，起こった場所は学校の内外を問わない。
- 2006年からの定義（児童生徒の問題行動等生徒指導上の諸問題に関する調査）
「いじめ」とは，「当該児童生徒が，一定の人間関係のある者から，心理的，物理的な攻撃を受けたことにより，精神的な苦痛を感じているもの。」とする。なお，起こった場所は学校の内外を問わない。
- 2013年度からの定義（いじめ防止対策推進法）
「いじめ」とは，「児童生徒に対して，当該児童生徒が在籍する学校に在籍している等当該児童生徒と一定の人的関係のある他の児童生徒が行う心理的又は物理的な影響を与える行為（インターネットを通じて行われるものも含む。）であって，当該行為の対象となった児童生徒が心身の苦痛を感じているもの。」とする。なお，起こった場所は学校の内外を問わない。
「いじめ」の中には，犯罪行為として取り扱われるべきと認められ，早期に警察に相談することが重要なものや，児童生徒の生命，身体又は財産に重大な被害が生じるような，直ちに警察に通報することが必要なものが含まれる。これらについては，教育的な配慮や被害者の意向への配慮のうえで，早期に警察に相談・通報の上，警察と連携した対応を取ることが必要である。

出所：文部省初等中等教育局中学校課（1987），文部科学省初等中等教育局児童生徒課・国立教育政策研究所生徒指導・進路指導研究センター（2012），文部科学省（2013）より作成。

　こうした定義の変化は，いじめのとらえ難さも示している。いじめの認知件数の変化をみると，いじめが社会問題となり注目され，定義が変更された時期に，増加がおこっている（文部科学省 2017b：24）。この件数の変動の大きさには，いじめを数で表すことの難しさとともに，外側からは判別し難いゆえに，多くの要因によって解釈が左右されやすい，いじめという現象の定義をめぐるゆらぎも垣間見られる。

　また，いじめの性質を踏まえると，当事者の被害や加害経験に焦点をあてた調査が必要となるが，子どもが回答する形式の調査としては，国立教育政策研究所が実施した2013年から2015年の三年間のいじめの追跡調査がある。これは調査開始時に小学校4年生が6年生になるまでと，同様に中学校1年生が3年生になるまでの二つのコーホートを三年間追跡し，その間のいじめ経験の推

移を追ったものである。いじめ経験に関する具体的な質問は表2に示した。

　この調査結果の分析からは，特定の子どもがずっといじめられているというよりも，多くの子どもが入れ替わりながらいじめに巻き込まれていることが指摘されているほか，小・中学校とも，また加害・被害経験者ともに，「仲間はずれ，無視，陰口」の経験率が高く，「軽くぶつかる，叩く，蹴る」といった，海外では経験率が高いとされるいじめ経験はそれを下回っている，といった特徴があげられている（国立教育政策研究所生徒指導・進路指導研究センター 2016）。この調査からも，現代ではいじめの経験が限定された少数の子どものみではなく，多くの子どもが当事者になっている様子が示されている。

表2　いじめ追跡調査でいじめの被害を表す質問

「新学期になってから学校の友だちのだれかから，次のようなことをどのくらいされましたか」に対して，「一週間に何度も」「一週間に1回くらい」「一か月に2〜3回くらい」「今までに1〜2回くらい」「ぜんぜんされなかった」で回答する。 ・仲間はずれにされたり，無視されたり，陰で悪口を言われたりした ・からかわれたり，悪口やおどし文句，イヤなことを言われたりした ・軽くぶたれたり，遊ぶふりをして叩かれたり，蹴られたりした ・ひどくぶつかられたり，叩かれたり，蹴られたりした ・お金や物を盗られたり，壊されたりした ・パソコンや携帯電話で，イヤなことをされた

出所：国立教育政策研究所生徒指導・進路指導研究センター（2016：15）より作成。

　ただし，その一方で「『暴力を伴ういじめ』は『暴力を伴わないいじめ』とはかなり異なるもので，どの子供にも起こりうると単純には言えない」（国立教育政策研究所生徒指導・進路指導研究センター 2016：13）ことも指摘がされている。「ひどくぶつかる，叩く，蹴る」といった，身体的な暴力を伴ういじめについては，被害や加害を繰り返す子どもは少数で，かつ限られているという。つまり，仲間外れや無視，陰口は，多くの子どもたちの経験に浸透している一方で，身体的な暴力を伴ういじめについては，当事者が固定化していることが推測できるのである。これは，いじめという現象が一枚岩ではとらえられない重層性をもっていることを示している。多くの子どもの経験に広がるいじめが，現代の子どもたちの人間関係の特徴を表している一方で，ある一定の子どもたちが加害と被害において固定化しているようないじめもおこっている

という,質の異なるいじめを想定することも必要といえよう。

2 国際学力調査にみるいじめ

いじめのありようについては,様々な国際比較調査も行われている。OECD（経済開発協力機構）によるPISA（▶第7章）は,多くの国や地域が参加して実施される国際的な学力調査としてすでに広く知られているが,調査項目にはいじめも含まれている。ただし,OECDの調査でのいじめは,「組織的な力の乱用と捉え,繰り返し,相手を傷つける意図,加害者と被害者の力関係の不平等の三点に特徴がある」（国立教育政策研究所 2017：36）とされており,日本でのいじめの定義に較べると,限定された行為が想定されていることは留意が必要である。また,国際比較データは,それぞれの地域の社会的・文化的背景を踏まえた理解が必要であり,順位や数字の高低で単純化した解釈に陥らないよう留意したい。

図2　いじめの被害経験の頻度（2015年調査　日本,OECD平均）

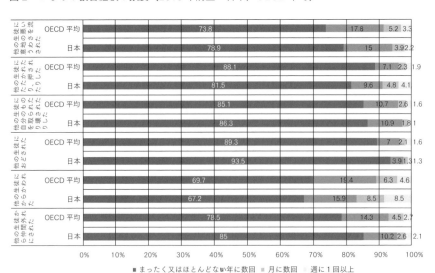

出所：国立教育政策研究所（2017：40）より作成。

図2は2015年調査でのいじめの被害経験の頻度別の比率を，6つの項目別に，OECD平均と日本のデータを並べたものである。日本の子どもたちはOECDの平均と較べると，「他の生徒にからかわれた」のほか，「ほかの生徒にたたかれたり，押されたりした」の経験の比率は高いが，これら以外の4つの項目の経験の比率については，相対的に低い。「他の生徒にからかわれた」は，調査国全体で被害経験の最も多かった項目だが，日本は被害経験をもつ子どもが調査国全体の平均と較べても一層多いことも特徴である。これは先にみたいじめの流動性と当事者の拡がりという特徴を裏付けるものと言える。

　この調査のいじめの被害経験を数値化した全体の指標では，比較されている50以上の国や地域の平均と較べて日本は低い位置におり，日本はいじめの被害経験は少ない国とみてとれる。いじめが社会問題とされている国内での一般的な現状認識と，この調査結果は乖離している印象があるが，なぜなのだろうか。

　PISAは学力との関連を調べることが主たる目的の調査であり，いじめの実態把握で通常行われるものと調査方法が異なっていたため，被害経験の回答が少なくなったことは推測できる。しかし一方で，この比較データの解釈に示唆的なヒントになるのは，犯罪や非行，校内暴力がいじめよりも注目されているアメリカやオランダといった国では，相対的にいじめへの関心は低くても，いじめの被害経験者の数は多いという指摘である（森田2010：7）。これを踏まえてPISAの調査結果をみると，学校での暴力が社会問題となっている国や地域では，いじめの被害として広範な内容が含まれていることも考えられる。こうした国際比較の知見も踏まえていくと，日本でのいじめの把握に，今後変化がおこるかもしれない。

　いずれにせよ，子どもの健やかさや幸福度well-beingを測る指標として，PISAでもいじめが調査対象となっていることは，いじめが国内のみにとどまらない国際的な関心の高まりのなかにある現状を，あらためて気づかせてくれる。先にみた「四層構造論」を発表した森田は，1990年代以降いじめの国際比較研究を積極的に行い，いじめが日本だけでなく多くの国で社会問題となっており，その対処策が検討されていることを紹介しているが，それらを参照して，日本のいじめ理解，いじめ対策にない視点は何かを次にみていきたい。

3 いじめにいかに対処するか

　いじめは 1990 年代の半ば頃までは，"日本文化独特の現象"，といった理解がなされることもあったが，国際比較研究がすすむにつれ，海外での研究動向や，先駆的な取組みも紹介されるようになった。

　森田によると，いじめ研究の初期のものとしては 1960 年代における，北欧での子どもの攻撃性についての比較行動学からの研究があげられる。その後，1980 年代初頭にいじめによる自殺が社会問題となったノルウェーでの研究から影響を受けて，イギリス教育省から，いじめについての学校での取組みの必要性を勧告する「エルトン・リポート」が出された（森田 2010：18-19）。こうした一連の動向のなかで，1980 年代末にイギリスでいじめの大規模な実態調査が行われた結果，深刻な状況が明らかになり，いじめ対策が検討されるようになった。そうした取組みである「シェフィールド・プロジェクト」は，その後のヨーロッパでのいじめ対策の取組みの基盤になったとされる。森田はこれらの取り組みのなかでも重要な視点として，①子どもたちの参画，②保護者の協力体制，③社会的包摂，④特別な教育的ニーズへの視点，の四つを指摘している（森田 2010：19-22）。

　まず，子どもたちの参画が前提となっているのは，反いじめの教育の最終目標は，**シティズンシップ** citizenship の育成であることによる。シティズンシップ教育は 1990 年代からヨーロッパを中心に掲げられ，国民教育に偏らない，社会参加を可能とする政治的リテラシーをもった市民を育てることを掲げている。いじめに対抗する学校環境の形成に子どもたちが参画することは，人格の完成や社会を形成する資質，つまりシティズンシップの育成に寄与すると考えられるのである。また，二番目の保護者の協力体制として，具体的には休み時間の見回りの役割などが求められているが，親の参画はいじめ対策をはじめ，今日では様々な場面で強調される。家庭と学校が対等な関係をつくることは，学校問題の解決に鍵となっているのである。

　社会的包摂 social inclusion が重要なのは，いじめが差別と関わる問題として認識されていることと関わっている。移民の子どもたちの増加や，格差の拡大により貧困が顕在化するなかで，いじめが**社会的な排除**（▶用語解説）と

して具体化していることへの問題意識が，いじめ対策にも表れているのである。そして，いじめと特別な教育的ニーズの関連性に注目するのは，障害というカテゴリーに限らず，社会的文化的な要因によるものも含めた様々な条件によって，学校教育のなかで不利やニーズを顕在化する子どもたちは，いじめの加害者としても被害者としても関与するリスクが高いとされるためである。それゆえ，特別な教育的ニーズをもつ子どもたちがいじめに巻き込まれていくプロセスを意識したプログラムが必要になるのである。

　これらの視点が重視される背景は，学校教育を取り巻く社会的状況との関係も含めて理解する必要がある。いじめを学校暴力の一つと見なし実態把握や取組みがなされることが世界的には一般的であり，とりわけテロ等の暴力への対策への関心の高まりのなかで，いじめへの問題意識も強まっている。加えて，社会的な格差の拡大や移民の増加などによる社会の摩擦，葛藤の顕在化が，子ども・若者の間でいじめというかたちで表れていると考えると，いじめは政治的・社会的な課題として強く意識されるものとなるのである（森田 2010：27-28）。これらは，いじめを人間関係の問題としてのみ注目する傾向の強い日本とは，一線を画す視点といえよう。

　これらのいじめの捉え方から，日本でおこっているいじめをとらえなおすと，あらためて社会の排除の構造と関連づけたいじめの理解が必要であることが見えてくる。たとえば，東日本大震災に伴う原子力発電所の事故により福島県から避難をしている子どもたちが，深刻ないじめの被害にあっていることが近年明らかになった。これは横浜市であったいじめを報じる新聞記事の抜粋である。

> 男子生徒は小2だった2011年8月に横浜市内の市立小学校に転校。まもなく名前に「菌」を付けて呼ばれるようになるなど，校内でいじめを受けた。小5の時は「（原発事故の）賠償金をもらっているだろう」と言われ，ゲームセンターで遊ぶ金などとして1回あたり5万～10万円を約10回，10人前後に支払わされた。お金は家庭から持ち出したという。男子生徒は断続的に不登校が続き，今も学校に通えていない。（朝日新聞2016年11月10日朝刊「原発避難先でいじめ　第三者委が認定　横浜の学校」）

この報道以降，ほかにも原発事故で避難している子どもたちがいじめの被害に遭っていることが明らかになった。原発事故による避難者への差別が原因となり，長期間に渡り深刻ないじめが続いていたのである。こうした例は，先にみたような，誰もが巻き込まれるような性質のいじめとは異なり，固定化した当事者が，長期に被害にさらされているようないじめである。

　他にも，外国にルーツをもつ子どもたちが，いじめの被害に遭っていることなど，社会的な背景といじめとの関係もかねてから指摘されている（宮島・太田 2005）。格差の拡大や貧困などから生じる，社会の摩擦や不満，不寛容が，いじめというかたちで顕在化していることを認識することは，現代のいじめを考える際に忘れてはならない視点である。いじめのリスクの高い子どもたちへの配慮が必要であることに加えて，社会全体の構造的な問題や矛盾が，子どもたちの世界に独特の表れ方をしていることに，あらためて注意を向ける必要があるのである。

Ⅳ▶「いじめ」への社会的注目

■1 いじめは「社会総がかり」で対応？──道徳の教科化といじめ

　2013年の「いじめ防止対策推進法」の成立以後，近年のいじめ対策は，生徒指導などの学校内の取り組みにとどまらず，「学校・教育委員会・児童相談所・法務局又は地方法務局・都道府県警察その他の関係者により構成される『いじめ問題対策連絡協議会』」（文部省 2013）の設置が掲げられるなど，警察等との連携も視野にいれた，いわば「強い対応」が掲げられている。経緯としては，2011年10月に大津市であったいじめ被害者の生徒の自殺が社会的な関心を集めたこと，いじめ行為の暴力性に加えて，学校の隠蔽体質や教育委員会の対応の不誠実さに対して，広く批判がなされたことに端を発している。

　いじめが社会問題として注目をされたことはこれまでも度々あったが，大津のいじめ自殺事件以降は，教育行政の外側からの強い影響下でいじめへの対応が議論されるようになった。2013年1月に発足した教育再生実行会議が同年2月に最初の提言として発表したのが，「いじめの問題等への対応について（第一次提言）」である。教育再生実行会議は構成員に内閣総理大臣をおき，直接

的に教育に関する内閣の意向を表明する性質をもっている。この提言の内容をみると，「『いじめは絶対に許されない』，『いじめは卑怯な行為である』との意識を日本全体で共有し」といった表現の前書きのあと，最初に掲げられている対応策が，「道徳を新たな枠組みによって教科化し，人間性に深く迫る教育を行う」（教育再生実行会議 2013：1）という，**道徳の教科化**である。この提言の文書には，いじめの背景やメカニズムについての言及は無く，突然に道徳教育の必要性が掲げられており，道徳の教科化を正当化する論理は弱い。また，この提言は「社会総がかりでいじめに対峙していく」，「学校，家庭，地域，全ての関係者が一丸となって」といった，理性的な思考というよりも，感情を煽るような表現が随所に見られることが特徴である（教育再生実行会議 2013：3-4）。

2013年の6月に，「いじめ防止対策推進法」が成立し，それをうけて同年10月には，「いじめの防止等のための基本的な方針」が文部科学大臣決定として発表された。このように短期間にいじめ対策は具体化していったが，文部科学省の掲げるいじめの防止策としても，道徳教育が筆頭に掲げられているように（文部科学省 2013：10），教育再生実行会議の提言が一連の動向を方向づけていると見ることができる。

これまで見てきたように，いじめは現代の子どもや若者の置かれた閉塞した状況や，貧困や格差の顕在化のなかで高まる不寛容など，多様な要因が絡んでいる問題であり，「総がかり」「一丸となって」といった表現のスローガンは馴染まない。むしろ現代の社会で見えにくくなっている，子どもたちの生きにくさや息苦しさを理解することや，社会的な弱さを抱える人びとを排除する背景やプロセスを読み解くような丁寧なアプローチが必要である。

いじめへの社会の注目や，それをきっかけとした学校批判の高まりは，多くの人びとの感情に直接訴えかける側面があるが，社会の不安や危機感が強調されるなかで，異なる意図がすべり込んでいないか，冷静に検討することが必要である。

2 昔の「いじめ」と今の「いじめ」は違うのか？

ここまでいじめが社会問題として扱われている現代を中心にみてきたが，

1980年代よりも以前は，いじめはどのように捉えられていたのかを最後に確認しておきたい。人びとがどのようにその現象に注目をしていたのか／いなかったのか，何を問題としてみていたのかといった変遷を調べると，客観的な事実とされることが，当該社会の権力関係の浸透した意味の構造によって構築されていることに気づかされる（加藤 2012）。ここでは新聞記事のデータベースを使って，いじめが時代の変化で意味に変化があったのか，社会的な関心はどのようなものだったのかといったことを，定性的に調べてみることにする。戦後間もない時期からの新聞記事を網羅している朝日新聞のデータベース「聞蔵Ⅱ」を使って，1945年から1980年までに東京の本紙で見出しに「いじめ」を含んだ記事を検索すると，約100件の記事がでてくる。

　それらの記事を年代をおってみていくと，1950年代，60年代に目立つのは，「義兄を刺殺　姉いじめ憎み」（1950.5.27），「母娘三人，飛降り心中"夫にいじめられ"」（1957.11.6），「布団の中で幼女死ぬ　まま母がいじめる？」（1963.2.16）といった，現代であれば，「虐待」や「DV（ドメスティック・バイオレンス）」と表現されるであろう事件を指すのに，「いじめ」が使われている点が特徴的である（北澤 2015）。このように「いじめ」は，親密な関係である家族内での暴力を示す言葉としても，使われていた。

　それ以外に複数あったのは，「公取委，調査に乗出す　デパートの"問屋いじめ"」（1957.11.6）のような，大企業など社会的に力をもった側が，下請けなどの弱い側に，圧力を加える行為を糾弾する文脈で使われるケースである。一方で今日のような学校での子ども同士の間での加害・被害の関係を直接に指す意味で「いじめ」という言葉を用いる記事は，1950年代，60年代にはほとんど見られない。唯一あるのは，1963年9月21日の読者の子育て相談の記事で，小学校1年生の子どもが同級生にいじめられていることを悩む母親の相談である。1970年代になると，「『いじめられ』恨む　凶器持参の計画的犯行　中学生学友殺傷事件」（1978.2.13）といった，子ども同士の対立や暴力についての記事で「いじめ」が使われるようになるが，1978年までは「中学生，仕返しに劇物　昼食用の茶に混入　いじめられた腹いせ」（1978.3.25）などの数件が掲載されたのみで，いじめによる自殺は記事にはなっていない。

　いじめの被害者の自殺が初めて表れるのは，1979年9月10日の，「中1少年，

飛び降り『学校でいじめられる』」という記事である。記事中には,「『学校へ行くと殴られたりいやがらせをされたり,仲間外れにされる』と家族に話していた」とあるが,自殺した被害者の中学生は在日コリアンであり,民族差別によるいじめであったことがその後の記事で報じられた。「ムダにしないでわが子の死　すべての差別追放を　他人事ではすまされぬ　いじめられて自殺した在日朝鮮人三世・賢一君の両親」(1980.9.22) など,その背景にある差別問題が焦点化されている。

　このように,1945年から70年代末までを概観すると,「いじめ」が指す意味や使用される文脈は,今日とは異なるものだったことが分かる。1979年9月にあったいじめによる自殺は,その背景の民族差別が報道のなかでも注目されており,いじめは社会的背景をもつ現象として扱われていた。それが,「いじめ」それ自体が問題となる,つまり社会的背景と切り離されて「『いじめ』が自殺の動機の語彙として機能する社会」(北澤 2015：77) となっていくのは,1980年代に入ってから以降なのである。

　これまでみてきたように,現代の日本でのいじめは,子ども同士の人間関係に焦点をあて,社会的な背景とは関連づけない独特の語られ方をしている。こうしたいじめをとらえる枠組みをメタレベルで問い直していくことで,いじめを取り巻く現代社会を逆照射し,複数の視点から問題の所在を考えることが必要なのである。

V ▶ おわりに——いじめを冷静な議論にのせるために

　いじめは,教育問題のなかでも最も注目をされてきた事柄と言ってよい。とらえどころのない,それでいて恐ろしいものとして受け取られることが多く,いじめを語ることは,普段の学校の教室ではタブーのようになっていることもある。また,いじめが社会問題とされるなか,認識のされ方や語りが限定的なものになっている状況もある (越川 2017)。

　しかしここまで見てきたように,いじめが起こる構造や,その実態調査など,国際比較も含めて,理論的・実証的な研究は多く蓄積されている。いじめについて考察をするための資源は多くあり,それらを踏まえながら議論をすることが可能なのである。

各自の経験にのみ頼って判断するのではなく，またいたずらに人びとの不安や感情を煽るようなやり方でいじめを語るのでもなく，いじめと冷静に向き合い，理性的に考えていくことが必要である。この章で示した諸研究も参考にしながら，自分が慣れ親しんでいるいじめの理解の仕方から離れて，複数の視点でいじめを考察する方法を身につけ，そもそもいじめとは何なのかを，自らの生きる社会と関連づけながら考察を深めていってほしい。

> ✅ **教育社会学的想像力を拓くレッスン**
>
> **ステップⅠ　リフレクティヴな学び**
> 　①新聞記事のデータベースを使って，「いじめ」をキーワードに過去の記事を検索して，どのように意味が変化してきたのか調べてみよう。
> 　②本文中で紹介したいじめに関する調査報告書を実際に読み，現代のいじめの特徴をまとめてみよう。
>
> **ステップⅡ　コミュニカティヴな学び**
> 　身近に知っているいじめの事例を「いじめの四層構造」に当てはめて考えてみよう。また，ここで考えたいじめの事例について，「社会的包摂」の視点からどのような解決策が考えられるだろうか。周囲の人と話し合い，アイディアを出し合ってみよう。
>
> **ステップⅢ：イマジナティヴな学び**
> 　本章で取り上げたように，2011年3月11日に起きた東日本大震災以降，「震災いじめ」の事例が報告されるようになっている（例えば，「絶えぬ震災いじめ　6割超が不快な経験」日本経済新聞2018年3月6日付）。もしもあなたがこのいじめに遭った当事者だとしたら，こうしたいじめ問題が生じる理由をどのように分析するだろうか。国家政策の歴史的文脈や社会構造と関連づけつつ，「震災いじめ」が起きる背景について考えてみよう。

《 **用語解説** 》

社会的包摂・社会的排除　●社会的排除は，経済的・社会的・政治的要因が相互に絡

み合いながら累積的に生み出される不利益を指す概念である。社会的排除は，失業と就業の不安定さが引き金となり，住宅・医療・教育等の基本的権利へのアクセスが阻害されることで生じるが，問題はそれが世代間に渡る社会的・経済的剥奪をもたらすということである（Bhalla & Lapeyre 2004＝2005）。社会的包摂は，この概念の対となるもので，欧州諸国では，社会的に排除された人々を社会全体で支える取り組みがみられる。日本でも社会的排除への関心が高まりつつあり，もっぱら雇用の不安定さや貧困の克服に焦点が当てられている。これに対し，欧州諸国では，社会的・政治的活動への参加によるシティズンシップの獲得を目指した，より包括的な社会的包摂政策が採られている（岩間 2015）。

（加藤美帆）

第9章 青年／若者をめぐる「まなざし」の変容
――啓蒙・モラトリアム・コミュニケーション――

I ▶「青年」から「若者」へ

青年と**若者**という二つの言葉がある。この二つの言葉について，それぞれどのようなイメージを抱くだろうか。「10代から20代の若い人々」というくらいしか思い浮かばない，あるいは「青年」の方がやや古臭く感じる，といった程度ではないだろうか。

図1 「青年」「若者」が見出しに含まれる記事数の推移[1]

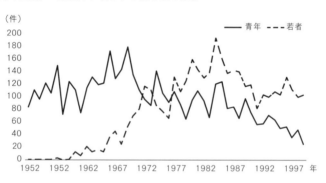

さしたる違いのないように見える二つの言葉だが，図1をみてほしい。これは，『朝日新聞』における記事の見出しに「青年」と「若者」という言葉がそれぞれ使われた件数を集計したものである。かつては「青年」が圧倒的に多く，1960年代後半から「若者」という言葉を用いる頻度が高まり，1970年代の拮抗を経て「若者」が優勢になるという推移がわかるだろう。なぜ，このような変化が起こったのだろうか。ここには，「青年」ではなく「若者」という言葉を使う方が妥当だという判断に至るような，若い人々自身の変化，大人が抱く彼／彼女らへのイメージの変化，大人が若い人々に向き合おうとする態度の変

化がそれぞれ絡み合いながらかかわっていると考えられる。本章ではこのような三点を念頭に置きつつ,「青年」が「若者」に取って代わられるプロセスをたどっていくことにしたい。

II ▶ 社会を建設する主体としての青年
──教育社会学草創期における青年への注目から

　木村（1998）によれば,「青年」という言葉は明治20年代,社会に対して建設的な効果をもたらさない,時代錯誤な暴力的行為に興じる書生としての「壮士」に対置される言葉として用いられており,現在からは想像もつかないほど新鮮な響きを持っていたという。その新鮮さとは,書籍や当時のニューメディアであった新聞などを通して知識を増やし,同士を募って結社を開き,自主的な勉強会を開くなど定期的に会合し,他の結社とも奨励しあってそのような啓蒙的活動を支えあう,「壮士」とは異なる実効的・建設的な政治的実践のあり方を探求するかつてない主体になることの新鮮さであった。

　このような「青年」観は明治20年代のものであって,それがそのまま変わらず保持され続けたわけではない（浅野2016a：212-217）。しかし図1の始点,つまり戦後まもなくの時期においても,そのような見方のある部分は残存していた。まずそこに注目することから始めてみよう。

　日本教育社会学会は1948年に創設されているが,同学会（員）はその草創期から「青年」に多大な研究・実践上の関心をもち,特に1950年代から60年代にかけて国内の青年研究をリードしたといってもいいほどに研究を積み重ねてきた。そこで本節では,同学会の学術誌『教育社会学研究』（1951-）を紐解いて,当時の「青年」に対するまなざしを再構成してみたい。

　青年研究に限らず,当時の教育論一般において解決すべき大問題として位置づけられていたのは都鄙の格差であった。たとえば『教育社会学研究』の創刊号には「農村の封建制と教育」（野田1951）という論考が収められているが,同論文は「農村人の保守性,没個人的封建制」の原因と農村教育のあり方を考察するとして始められている。具体的に描写されるのは,原始的な農耕方法・農器具を未だ用いるなかで農繁期には子供が欠席しがちになる状況,「無口で従順で良く働く子」を希望して現代教育に無理解な父母,文化財や学用品の不

足，地主・小作人関係や本家・分家関係が未だ残るなかで「個を全に吸収してしまう」ような生活環境であった。これらに対して著者は「農村の近代化」が必要であり，それは「科学精神の高揚と科学教育による農村経済の再建」こそが出発点となるとして，「農村教育」の革新を求めて論考を結んでいる。

特に農山漁村において観察される前近代的，封建的な遺物を打破し，近代的，民主・文化的な方向へと開いていくべし――。このような前提を1950年代から60年代の論考の多くに観察できるように思われるのだが，青年たちはそのような打破を最もよく担うことのできる存在として考察の対象となってきた。

たとえば稲井（1952）では，島内で生まれた者が9割弱であり，その多くが互いに血縁関係にあるような「いわゆる**ゲマインシャフト**の典型的なものと見る事ができる」瀬戸内海の一漁村を「如何にして**ゲゼルシャフト化**」していくか，そのような「改善」の手段として青少年集団の「改造」が論じられていた[(2)]。村には江戸時代から残る自然発生的な同志的・私的集団としての「**連中組織**」があるが，稲井はこれを伝統や風習を存続させる集団（ゲマインシャフト的集団）として退ける。その代わりに，結びつきは形式的だが活動が公的で地域外にも開かれた集団である「**青年団**」を，地域の近代化を成し遂げうる集団（ゲゼルシャフト的集団）として称揚する。そして，私情や旧習にもとづく寄り合いではなく，開放的なディスカッションによる意思決定を行なえるような集団として連中組織を学校指導のもと改変していくことが主張されていた。

当時多くなされた「**青年学級**」研究ではそれぞれ，教育に十分にアクセスできない若い人々が自主的に組織した集団としての青年学級がおかれている状況の把握・分析を通して，彼／彼女らの自主的な計画性をいかにして向上させていけるか，私情や馴れ合いではない学習や問題解決の場の構築がいかにしてなしうるか，その方策が検討されていた（田浦・伊藤1954；吉田1955；柴野1955）。これらも稲井の研究と同様に，旧来的な慣習から抜け出すべく自主的な学習や自己形成の集団を担っていく存在として「青年」を位置づけ，その支援の方策を考えようとするものだった。これらの研究における「青年」観は，木村が述べた「青年」とは完全に同一ではないものの，科学的知識と結社の活動による自他の啓蒙によって社会を建設する存在という意味では相通ずる部分があるといえる。来たるべき民主的，合理的な社会の建設に向けて，自らを啓

蒙し，さらに仲間を集めて活動していく存在としての「青年」。そのような「青年」観が戦後の出発点としてまずあった。

Ⅲ ▶ モラトリアムを浮遊する青年／若者
——青年から若者への転換

だが，以後に社会の関心を集めた若い人々の動向は，このような「青年」像に収まらないものだった。1950年代半ば以降から続いていく動向としてまず挙げられるのは，若い人々によるさまざまな（ライフ）スタイルの「群れ」が現れたことである（そうした「群れ」を名づけ，社会的に認知させたのは大人の側なのだが）。石原慎太郎の芥川賞受賞作『太陽の季節』（1955），およびその映画版で示されたライフスタイルのフォロワーである「**太陽族**」。アイビールック等の独自のファッション文化を銀座・みゆき通りという特定の場において顕現させた「**みゆき族**」。革のジャンパーに長靴といったスタイルで深夜に二輪車・自家用車を爆音で走行させる「**カミナリ族**」。新宿に集まり，生産性を求める社会に反旗を翻してひたすら無為に過ごす「**フーテン族**」。このようなさまざまな「族」は，戦後復興から高度経済成長へと進んでいく時代のもと進行した農山漁村から都市部への人口移動，およびそれに伴う産業構造の変化といった根底的な社会変動を背景とするものだが，いずれにせよ従来的な「青年」像には当てはまらないものだった（難波 2007）。

1960年の安保闘争，1960年代後半の大学紛争（そしてその一つの末路としての1972年・連合赤軍あさま山荘事件および山岳ベース事件）はそれぞれ，マルクス主義（▶ 第1章）による啓蒙と社会改良志向という点では従来的「青年」像に通じる部分があるともいえるが，そこに一部みられた暴力性と硬直した教条性は先行世代の激しい非難の的となってきた。その意味では，やはり従来的な「青年」像には当てはまらないものだったといえる。

1 モラトリアムに留まる青年たち

このような状況において，図1にみたように1960年代中頃から「若者」という言葉が台頭し始め，1970年代半ばにはその利用される頻度は「青年」を凌駕するようになる[3]。ではこの時期において若い人々はどのように論じら

れていたのだろうか。ここでは当時の代表的な青年論の一つである，栗原彬『やさしさのゆくえ＝現代青年論』（栗原 1981）を参照して考えてみよう。

表1　かつての「青年」と1970年代の「青年」

従来的「青年」	1970年代における「青年」
・子どもと大人を結びつける存在形態で，青年は大人になり急ぐもの	・青年期は引き延ばされ，青年は大人の世界に入ることをためらうようになる
・未知の創造力をもって積極的に歴史を切り開く主体	・エスカレーター・システムに絡めとられているという感覚から主体となることの希望を喪失
・エリート層による青年期の享受	・青年期の大衆化

栗原によれば，表1のようなかたちでかつての「青年」と当時（1970年代）の「青年」は異なっているとされる。大学紛争の時代を経て，1970年代の青年たちは大人になるよりも青年期に居続けることを望み，社会を建設していくような関心をもはや失っていると栗原は述べる。当時の青年論において圧倒的な影響力をもっていた心理学者エリク・H・エリクソンの議論からすれば，青年期という将来に向けての準備を整える**モラトリアム**（猶予期間）にいつまでも留まろうとし，「社会的現実の内部で確かなパーソナリティを発展させつつあるという確信」（Erikson 1959＝2011：96）にたどり着けない状態は「アイデンティティの拡散」，つまり非行や精神病の温床となる自己認識／他者・社会からの評価の不一致状態という否定的診断を下されることになる。だが栗原はそれを病理という観点からは解釈せず，現代における「一般的な現象」，社会変動の激しい現代においてはむしろ「自我の健全な適応の形式」ではないかと考えた。

その適応の形式の中核をなすのが，「アイデンティティを未決の状態に置こうとする」態度である。「彼らはなにものかであることに対してたえず自己剥離を行ない，なにものでもないことを通してなにものかになろうとする」。このような態度は従来的な「青年」観から逸脱するものだが，それについて栗原はむしろ，就職して社会的に区切られたモラトリアムが終わっても心理的なモラトリアムを保持し続ける新しい世代には，硬直した組織や社会を克服するよ

うな「よりひろやかでしなやかな感受性にあふれた人間世界への精神的基盤を用意する可能性もある」として希望を見出そうとしていた。

やはり当時の代表的な青年論の一つといえる井上俊「青年の文化と生活意識」(1971) もまた，一見して「弱さ」や「甘え」とみえるかもしれない若い人々の意識・行動のあり方に積極的な可能性を見出そうとしていた。井上はカイヨワ（Caillois 1958＝1990）の遊びをめぐる議論を参照しつつ，当時の若い人々に顕著にみられる「遊戯性」に注目する。つまり，彼／彼女らの多くは「俗」なる社会にかつての「青年」のように何らかの対抗的原理（「聖」）をもって対抗するのではなく，社会のなかに「あそび」や諷刺精神を持ち込んで（「遊」），既成の価値序列や権威から意味を奪い取り，社会に対する自らの自律性を確保しようとしているのだと井上は指摘したのである。

栗原と井上の議論は単純な若者批判でも若者礼賛でもなく，一見消極的なものにみえる若い人々の姿に，考え抜かれた論理をもって積極的な可能性を見出そうとするスタンスというべきだが，そうしたスタンスは「モラトリアム」という言葉のより大衆的な浸透のなかで覆い隠されてしまうことになる。1978年のベストセラー，精神科医・小此木啓吾の『モラトリアム人間の時代』がこのことを決定づけた。小此木は若年世代によくみられるモラトリアムに留まる心性は，いまや日本人全体に遍く広がる「社会的性格」だと指摘したのだった。

2 記号の海を浮遊する若者たち

モラトリアムに留まることが一般的であるという見解が定着するとき，この概念から生まれる「落差」をてこにした議論のさらなる展開は難しくなる。1980年代，新たに議論の中心を占めるようになったのは，モラトリアムに留まる若い人々にみられる新たな感性について論じようとするものだった。ここでは，その先鞭の一つといえる，平野秀秋・中野収による『コピー体験の文化——孤独な群衆の後裔』(1975) を紐解いてみよう。

平野らは，社会に流通する情報量が著しく拡大した結果，どこでも水道や電気を利用できるのと同様に，情報が人々の生活環境に満ち溢れるようになったとして「情報の環境化」をまず指摘する。同時に，そのような環境においてはあらゆるモノが独自の記号的意味を有するようになるという「環境の情報化」

もまた生じると述べる。若い人々はそのような状況において，漫画・週刊誌をはじめとするさまざまなモノ——それらはすべて「文化のコード」にしたがって記号的意味が付与され，情報化されている——を持ち歩き，情報で自らを取り囲んで過ごしている。彼／彼女らは，個人間が「裸の自我」同士で衝突，あるいは結合することはなく，自らを覆う情報全体の殻自体は互いに尊重したまま，ある一部の情報のみをドッキングさせて他者とつながりあうことになる。このような人間のあり方を平野らは「カプセル人間」と呼んだ。

　平野らが時代に先んじて論じた「情報の環境化」および「環境の情報化」は以後，加速度的に進んでいくことになる。目につきやすいところでは，ウォークマン（1979年販売開始），ビデオゲーム（「ファミリーコンピューター」は1983年販売開始），パーソナルコンピューターといった新しい情報機器が現れ，若い人々はそれに先進的に飛びつき，先行世代はそのような姿を「情報新人類」として名指すことになる。だが平野らの著述で重要なのはこうした情報機器と若い人々の表面的な親和性ではなく，「情報の無重力場をつくり，またそこに漂っている情報群のなかから，自分の好きなように情報を集めてきて，それぞれに独特のコードを使って意味転換をほどこし，それらに新しい意味連関をつけて個別の情報空間を創造する」とあるような若者の根本的な感性の変容である。つまり，田中康夫の『なんとなく，クリスタル』（1981）に端的に描かれたような，どのようなモノを持ち身にまとうか，どのような場所のどのような店に行くか，どのような音楽や映画を好むか，そしてそれぞれの組み合わせから何を読み解くかといった，消費財がまとう記号性に慣れ親しみ，その圧倒的な情報量に当惑する大人を尻目に軽やかに消費社会を駆け抜けていくような存在として1980年代の若い人々は捉えられるようになるのだが，そのような状況を平野らはいち早く予見し，のちの若者をめぐる議論の先鞭をなしたのである。

　このような議論の展開を眺めると，「青年」という言葉がこの頃「若者」という言葉に取って代わられたことが理解できるようになるだろう。つまり社会改良的，発達段階論的色彩の強い「青年」という言葉は，モラトリアムに留まる心性が常態化し，新しいメディアや商品が育む新たな感性の担い手であるとみなされた当時の若い人々を名指す言葉としては，不適当になってしまったの

である。そのとき，特に無色透明であるようにみえた「若者」という言葉が取って代わることになる。岩佐淳一の言葉を借りれば，「70年代青年論から80年代若者論へ」の移行がここで生じたといえるのだが（岩佐 1993：26-27），このような若者論がそれ以降の基調となっていたことは，栗原が期待したような社会と若い人々との対峙が結果として実現しなかったことを意味してもいる（小谷 1993：68）。若い人々に期待された既存社会への対抗性は消費社会の爛熟のなかで失われ，彼／彼女らは「独自の文化や消費の担い手」としての「若者」としてのみ主題化されていくことになるのである（浅野 2012：1367）。

IV どこか問題化される若者たち
——コミュニケーション論への収斂

1 若者問題とコミュニケーション

　情報機器に熟達し，消費社会を軽やかに駆け抜けていく若者というイメージは，1980年代末に大きな曲がり角に直面する。このことを象徴するのが，1988年から翌年にかけて起こった「連続幼女殺害事件」である。逮捕当時26歳の若者について，アニメ・マンガを好み，多量のビデオテープを自室に収集し，友人は少なかったとする報道が多量に積み重ねられるなかで，情報や記号の世界に深く入り込むことは「虚構の世界」への耽溺として否定的に捉えられるようになった（守弘 1993：158-159）。

　その否定的レッテルの象徴となったのが「オタク」である。ライターの中森明夫が1983年に言及したことが始まりとされるこの言葉は，その名づけが互いを「おたくは…」と呼び合う独特のコミュニケーションのあり方に由来するとされている。1980年代におけるこの言葉の利用状況については松谷（2008）に詳しいが，簡潔にいえば当時における「オタク」という言葉は，「オタク」内部での自己規定や差異化のために用いられるような限定的な流通に留まっていた。

　しかし上述した連続幼女殺害事件の直前あたりから，新聞や一般紙でも「オタク」という言葉が使用されるようになり，事件報道と合わせて，虚構の世界に耽溺することで虚構と現実との区別がつかない一群の若者が現れているとす

る議論が社会に拡散していく（松谷 2008：124-128）。以後「オタク」を手がかりとして，若者あるいは現代人一般，特にそのコミュニケーションのあり方の不全について説こうとする議論が陸続することになる。若者について語ろうとするときに「それをオタクに仮託せずにはいられないある種の欲望が広く分かち持たれ」るような状況が1990年代において現出したのである（浅野 2013：100）。（趣味的）小集団への没入，小集団間の没交渉性ないしは無関心，小集団内部における饒舌性の一方で外部においてコミュニケーションがうまく取れない傾向，異性とのコミュニケーションからの撤退，等々。宮台（1994：247）は小集団への没入，小集団間の没交渉性ないしは無関心といった傾向が若者に遍く広がりつつあるとして，「社会の『総〈オタク〉化』がはじまった」と端的に述べてさえもいた。

　かくして浅野（2013：122-123）は，このような「オタク」をめぐる議論の変容を一つの転轍機(てんてつき)としながら，1990年代以降に若者をめぐる議論の焦点が消費からコミュニケーションへ移行したと指摘する。上述した平野らのカプセル人間論はそもそも，情報環境に対峙する新たな感性についての議論であると同時に，そのような感性を身体化した若者のコミュニケーションのあり方についての議論という二重の側面を有していた。1980年代においてもそれは同様で，記号的な消費と「記号的人間関係」（宮台 1994：244）にともに熟達した新人類たちが前者に傾斜しつつ多く論じられていたのだが，1990年代に入ってそのような「記号的落差の無意味化」（同上）が進行するなかで，若者論の争点としてコミュニケーションのあり方が前景化してきたのである。

　オタク以外の若者をめぐる議論においても，コミュニケーションの不全は同様に中心的な争点となってきた。その例としては，たとえば1990年代後半から2000年代前半にかけて社会問題化した少年犯罪がある。多く報道された少年事件を眺め比べてみると，1990年代前半までの事件においては，家庭環境や学校環境が加害少年をして事件に至らしめるプロセスに注目が集まっていた。しかし1990年代後半以降，一見普通にコミュニケーションがとれているようであっても大人にはみえない「心の闇」を抱えている，普段はおとなしい子が「突然キレて」大きな事件を起こしてしまうといった加害少年における不可解な内面，およびそのような少年をめぐるコミュニケーションの不全が報道の主

たる争点となってくる（牧野 2006）。

　同時期に社会問題化したといえる「ひきこもり」についても，1990 年代前半における初期の問題化からその後の議論に至るまで，その対人関係のあり方が盛んに議論されてきた（石川 2007：49-50；荻野 2008：127）。たとえば家庭において育まれるべき対人関係能力の不足が事態の背景にある，他者を傷つける恐れから対人関係の撤退に進んでいく，対人関係の流動化あるいは求められる水準の向上に疲弊して撤退したのではないか，というように（荻野 2008：129-132）。こうして 1990 年代後半から 2000 年代前半にかけて，さまざまな状況にある若者たちが一様に，コミュニケーションに難を抱える者として問題化されていったのである。

2 若者のコミュニケーションをめぐる研究の進展

　コミュニケーションの問題化は若者一般に関してもなされてきた。たとえば現代の若者は友人に何でも打ち明けるようなことはなく，表面的な会話と「ノリ」の維持に終始する貧しい，希薄化した友人関係を生きているといった指摘はここ 20 数年来繰り返されている（千石 1991：71-89 など）。あるいは，通信機器の発達によって関係性の構築が容易になったために，関係性の解消も容易に行われ，約束を守るといった規範意識が希薄化しつつあるという議論もある（山田・伊藤 2007：45-54）。社会学者からはこうした希薄化論に対して，経験的なデータの分析にもとづく反論が差し返され，若者の今日的関係性は希薄化というよりは「選択化」ではないか，あるいは従来的な「深い―浅い」といった軸では解釈しきれない側面が現れているのではないかといった見解が提出されてきた（辻 1999 など）。

　ではそれはどのように新たな側面なのか。土井隆義の一連の著作は，大人たちの目には一見して希薄に映る若者の人間関係がそれ自体独特な内実を持つことを教えてくれる。たとえば，かつては「30 分ルール」と言われていた携帯電話からのメッセージへの返信は LINE の登場以後より即自的な反応が期待されるようになり，「既読（無視）」のやり過ごし方をはじめ，先行世代にはなかった微細なコミュニケーション・スキルを若者たちは日々蓄積しつつ過ごしていること。こうしたなかで，関係性は教室や部活に留まらず複層的に展開す

るようになり，仲間ごとに「キャラ」を切り替えることはさして珍しいことではなくなっていること。しかしそのような関係の複層性は流動性や壊れやすさと表裏一体であり，絶えずメッセージをやりとりし，それぞれの関係性における「空気」を絶え間なく確認するなかで，関係性の破綻リスクを常に回避し続けるような状況を生きていること，等々（土井 2014）。こうした新たな側面の指摘は「スクールカースト」（鈴木 2012）などの言葉も手がかりにして検討され，知見の蓄積が続けられている。

V ▶ 若者のコミュニケーションの現在
―― 質問紙調査の分析から

ここまで，若者をめぐる議論の争点がそのコミュニケーション，対人関係のあり方におかれるようになった経緯をみてきた。浅野（2016b：6-11）によれば，2000年代における若者論のもう一つの争点は労働，つまり1990年代の「就職氷河期」，その後の非正規雇用の増大にみられるような就労状況の悪化，ネガティブなイメージを伴った「フリーター」「ニート」（▶用語解説）という言葉の拡散，そうした状況に対する客観的データの提示と改善策の提言といった流れで続く一連の議論もあるとされる[4]。だがここでは各節での検討を受けて，若者のコミュニケーションのあり方に関する一つの疑問に取り組んでみたい。

それは，若者論だけでなく，若者にとっても実際にコミュニケーション，対人関係のあり方が重要なものになっているとして，そのあり方は個人的なものなのだろうかという疑問である。教育社会学が伝統的に取り組んできた学力や地位達成の分析結果からは，素朴には本人の努力や性質の産物とみられる学力・学歴が，家庭環境とも大いに相関するものであることが重ねて明らかにされてきた。この考え方をやはり素朴に適用するならば，コミュニケーションのあり方もまた，まったくの個人的なものではなく，何らかの背後要因と相関するものだと考えられないだろうか。そこで以下では，若者に関する質問紙調査のデータを用いて，この仮説を検証してみたい。用いるのは，青少年研究会が2002年および2012年に行った質問紙調査のデータである（調査概要は表2）。

表2　青少年研究会調査の概要

	2002	2012
調査時期	2002年9月から10月	2012年11月から12月
対象地	東京都杉並区・神戸市灘区,東灘区	
対象年齢	16歳から29歳	
抽出方法	層化2段抽出	
調査方法	訪問留置回収法	訪問留置回収法（一部郵送回収法併用）
計画サンプル	2000	2400
有効回収サンプル	1110（有効回収率55.0%）	1050（有効回収率43.7%）

　以下ではこの調査データを素材として，まず友人関係に関する項目の推移（2002年と2012年の間でどう変わったか）を確認してその総体的動向を把握したうえで，変数を統制した重回帰分析によってコミュニケーションのあり方の規定要因を検討するという順序で話を進めたい。

1 若者の友人関係が進む方向性

　まず若者の友人関係がどのような方向に進んでいるか，その総体的な動向を押さえておこう。この部分の記述は，辻（2016）と多くの部分が重複することをあらかじめ断っておきたい。さて，若者の友人関係をめぐる大きな趨勢といえるのは，ごく単純にみて，その量的拡大である。表3に示したt検定（▶第2章）の結果からわかるように，親友の数，仲のよい友だち，知り合い程度の友だち，それぞれが10年間でそれぞれ増えている。これはこの10年間におけるメディア環境の変化，特にSNSをめぐる状況の変化が非常に大きくかかわっていることは間違いないと思われ，親密度が低いカテゴリーでより顕著な増加をみせているのは，そうした観点から把握できるように思われる。

表3 友人関係の量的変化

	2002	2012
親友数 **	3.94人	4.49人
仲のよい友だち *	14.68人	22.34人
知り合い程度の友だち **	36.95人	74.46人
親友・仲のよい友だちと知り合った場所数 **	2.02箇所	1.72箇所

*: p<0.05, **: p<0.01（いずれも Welch の t 検定による）

　このように量的には拡大しているといえるものの，その一方で親友や仲のよい友だちと知り合った場所（学校，アルバイト先，職場，趣味の活動，ゲームセンターなど街で，など）を聞いてみると，2002年の2.02箇所から1.72箇所へとむしろ減少傾向にある。「学校で」知り合ったとする回答にはほぼ変化がないのだが（2002年94.1％→2012年95.6％），「職場で（アルバイト先を除く）」が29.4％から18.6％へ，「アルバイト先で」が28.9％から17.7％へ，「近所づきあいで」が11.3％から4.5％へとそれぞれ大きく減少している。なお，**カイ二乗検定**（▶ 第2章）の結果，それぞれ1％水準で有意であった。つまりは，知り合っている人数としては量的に増大しているのだが，友人関係のネットワークは主に学校に留まるようになり（つまり質的には縮小し），そのなかで関係性の密度が上昇していくような傾向があるということだ。

　このような状況のなかで，「友だちといるより，ひとりでいるほうが気持ちが落ち着く」という質問への肯定回答が，2002年の46.0％から2012年では71.1％と劇的な増加をみせている（カイ二乗検定の結果，1％水準で有意）。これだけをみると増え続ける友人がストレスの源泉になっているのかと思ってしまうのだが，その一方で「あなたは，どんなときに充実していると感じますか」という複数回答の設問において「友人や仲間といるとき」と答えた者の割合は81.0％で，親しい異性といるとき（45.5％），家族といるとき（44.1％），仕事やアルバイトをしているとき（37.1％）といった次に続く項目群に比して突出した傾向を示している（この質問は2012年調査のみ実施）。内閣府「我が国と諸外国の若者の意識に関する調査」（2013）のような他のデータをみても，充実感の源泉として友人関係は中心的なものであるという結果が出ており，その傾向は近年になるほど高まっている。現代の若者にとって，友人関係は両義

的な意味合いを持つということだ。

　ところで，友人といると充実感を得られるがひとりの方が落ち着くということは，ただ友人と気楽に過ごしていれば楽しいということではなく，今日の友人関係には少なからず気を使う側面があるということになるだろう。この10年間における友人関係の質的変化からその「気のおきどころ」について考えてみると，まず友人関係の深入りを避ける傾向を確認できる（表4）。

表4　友人関係の質的変化

	2002	2012
友だちとの関係はあっさりしていて，お互いに深入りしない **	53.7%	48.5%
友だちと意見が合わなかったときには納得がいくまで話し合いをする **	50.2%	36.3%
友だちをたくさんつくるように心がけている **	52.3%	43.6%
遊ぶ内容によって一緒に遊ぶ友だちを使い分けている **	65.9%	70.3%

**: $p<0.01$

　だが表4から同時にいえるのは，若者の友人関係を「深く狭く」から「広く浅く」へ，と解釈することはできないということだ。友人をたくさんつくろうとする傾向も弱まっているためである（より詳細には，辻2016:74-76を参照）。

　これらをどう考えるべきだろうか。表4にみられる友人関係の使い分けの加速を合わせ考えるならば，量的に増大している関係性のなかで（これは人間関係の束の本数としても，やりとりする情報量としても），一つの関係性に深くコミットすることで他の関係性を疎かにしてしまうリスクを考慮してのことかもしれないし，あるいはより単純に流れてくる情報量の多さを前にしてそのような余裕を失っているということなのかもしれない（あるいは，たとえばLINEのスタンプを選ぶような「面白みの即自的な提示」にコミュニケーションのポイントが移行しているのかもしれない）。いずれにせよ現代の若者たちは，量的に増大傾向にある（しかし多様性としては閉じつつある）友人関係のなかで，それを生き抜く工夫を余儀なくされていることは間違いないように思われる。

2 誰が「幸福」なのか？

ここまで，10年間の変化を中心に若者の友人関係の現状について整理してきた。このような友人関係のあり方は，彼/彼女らにとってどのような意味をもつものなのだろうか。既に充実感の源泉として友人関係があることを述べたが，友人関係について抱く充実感は自己肯定感や生活満足度とそれぞれ正の相関関係にある（図2・スピアマンの順位相関係数）。友人数や友人関係のあり方がたとえば大学進学，正規雇用での就労に結びつくというような関係はみられないため，それが手段的な効果をもたらすということはこのデータからはいえない。しかし友人関係には，その時点でのコンサマトリー（自己充足的）な効果をもたらすことには関わっていると考えられる。古市（2011：104-113）が述べるように，幸福感それ自体がコンサマトリーなものになっており，その要として友人関係があると考えるならば，このような自己充足はそれ自体が若者にとって非常に重要なことだとみるべきだろう。

図2　生活満足度・自己肯定感・友人関係の関連性

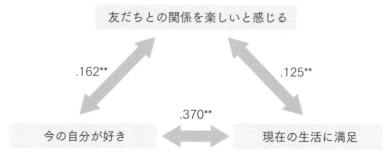

**: p<0.01

さて，ここで上述した疑問に取り組みたい。友人関係から充足を得られることは果たして個人的な問題，個人的な「コミュニケーション力」の問題なのだろうか。そこで本章の最後に，友人関係のあり方を従属変数にした**重回帰分析**（▶第2章）を行ってみたい。検討に使用する独立変数は性別，既婚未婚，親との同居，暮らし向きの5段階評価，正規雇用を参照カテゴリーとした学生，

非正規，専業主婦，その他ダミー，本人・父母の教育年数，それに「子どもの頃に読み聞かせをしてもらった経験」「クラシック音楽の受容経験」「博物館・美術館訪問の経験」を問うた4件法の得点を合算した文化資本得点である[5]。

表5　友人関係項目の重回帰分析（結果概要）

従属変数	友だちをたくさん作るように心がけている	誰とでもすぐ仲良くなれる	友だちと意見が合わなかった時は納得がいくまで話し合いをする	まわりの人たちとの間でトラブルが起きても，それを上手に処理できる	友だちとの関係を楽しいと感じることがよくある
性別					
家庭の状況					
暮らし向き		＋		＋	－
属性	学生＋ 非正規－	専業主婦－			非正規－ 専業主婦－
学歴	本人＋		母親－		
文化資本	＋	＋	＋	＋	＋
R^2	.063	.043	.022	.047	.016

＋：有意な正の効果がみられる項目，－：有意な負の効果がみられる項目

　表5からは，非正規雇用に従事している状態だと友人を多く作ろうとする度合いが弱まり，友人関係を楽しく思えない傾向が強まること，専業主婦だと誰とでも仲良くなる向きが弱まり，やはり友人関係を楽しく思えない傾向が強まるといったことが分かるが，本章の立場から注目したいのは**文化資本**（▶第1章）の一貫した正の効果である。上述したように，これらの項目は読み聞かせ，クラシック，博物館美術館についてのもので，あくまでも家庭の文化的・教育的状況を一端から推し量る変数でしかない。だがそれでも，そうした文化的・教育的状況の「充実」が子どものコミュニケーションのあり方に関係しているという結果が出ている。つまりは，全体としてモデルの説明力は高くないものの，一般的にいって恵まれた家庭環境で育った若者ほど，対人関係をめぐる能力（の自己認識）に恵まれ，ひいては友人関係からの自己充足的な幸福を享受しやすい状況にあるだろうということだ。

　このような結果は，本田（2005）による「ハイパー・メリトクラシー」に関する議論から解釈することができる。本田は，標準化された学力，知識量など

にもとづく「近代型能力」と，個性や創造性，コミュニケーション能力などのよりソフトな指標によって評価される「ポスト近代型能力」とを対比させ，今日興隆しつつある後者は，家庭環境を中心とした環境要件に影響される度合いが高いことに警鐘を鳴らしていた（本田 2005：20-25）[6]。表5は本田の指摘にまさに沿うような結果を示しているといえるだろう。いつの時代も下支えとなるものはあるだろうが，対人関係を要とする現代の若者のコンサマトリーな幸福は家庭環境に支えられる側面がありそうだ。

　それにしても，表5のような結果はなぜ生じるのだろうか。文化資本に恵まれた家庭で育つことがコミュニケーション能力そのものを高めると考えるべきだろうか（前馬 2011 も参照）。あるいは，そのような家庭環境で育つことが「スクールカースト」を上昇させ，友人関係を育みやすくなる資源を物心両面においてもたらすためであろうか。そもそも，文化資本に恵まれた，概していえばホワイトカラー層（▶第7章）のコミュニケーションのあり方がこの社会において正統なコミュニケーションのあり方になっているためだろうか。それとも別の道筋があるのだろうか。これらはすべて未検証の仮説にすぎない。この先に進むのは筆者を含む研究者の課題でもあるが，読者の皆さんそれぞれも考え，明らかにしていただければと思う。

✓ 教育社会学的想像力を拓くレッスン

ステップⅠ　リフレクティヴな学び

①あなたは，これまでどのような交友関係を築いてきただろうか。また，どのような関係性を大切にしてきただろうか。自身の経験を振り返ってみよう。

②表3で示したような，親友・仲のよい友だちと「学校」以外で知り合わなくなっている傾向について，なぜそのようになっているのだと考えられるだろうか。メディア環境が変わったから，とまず考えたくなるかもしれないが，果たしてそれだけだろうか。メディア環境とそれ以外の社会的背景双方について，ここ20年間の変化を考えてみよう。

ステップ Ⅱ　コミュニカティヴな学び
　　恵まれた家庭環境（特に文化資本の充実）は，対人関係能力の自己認識や，友人関係に関する充実感にどのように具体的に関係するのだろうか。筆者が示した三つの仮説のいずれかを選んでも，それ以外の仮説を新たに示してもかまわないので，グループを作って議論してみよう。

ステップ Ⅲ　イマジナティヴな学び
　　「青年」の語にかつて込められていたような，社会を自ら建設していこうとする心性は今日の「若者」からは失われてしまったのだろうか。社会への関心の世代差について考えられる資料を探し，その世代差がなぜ生じているかを考えてみよう。また，今日において社会に何らかのアクションを起こしたいとき，私たち一人ひとりにはどのようなことができるだろうか。

≪用語解説≫

ニート ● （NEET）Not in Education, Employment or Training の頭文字をとったもの。イギリス・社会的排除防止局による 1999 年の調査報告書『格差を埋める（Bridging the Gap）』において，従来的な支援の届かない若者たちを指す言葉として造語されたものだったが，日本国内では「働く気のない若者」として流通し，若者支援ではなく若者バッシングを担う用語の一つになってしまった向きが強い。また，「ひきこもり」と「ニート」はしばしば混同して用いられているが，厳密には，両者には異なる支援が必要である。また，職業に就き経済的自立を遂げることのみを問題解決のゴールとする見方には懐疑的な論者もいる。

── 注 ──

(1) ここでは，長いスパンで推移をたどることのできる「朝日新聞記事データベース 聞蔵Ⅱ」内の，「朝日新聞縮刷版　紙面データベース（1945 〜 1999）」を用いている。集計の始まりが 1952 年であるのは，戦後初めて見出しに「若者」が登場したのが同年であることによる。

(2) ゲマインシャフト／ゲゼルシャフトとは社会学草創期におけるテンニース（Tönnies, F.）らによる社会関係の類型論で，前者は全人格的に結びついた親密な共同態を，後者は

選択的・契約的に成り立つ人工的集合態を概して示しており，歴史的な推移としては前者から後者に向かうとされる（見田 1994，冨江 2012）。

(3) 『朝日新聞』を例にとれば，1977 年以後「若者」を見出しに置く記事数が「青年」のそれを下回ることはなくなるのだが，これは同年から「若者ノート」(1977)，「若者の風景」(1978-79)，「若者」(1980-84)，「らうんじ・若者」(1985-86)，「若者と」(1986) と名付けられたコーナーが紙面内に設けられたことによるところが大きい。そのため，記事数の増加を単純に「若者」への関心の増大と捉えることには留保が必要だが，「若者」という語を冠するコーナーができたことこそがまさに，「青年」ではなく「若者」が若い人々を指し示すにふさわしい名称であるとする認識の転換を示しているといえないだろうか。

(4) 若者のコミュニケーションをめぐる近年の「発見」として，「地元つながり」に関する言及をさらに挙げることができる。たとえば新谷 (2002) は，郊外の駅前で夜にブレイクダンスをしている若者たちにインタビュー調査を行った論文において，東京へ行くことに魅力を感じず，職業的達成よりも「地元」で中学校時代の同級生・先輩後輩を中心とした仲間と共に過ごすことを何より優先する彼らのライフスタイルを「地元つながり文化」と表現した。このような空間的射程を備えたコミュニケーション様態の研究はそれ以後も一定程度蓄積されているが，まだ検討の余地があるテーマであるようにみえる。

(5) 紙幅の都合でこれらの項目の単純集計表は割愛するが，青少年研究会のホームページに単純集計結果が掲載されているので，そちらを参照していただきたい（http://jysg.jp/img/20160331_1629.pdf）。

(6) 具体的な検証としても，小中学生および高校生の対人能力と，家族内でのコミュニケーション頻度が関連していると指摘していた（本田 2005：110, 138）。

（牧野智和）

第10章 社会の変化と高等教育
―― 大学とは何だろうか ――

I ▶ はじめに ―― 大学の役割とは

　次のようなA，Bの意見に対してあなたの考えはどちらに近いだろうか。そして，あなたは，なぜそのように考えるのだろう。

A．大学は最先端の教育と研究を行い，社会のリーダーを養成する場所だ。
B．大学はそこで学ぶ学生が，就職・生活していくために役に立つことを教える場所だ。

　AとBはどちらか一方が正解であり，どちらかが間違っているということではない。しかし，AとBでは，大学に対する期待や社会の中での位置づけが大きく異なっている。それでは，同じ「大学」に対して，なぜこのような意見の違いが生まれるのだろうか。
　社会の中で大学が果たしている機能，期待される役割は，社会の変化とともに変わってきた。社会と教育の関係を考える観点から，日本の大学がこれまでどのような役割を期待され，どのように変化してきたのかを振り返りながら，本章ではこのことを考えてみよう。大学や高等教育は，高校までの学校とは何が違うのか。大学はどのような現状にあり，それはどのように形成されてきたのか。そして，大学にはどのような課題があり，どのような未来が予想されるのかについて考えていくことにしよう。

II ▶ 高等教育とは何か

　「高等教育」とは，教育制度（教育システム全体）のなかで，初等教育・中等教育に次いで位置づけられている段階の教育を指す言葉である。しかし，その意味を説明するように求められた時，うまく答えられないかもしれない。教

育制度と学校制度の関係は複雑であり，必ずしも正しく理解されているわけではないためである。例えば，現在の日本の「高等学校（高校）」は，「高等」という言葉を含むが高等教育ではない（後述のように，中等教育の学校である）。他方，高校と同じように中学校卒業で入学することができる「高等専門学校（高専）」は，高等教育の一部とされている。また，「専修学校」をみると，「専修学校専門課程（専門学校）」は高等教育の一部とされているが，「専修学校高等課程（高等専修学校）」は中等教育の一部とされている。このようなわかりにくさは，それぞれの学校が持つ歴史的な背景によることが大きいが，重要なことは，それぞれの学校がどのような名称（例えば，高等や専門などの言葉の用いられ方）とされているかよりも，その学校が社会の中でどのような役割を果たしているか（どのような人を入学させ，どのような教育を提供し，卒業した後にどのような進路をとるのか）によって，教育制度のなかでどの教育段階に位置するのかが決まっていることである。

　学校制度は，国や地域，時代によって異なる。例えば，小学校を例に考えてみると，国や地域，時代によって6年制であったり，5年制であったり，また，その呼び方が「小学校」であったり，「基礎教育学校」や「国民学校」であったりする。また，新しいタイプの学校が制度化されることによっても，学校制度は変化していく。例えば，日本では，2016年に9年間の義務教育を一貫して行う「義務教育学校」が制度化された。また，2019年には，新しいタイプの大学として「専門職大学・専門職短期大学」が制度化された。これからの日本では，義務教育学校に進学し，卒業する子どもが出てくることになり，それらの子どもは6年間に区切られた「小学校」を経験することはない。学校制度は，時代と共に変わっているのである。

　しかし，教育制度を段階にわけて整理する，初等教育・中等教育・高等教育の区分の仕方は，時代や国をこえた共通の考え方である。そして，初等教育・中等教育・高等教育の区分は次のように整理することができる。読み書き計算を中心に，自分が生活している社会のなかで生きていくために必要となる知識や態度，価値観を習得することを主な目的とする「初等教育」，初等教育で学んだことを深めながら日常生活をよりよく生きるための共通の知識や職業に関連する内容も含めて学んでいく「中等教育」。そして，「高等教育」は，学問領

域もしくは専門的職業に就くために区分されたそれぞれの専門領域の知識を学ぶとともに，学んだ内容を自分自身がさらに発展させる（＝研究）ことを目的とする。初等教育・中等教育・高等教育はそれぞれの教育段階がもつ目的や社会的意味が異なっている。現在の日本において，高校が中等教育であり，高等専門学校が高等教育であることは，それぞれの学校のもつ目的が異なり，それによって区分されていることを意味しているのである。

　例えば，小学校や中学校ではみんなが同じ内容を同じように学んでいく。同じ学校を卒業するということは，同じことを同じ場所で学んだことを意味している。しかし，大学では，みんなが同じことを学ぶことは想定されていない。同じ大学で学んでいたとしても，学部や学科が異なれば，学ぶ内容は全く異なる。また，同じ学部や学科であったとしても，選択する授業科目は人によって異なり，卒業まで全て同じ授業を一緒に受ける同級生は存在しないだろう。違ったことを学んでいるにも関わらず，同じ大学を卒業するということに，不思議な思いを抱くかもしれない。しかし，それが，専門領域を学ぶということなのである。

　このように，教育制度をその目的によって三つの段階に区分することで，学校制度は，国や時代によって異なるとしても，それぞれの学校が社会の中でどのような意味や役割をもっているのかを共通に議論することができることになる。また，そのことによって，異なる国同士でも，どの学校とどの学校が教育段階として同等であるのかを議論することもできることになる。「高等教育」という区分は，そのような教育段階の一つなのである。そして，現在の日本では，大学（短期大学を含む），高等専門学校，専修学校専門課程（専門学校）が高等教育として位置づけられている。特に，歴史的な背景，社会的役割，学生規模の側面から大学が高等教育の中心的な役割を果たしている。

Ⅲ ▶ 日本の高等教育の現状

　それでは，日本の高等教育はどのような現状にあるのだろうか。文部科学省の「学校基本調査」を用いて 2018 年 5 月時点の状況をみると，日本には，1,113 校の大学があり，約 302 万人の学生が在籍している（なお，高等教育に学ぶ人は「学生」と称される。中等教育で学ぶ人は「生徒」である）。高等専

門学校は，学校数57校，学生数約57,000人，専門学校は2806校，約59万人である。学校数をみると，専門学校が最も多いが，在籍する学生数では大学が圧倒的に多い。大学は，四年制大学（一部の専門領域は六年制）と短期大学に分けられる。四年制大学は782校であり，約270万人の学生が在籍している。短期大学は，331校，12万人である。在学生の割合でみると，日本の高等教育段階では，8割の学生は四年制大学で学んでいる。高等教育の量的規模において四年制大学が中心的な役割を果たしているといえるだろう。

しかし，先に見た通り，高等教育とは学問領域や専門領域（以下，専門領域）によって区分されていることに特徴がある。そのため，全体としてみるだけではなく，それぞれの専門領域がどのような規模で構成されているのかをみておくことも必要だろう。そこで，四年制大学の在学生が専門領域別にどのように変化してきたのかをみてみよう。表1は，過去50年間について，各専門領域別の学生数が全体に占める割合を10年おきに示したものである[1]。

合計の人数から，過去50年間で四年制大学に学ぶ学生数は2倍に増えたことがわかる。そのなかでもおよそ半数が人文科学と社会科学に在籍していることが確認できるだろう。それぞれの専門分野が全体に占める割合は，過去50年での大きな変化は見られない（近年，「保健」と「その他」の領域が増加し，「社会科学」と「工学」が減少していることは確認できる）。全体の学生数が2倍となったとしても，それぞれの専門領域の構成比が大きく変わっていないことは，全体が同じように増加したことを意味している。

表1　四年制大学の専門分野別にみた在学生構成の変化の推移

	人文科学	社会科学	理学	工学	農学	保健	商船	家政	教育	芸術	その他	合計（人）
1968年	13.3%	42.2%	3.2%	20.0%	3.7%	3.8%	0.1%	1.8%	7.1%	2.1%	2.6%	1,211,068
1978年	13.3%	41.2%	3.1%	19.7%	3.4%	6.1%	0.1%	1.8%	7.5%	2.5%	1.3%	1,769,331
1988年	14.7%	39.1%	3.3%	19.8%	3.4%	6.4%	0.1%	1.9%	7.5%	2.5%	1.4%	1,861,306
1998年	16.5%	40.0%	3.5%	19.4%	2.9%	5.5%	0.0%	1.7%	5.8%	2.6%	1.8%	2,428,269
2008年	15.6%	35.8%	3.3%	16.3%	3.0%	9.0%	0.0%	2.6%	6.1%	2.9%	5.5%	2,520,593
2018年	14.0%	32.2%	3.0%	14.7%	3.0%	12.7%	0.0%	2.8%	7.3%	2.7%	7.6%	2,599,805

出所：文部科学省「学校基本調査」各年度より筆者作成。

それでは，このような日本の大学はどのように作られてきたのだろうか。歴史的な経過を確認することで，大学の社会的意味の変化と現在の特徴をみていこう。

Ⅳ ▶ 近代日本の大学と高等教育の形成

　日本の近代教育制度は，150 年前の明治時代から始まった。現在の大学につながる大学制度が作られたのも明治期に入ってからである（天野 2009）。明治期，社会の近代化を進めるための制度として学校制度が作られていく。その中で，大学はどのように位置付けられてきたのだろうか。そのことを考えるために，図 1 を見てみよう。これは明治 14 年の学校制度を示したものである。この図の特徴は，小学校から中学校に続く流れと大学の間が繋がっていないことにある。そして，大学には，「東京大学」と固有名詞が記載されている（他にも，東京外国語学校や東京師範学校・東京女子師範学校も固有名詞で書かれている）。

図 1　明治 14 年の学校系統図

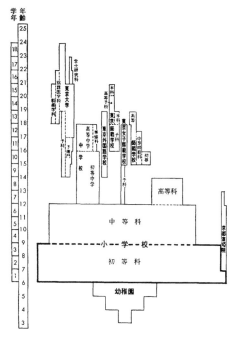

出所：文部省『学制百年史』

この図が意味することは，この当時，大学は「東京大学」の1校しか存在しなかったこと，そして，その大学に入ることと，小学校から中学校にかけての教育とは体系的に繋がっていなかったことである。大学とは，専門領域を学ぶ場所である。明治初期の日本にとって専門領域は，近代化の進んだ西洋先進諸国の最先端の学問を意味していた。そのため最先端の学問を日本に導入するための学校として，江戸時代からある教育機関や明治時代になってから国が作った様々な学校を統合することで「大学」を整備し，それを日本で唯一の大学として「東京大学」と称することとした。そこに，西洋先進国から各学問分野の先端研究者を教員として招き（「お雇い外国人」），最先端の学術研究の輸入を進めていく。大学には，世界最先端の教育研究を行い，社会の近代化を進めるためのリーダーとなる人材を育成する場所としての役割が期待されたのである。そのためには，各分野の先進知識を理解するための専門的知識と西洋諸外国から招いた教員の授業が理解できるだけの外国語能力が，大学に入学するための前提として必要とされた。それは，明治初期の日本の教育制度の中では，小学校から積み上げていくことで身につけることができる能力ではなかった。したがって，大学に入るためにはそのための特別の予備的学習が必要となり（「予科」や「予備門」），その教育内容は中学校までの内容と直接は繋がっていなかったのである。

　その後，教育制度の整備の過程で，大学制度は，ドイツをモデルとして制度整備が図られ，大学は各分野の専門教育を行う場（3年制）であり，専門教育を受けるための前提となる知識は入学前に学んでおくこととされるようになる。学校制度の整備が進むなかで，大学進学の前提となる教育機関として高等学校や大学予科が整備され，また，大学も，東京にある1校のみでなく，複数の大学が設置されていく。特に，大学制度については，ドイツをモデルとして制度整備が図られたことから，大学は専門教育を行う場であり，それらの大学は，国家の必要に応じた人材育成を目的とする「帝国大学」として形成される。他方，社会全体の近代化が進む中で必要な人材のニーズに応えるために創設されていく学校（私立学校）や，国が個別分野の専門的人材の養成を行うための学校は「専門学校」（旧制専門学校）として，「大学」とは異なる種類の学校として教育制度の中に位置付けられていく。大学とは，国家が創設する複数学部

を持つ最高の教育研究機関（最高学府）であり，国が設置したとしても単一の専門領域の人材養成を目的とする学校（官立学校）や公立・私立の学校は，専門学校として大学よりも下位の学校とされたのである。

しかし，明治期の近代化から50年近くが過ぎた大正期の1918年，私立大学や公立大学，官立の単科大学の設置が認められることとなり，「大学」とはそれぞれの専門領域での専門教育を行う教育研究機関として位置付けられ，帝国大学に限定されることはなくなった。このことにより，大学と専門学校の制度上の区分は残されつつも，大学進学の前段階の高等学校を含めて，戦前期の高等教育が形成されていく。表2は，戦前期の学校とそこで学ぶ生徒・学生数を示したものである。ここで注意が必要なことは，戦前期の教育制度においては，義務教育は初等教育である小学校までであり，中等教育である中学校・高等女学校以降の学校に進学する児童生徒は，少数であったことである。具体的には，大学進学者は，同世代の1％に満たず，極めて少数のみに与えられた教育機会であった。また，戦前期は中学校以降の学校は男女別学であり，大学は男子のみに認められた教育機会であった。そのため，ごく少数の例外をのぞいて女子が大学教育を受ける機会は与えられていなかった（湯川 2003）。

表2　戦前期における学校数と在学生数

		小学校	中学校	高等女学校	高等学校	専門学校	大学
1886（明治19）年	校数	28,556	56	7	2	66	1
	在学生数	2,802,639	10,300	898	1,585	9,740	875
1904（明治37）年	校数	27,383	267	100	8	62	2
	在学生数	5,154,113	101,196	28,533	4,946	27,887	5,256
1919（大正8）年	校数	25,644	345	462	12	101	6
	在学生数	8,362,992	177,201	131,711	7,558	52,714	10,240
1941（昭和16）年	校数	26,107	633	1126	32	201	47
	在学生数	12,451,147	475,751	617,281	22,028	143,912	77,401

出所：『文部省年報』各年版より，筆者作成。

戦前期の高等教育制度の中で，最上位に置かれた高等教育機関は，帝国大学であった。1886年に唯一の大学として東京大学が創設されてから，1945年までに帝国大学は9校が設置された。国家の必要のための教育研究機関として位置付けられた帝国大学がどのような学部構成であったのかを見ると，大学に期

待された役割をみることができるだろう。表3からわかることは，帝国大学の学部構成が理系中心であったことである。このことは，近代化を進めるためにどのような人材が必要とされていたのかを示している（天野 2017）。

表3　戦前期の帝国大学と学部構成

創設年	名称	学部構成（1945年）
1886年	帝国大学（東京帝国大学）	理・一工・二工・医・農・法・文・経
1897年	京都帝国大学	理・工・医・農・法・文・経
1907年	東北帝国大学	理・工・医・法文
1911年	九州帝国大学	理・工・医・農・法文
1918年	北海道帝国大学	理・工・医・農
1924年	京城帝国大学	理工・医・法文
1928年	台北帝国大学	理・工・医・農・文政
1931年	大阪帝国大学	理・工・医
1939年	名古屋帝国大学	理・工・医

V ▶ 戦後教育改革と大学進学の大衆化・ユニバーサル化

戦前期の教育制度は，1945年の第二次世界大戦の敗戦により，全面的な見直しが行われる。戦後教育改革の中で，日本の高等教育はアメリカの大学をモデルに再編成されることになった。その内容は，戦前期に高等教育として大学，高等学校，専門学校として別々の種類の学校として存在していたものを，「大学」として再編する（新制大学）とともに，大学は専門教育だけでなく，民主的な市民教育を目的とした教養教育（一般教育）を行うことが求められたことである。このような制度改革によって，旧制においては64校（1948年）であった四年制大学の数は，226校（1949年）に増加することになる（なお，この時，四年制大学としての基準を満たせない学校は，2年制の「短期大学」とされ，149校が設置された。短期大学は，1956年に恒久的な制度とされ，現在に続いている）。戦後教育改革は，戦前期の階層的な高等教育を，大学に一元化することで，学校間の制度的な格差の解消を図るものであった。また，この時，戦前期には設置が認められなかった「女子大学」の設置も認められ，さらに，各都道府県に少なくとも1校の国立大学を設置することなど，大学進学機会の

拡大が企図された（戦前期には，47都道府県のうち30県には大学は存在しなかった）。

1960年代に入ると，日本社会は高度経済成長の時代を迎えることとなる。その中で，経済成長を支える人材育成をはかるため，国立大学において理工系学部の新設や拡充が進められていく。また，工業化を進める実践的な人材養成機関として，中等教育と短期高等教育を一貫して行う5年制の高等専門学校制度が1964年に創設される。他方，幅広い社会の進学需要に応えるために，私立大学の新設を容易にする政策が同時に進められた。国家が必要とする人材育成を国立大学に求め，社会からの広い進学需要は私立大学に委ねるという政策方針がとられたのである。

図2　四年制大学と短期大学の学校数の推移と大学・短大進学率（男女別・1950-2018年）

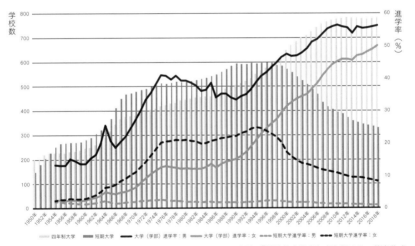

出所：『学校基本調査』各年版より，筆者作成。

図2は，1950年から2018年までの四年制大学と短期大学の学校数の推移（棒グラフ・左軸）と大学・短大進学率（折れ線グラフ・右軸）を男女別に示したものである。1960年代に大学数が増加し，大学・短大の進学率が伸びていることが確認できる。この要因として，大学の数が増えたことともに，第一次ベビーブームを背景とした進学適齢人口の増大や経済成長によって高等教育

への進学希望者が増えたことなどが指摘されている。高度経済成長によって，それまで，第一次産業を中心としてきた日本の産業構造は，第二次産業，第三次産業の就業者が増加し，産業構造が大きく変化していく中で，大学数の増加や大学進学者数の拡大が進んだのである。

しかし，このような急激な進学拡大は政治・社会情勢の変化と合わせて，大きな緊張をもたらした。それを象徴する出来事が，1960年末から1970年代初頭に生じた大学紛争である。この時生じた大学紛争にはベトナム戦争への反対，大学運営の民主化要求など様々な要因と背景があり，簡単に整理することはできない（大﨑編1991，小熊2009a・b，山本2015，小杉2018）。ただ，その要因の一つに，大学進学者の増大と大学の受け入れ体制の不備を背景に教育環境の悪化が進んだことや，授業料の値上げがなされたことに対して，学生の不満があったことは間違いないだろう。

大学紛争後の1970年代以降，政府はそれまで容認していた大学新増設を抑制する政策に転換し，国全体の大学進学率を計画的に管理するとともに（高等教育計画），新増設を容認する場合には，都市部ではなく地方であることを条件（地方分散）とするようになる。他方で，高等教育を大学のみとするのではなく，新たに「専修学校制度」を創設する制度改革が行われ，高等教育の多様化を企図した政策がとられた。図2において，1970年代から90年代にかけて大学進学率が増加しておらず，ほぼ横ばいになっていることは，この政策転換によるものである。このことは，地方での大学進学機会の拡充をもたらす一方で，全体としての大学入学定員が抑制されたことにより，大学入学者選抜（受験競争）が激化する要因となっていく。1970年代から1980年代にかけて，高度経済成長による家庭の所得水準の上昇による進学熱の高まりと，第2次ベビーブーム世代が進学適齢を迎える中で，都市部の大学の新増設が抑制され，入学定員が増やされなかったことが，進学競争を加熱し，その激しさを増すことにつながったためである。このことは，過度な学歴社会や受験競争を重視した画一的な学校教育に対する社会からの批判を強めることにつながり，教育の自由化やゆとりある教育が求められるようになる。そして，1980年代半ばには，「教育の自由化・個性化」を求める教育改革が提起されることになる（臨時教育審議会）。このような流れのなかで，1991年に，大学新増設を認めるととも

に，個々の大学の教育課程において一般教育と専門教育の区別をなくしても良いことを含めた制度・政策変更が行われた（「大学設置基準の大綱化」）。この政策変更により，1990年代以降，私立大学と公立大学の新設が続き，大学数の増加とそれに伴って，大学進学率が上昇していくことになった。また，各大学では教養養育の再編成が進められた。四年制大学と在学生数の推移をみると，1990年の507校，213万人から，2000年には649校，274万人，2010年には778校，289万人，2018年には782校，287万人となっている。図2における，1990年代以降の大学数と大学進学率の変化はこのことを示している。そして，2005年には高校卒業者の約半数が四年制大学・短期大学に進学するようになり，2018年には専門学校・短期大学を含めると高校卒業者の約7割が高等教育に進学するようになる。1979年に35％を占めていた高校卒業後の就職者は，2018年3月には17.6％となっており，高卒後の進路としての「就職」は少なくなっていくのである。このような進学率の上昇は，**高等教育のユニバーサル化**（▶用語解説）と称されている。

そして，2000年代には，18歳人口の減少を背景に，進学希望者数と大学入学定員の数量が逆転し，後者が前者を上回ることで，大学進学希望者は選ばなければどこかの大学には入学できる状況が到来する（「大学全入時代」）。大学進学は特別なものではなく，一般化した選択の一つとなってきたのである。この進学状況は，現在でもほんど変化はない。また，図2からは，1990年代以降の変化として，短期大学の数と女子の短期大学進学率が減少し，女子の四年制大学進学率が大きく伸びていることもわかるだろう。高等教育進学における女子の選択が大きく変化したのである。

このような高等教育の拡大の中で，大学の新設は，伝統的な学問領域だけでなく，新しい領域に広がっていくとともに，それぞれの既存の大学も特徴ある教育研究を進めることが政策的に奨励されていく（**大学の個性化と多様化**）。1990年代から2000年代はじめにかけて，大学と大学生が増え，また，伝統的な領域ではなく新たな領域に広がっていくなかで，全ての大学が「大学」として適切な水準を保っているかどうかに疑念が持たれるようにもなってくる。そして，大学を比較し，序列化するランキングが行われるようになり，また，大学は社会に対して自らの教育研究等の活動が「大学」として適切な水準を保っ

ていることを説明し，評価を受けることが求められるようになってくる（喜多村 2002）。そのようななか，2004 年には，個々の大学の大学教育が一定の基準を満たしているか，第三者機関が定期的に確認する大学評価制度が導入される（**認証評価制度**）。この制度は，政府の事前規制から事後チェックを重視する規制緩和の一環として導入されたものであり，大学の新設を容易にする一方で，創設後の大学を定期的に評価することで，大学教育の質保証を図ることを意図したものである。また，2004 年には，大学の個性化や自主性を高めるという名目から国立大学の法人化が行われた（大﨑 2011）。

　他方で，2000 年代に入ると，社会経済の**グローバル化**が進む中で，国際的な大学ランキングが影響力を持つようになり，大学は国際的な競争の文脈に位置づけられていく（▶第 13 章）。国際的な大学ランキングの中で，日本の大学がどのようなランクにあるかは，その国自身の国際的競争力を示す指標とみなされ，国にとっても重要な関心事となっていく（石川編 2016）。そして，大学の教育研究を高めるために，政府は，プロジェクト型の補助金制度を創設し，教育研究の向上を図るための大学の新たな取り組みや改革を支援したり，政府が求める社会課題の解決に取り組む大学に集中的な財政支援を行うことで，卓越した大学を形成しようとするようになる。大学を一律に扱うのではなく，補助金制度を用いて一定方向に誘導していく中で，差異的に取り扱うようになる。こうした政策が展開されるイデオロギー的基盤として**新自由主義** Neoliberalism（▶第 13 章）が指摘されており，日本に限らず大学をめぐる世界共通の動向となっている（細井ほか編 2014）。

　このような経過の中で，現在，高等教育において量的に中心的な存在である大学は，専門分野の広がりだけでなく，教育研究のあり方や水準においても広がりがみられるようになっているのである。そして，ユニバーサル化した段階にある大学教育が社会や職業とどのように繋がるべきなのかという問題意識を背景に，これまでの大学が学術的な教育内容を中心とされてきたことに対して，実践的な職業教育を中心とする「**専門職大学**」が大学制度の一部として創設された（2019 年 4 月に新設）。このことは，高等教育と職業との関係を問い直すものである。

　さらに現在，高等教育をめぐる将来的な見通しとして，人口減少時代の中で，

大学入学者の獲得競争が厳しくなる中で，入学希望者が入学定員よりも少なくなり，経営が破綻する大学が出てくるのではないかという指摘がなされている。そのため，大学は社会の変化に対応するため，また，学生獲得競争のなかで生き残るために大学改革が求められるようになっている（濱名ほか編 2013）。さらに，国立・公立・私立という設置主体別の入学定員のあり方をどのように考えるべきなのか，それぞれの大学が国際的位置や国内での役割をどのように果たしていくべきかが問われるようになっており，大学の統廃合や機能分化・類型化が政策課題として議論されている[2]。

Ⅵ ▶ 高等教育の社会学：進学機会・費用負担・大学教育

ここまで，日本社会の変化とともに，教育システムや社会システムの中での，大学を中心とする高等教育の位置付けや役割が変わってきたことを確認してきた。このような変化のなかで，現在の日本の高等教育はどのような社会的課題を持っているのだろうか。ここでは，教育機会の在り方，費用負担の在り方，大学教育の在り方という3つの観点について，社会学的視点から考えてみよう。

1 高等教育の教育機会

高等教育をめぐる社会学的な関心の一つは，誰が高等教育を受けているのか，高等教育への進学機会にはどのような特徴があるのか，という「教育機会」をめぐる課題である。高等教育への進学をめぐる研究は，教育社会学において多くの蓄積がなされてきた。前節で見た通り，現在の日本の高校卒業者の7割は高等教育に進学している。54.8% が大学（うち四年制大学が 49.4%，短期大学が 5.4%）に進学しており，16.0% が専門学校に進学している。このことは，20歳頃まで何らかの学校に通い，教育を受けることが，現代日本の若者の多数を占めていることを意味している（▶ 第11章）。それでは，このことは，誰でも同じように高等教育に進学している，進学できることを意味しているのだろうか。もちろん，高校卒業後に進学するかどうか，また，進学先にどのような大学・専門学校を選ぶかは，一人ひとりの自由である。しかし，もしも，進学への希望を持ちながら進学できないとしたら，また，進学を阻害するような要因があるとしたら，そのことは社会的課題として考えていかなければなら

ないだろう。なぜなら，自分の希望や判断で自分自身の進路が選べない状況があったとしたら，それは社会の構造的な課題が背景にあるかもしれないからである。そのことを考えるために，地域や性別や家庭状況，年齢などによって高等教育への進学状況がどのように異なるのかをみてみよう。

2 地域や性別による高等教育進学の状況

　地域や性別によって，高等教育進学に差はあるのだろうか。もしも，地域や性別での差がないとすれば，どの地域でも，また，性別に関わらず，全国で同じような進学状況にあることが想像できる。そこで，2018 年 3 月の高校卒業生の進学・就職状況を都道府県と男女別に示したものが表 3 である。表 3 には，四年制大学と短期大学の数も載せている。多くの情報を一つにまとめた少し複雑な表であるが，ここから地域や性別による高等教育進学の状況について考えてみよう。

　表 3 から，地域による高校卒業後の進路状況の違いをみてみよう。「B. 大学（学部）進学率」と「D. 就職者の割合」を都道府県別に見ると，それらには地域によって大きな差があることがわかる。具体的には，「B. 大学（学部）進学率」を見ると，東京（62.4%），京都（60.5%）では，大学等への進学者が 6 割を超えている一方で，鹿児島（32.4%），鳥取（35.6%）など 14 県では 40% 未満となっている。最大の東京都と最小の鹿児島県では 2 倍近い差がみられる。全国平均の進学率は 49.6% であることから，低い地域では，全国平均の進学率から 10 ポイント低いことがわかる。このことは，四年制大学への進学に大きな地域差があることを意味している。また，「D. 就職者の割合」をみると，東京（6.5%），神奈川（8.4%），京都（8.5%）と 1 割に満たない都府県がある一方で，佐賀（32.4%），青森（31.5%），山形（30.1%）と 3 割を超える県もあることがわかる。高校卒業後の就職者の割合には，最小の東京都と最大の佐賀県では，5 倍の差が見られる。これらのことから，高校卒業後の進路状況にも地域差があることが確認できる。

　それではなぜ，このような地域差があるのだろうか。その要因の一つとして，大学の立地状況を考えることができるだろう。表 2 の「E. 四年制大学の数」を見ると，全国で 782 校の大学があることがわかる。そのうち，東京には，最

表3 2018年3月の高校卒業生の進学・就職状況と大学数（都道府県別・男女別）

	A. 大学等進学率（％）			B. 大学（学部）進学率（％）			C. 専門学校進学率（％）			D. 就職者の割合（％）			E. 四年制大学の数（校）	F. 短期大学の数（校）
	合計	男	女	合計	男	女	合計	男	女	合計	男	女		
全国	54.7	51.8	57.7	49.6	50.8	48.4	16.0	12.4	19.7	17.6	21.3	13.9	782	331
北海道	45.5	45.8	45.1	40.0	44.5	35.4	21.7	16.1	27.5	23.5	26.8	20.1	38	16
青森	46.9	44.1	49.8	40.5	41.8	39.1	14.5	10.5	18.6	31.5	36.6	26.2	10	5
岩手	44.6	41.2	48.1	38.7	39.1	38.2	20.2	16.5	23.9	28.7	34.1	23.0	6	5
宮城	49.3	47.3	51.4	44.7	46.4	42.9	16.3	12.8	20.0	23.1	26.8	19.2	14	5
秋田	45.3	41.6	49.2	38.9	39.7	38.0	16.9	12.3	21.7	29.9	36.5	23.2	7	4
山形	45.3	41.4	49.3	38.9	39.8	37.9	17.4	13.6	21.3	30.1	35.5	24.5	6	3
福島	46.3	43.7	49.1	39.8	42.5	37.1	17.1	13.2	21.2	29.1	34.2	23.7	8	5
茨城	50.6	48.7	52.5	47.4	48.3	46.4	17.7	13.0	22.6	21.4	25.4	17.2	10	3
栃木	52.5	50.4	54.8	48.0	49.8	46.1	17.2	12.7	21.9	22.8	27.4	17.8	9	6
群馬	51.9	48.1	55.9	46.5	47.2	45.7	18.6	15.0	22.2	20.1	24.5	15.5	14	8
埼玉	57.2	55.5	58.9	52.7	55.0	50.2	17.0	13.1	21.2	13.7	14.9	12.5	28	12
千葉	55.7	54.2	57.3	51.9	53.6	50.2	18.0	14.1	22.0	13.2	15.1	11.3	27	8
東京	64.7	60.1	69.2	62.4	59.7	65.1	10.6	8.8	12.4	6.5	7.8	5.1	138	37
神奈川	61.0	58.9	63.1	57.0	58.4	55.7	16.0	12.3	19.6	8.4	10.0	6.8	30	14
新潟	46.4	45.9	46.9	41.0	43.9	38.0	26.1	20.4	32.1	19.5	23.6	15.2	19	5
富山	51.9	47.1	56.9	44.4	45.4	43.3	16.8	11.0	22.4	21.9	28.6	15.4	5	2
石川	55.1	50.9	59.4	48.6	50.0	47.2	13.9	10.3	17.6	21.2	26.7	15.5	13	5
福井	56.8	53.3	60.3	50.7	52.9	48.5	15.2	11.8	18.7	21.8	26.5	16.9	6	2
山梨	57.2	56.4	58.1	49.7	51.2	48.1	16.2	12.9	19.9	16.6	18.7	14.4	7	3
長野	47.7	42.9	52.8	39.5	40.9	38.0	21.3	18.9	23.8	18.8	22.7	14.7	10	9
岐阜	55.5	53.7	57.4	48.6	52.0	45.2	13.5	9.8	17.4	23.5	27.8	19.0	12	11
静岡	53.0	52.2	53.7	48.5	51.5	45.5	17.2	13.7	20.9	22.2	25.1	19.2	12	5
愛知	58.2	56.0	60.4	53.7	55.2	52.2	12.4	8.4	16.5	19.5	23.3	15.7	51	21
三重	50.6	48.4	52.8	45.0	47.0	42.8	14.5	9.9	19.2	27.3	32.8	21.8	7	4
滋賀	54.6	52.6	56.7	48.5	51.5	45.4	16.8	13.3	20.3	18.3	21.6	15.0	8	3
京都	65.9	62.7	69.0	60.5	61.3	59.7	13.7	11.4	16.0	8.5	10.7	6.3	34	12
大阪	59.5	57.4	61.6	53.8	56.4	51.3	14.6	10.7	18.5	11.5	14.1	9.0	55	24
兵庫	60.6	56.5	64.6	56.0	55.5	56.6	13.2	10.2	16.2	14.0	18.3	9.8	37	17
奈良	58.2	54.7	61.7	52.8	54.1	51.5	14.2	10.8	17.6	11.6	14.6	8.7	11	4
和歌山	47.8	45.1	50.5	42.1	44.5	39.8	18.0	14.0	22.0	23.1	28.3	17.9	3	1
鳥取	43.8	38.7	49.2	35.6	35.2	35.9	17.4	13.1	21.9	25.6	31.8	19.1	3	1
島根	46.7	43.9	49.6	41.2	42.1	40.2	20.0	15.2	24.9	23.5	28.8	18.0	2	1
岡山	51.0	46.3	55.8	45.8	45.5	46.0	16.3	11.6	21.0	23.3	31.2	15.1	17	9
広島	60.6	57.8	63.5	56.8	57.2	56.4	11.1	8.1	14.2	15.4	19.5	11.3	20	5
山口	44.1	39.1	49.1	37.8	37.9	37.6	16.6	11.2	21.9	29.6	37.8	21.4	10	5
徳島	52.0	47.5	56.5	46.8	45.3	48.3	17.0	11.8	22.2	22.8	30.6	15.0	4	3
香川	52.2	46.6	57.7	45.1	45.5	44.7	14.8	12.2	17.5	18.3	23.4	13.3	4	2

	A. 大学等進学率（%）			B. 大学（学部）進学率（%）			C. 専門学校進学率（%）			D. 就職者の割合（%）			E. 四年制大学の数（校）	F. 短期大学の数（校）
	合計	男	女	合計	男	女	合計	男	女	合計	男	女		
愛媛	53.7	50.7	56.7	46.6	48.7	44.5	18.9	15.3	22.5	22.5	27.8	17.1	5	5
高知	49.3	42.5	56.5	39.6	40.2	39.0	16.9	15.1	18.8	17.1	23.1	10.8	3	2
福岡	53.5	49.7	57.3	47.1	48.3	46.0	16.9	14.2	19.7	18.4	23.1	13.7	34	19
佐賀	44.7	41.0	48.7	39.1	40.3	37.9	15.5	11.8	19.6	32.4	38.1	26.2	2	3
長崎	45.0	40.9	49.3	39.5	39.7	39.2	16.0	11.8	20.3	29.7	35.4	23.8	8	2
熊本	46.8	43.0	50.8	41.4	41.8	41.0	17.2	13.1	21.5	25.7	32.1	19.1	9	2
大分	47.9	42.4	53.4	37.7	40.1	35.4	19.4	16.4	22.4	26.0	32.6	19.2	5	5
宮崎	46.0	40.5	51.6	37.8	39.4	36.3	16.4	13.9	18.9	28.3	36.1	20.3	7	2
鹿児島	44.2	37.8	50.5	32.4	35.4	29.4	18.9	15.5	22.3	26.7	33.1	20.5	6	4
沖縄	39.7	37.6	41.9	35.7	36.9	34.5	24.5	20.3	28.9	16.0	20.1	11.8	8	2

出所：『平成30年度 学校基本調査』より，筆者作成。

も多い138校の四年制大学が立地しており，これは全体の17.6%に当たる。南関東（東京・神奈川・千葉・埼玉）に広げてみれば223校となり，これは全体の28.5%となり，日本全体の4分の1の大学がこの地域に立地している。京都府には34校があり，京阪神（京都・大阪・兵庫）に広げてみると126校，全体の16.1%が立地している。他方，四年制大学が最も少ない地域は佐賀県と島根県の2校であり，次いで，和歌山県，鳥取県，高知県では3校となっている。このことは，大学の立地には地域的な偏りがあることを意味している。大学の立地は，進学のしやすさ，選択肢の多さに影響するため，多くの大学が立地する地域において進学率が高くなることは容易に想像できるだろう。大学が多く立地する地域は，人口の集中する都市部でもある。このような大学立地の偏りには，日本全体の人口分布や産業立地，地理的条件などの影響があると推察される。

それでは，性別によって進路選択の状況に違いはあるだろうか。まず，「B. 大学（学部）進学率」について，男女差を確認すると，女子の進学率が男子よりも高いのは5都県（東京，兵庫，鳥取，岡山，徳島）のみであり，そのほかの道府県では男子の進学率が女子よりも高い。最も差が大きい地域は，北海道であり男子は女子よりも9.1ポイント高い。しかし，「A. 大学等進学率」の男女差を確認すると，北海道を除く46都府県では，女子の方が男子よりも進学率が高くなっている。最も差の大きい場所である高知では14.0ポイント

の差があり，高知を含む 7 県において 10 ポイント以上の差がみられる。つまり，「B. 大学（学部）進学率」と「A. 大学等進学率」では，男女の進学率が逆転する都道府県が多いのである。また，「C. 専門学校進学率」の男女差をみると，全ての都道府県で女子の進学率が男子よりも高い。北海道，新潟，富山，山口，徳島では 10 ポイント以上の差が見られる。さらに，「D. 就職者の割合」の男女差をみると，全ての都道府県では男子が女子よりも高い。最も差の大きい場所は，山口であり，16.4 ポイントの差があり，半数にのぼる 23 県では 10 ポイント以上の差が見られる。これらのことから，高校卒業後の進路選択には，男女差があるといえるだろう。また，そこには，男女の進学についての地域差を見ることもできる（朴澤 2016）。

それでは，なぜこのような男女差が見られるのだろうか。ここでは，2 年間もしくは 3 年間という四年制大学に比べて期間の短い短期高等教育である，短期大学や専門学校の存在とその進学状況の意味を考えることが必要となる。「A. 大学等進学率」と「B. 大学（学部）進学率」は，短期大学の進学率を含めたものであるかどうかが異なる。現在の日本では，短期大学進学者の大多数は女子で占められており（2018 年の短期大学の在学生のうち，女子が占める比率は 88.7％。このことは，前述の表 2 でも確認できる），専門学校を含め，短期高等教育への進学は男子よりも女子が多いという特徴がある。このことから，「B. 大学（学部）進学率」と「D. 就職者の割合」では男子の比率が女子よりも高く，「A. 大学等進学率」と「C. 専門学校進学率」では女子の比率が男子よりも高いという状況をもたらしているのである。それではなぜ，四年制大学には男子の進学が多く，短期高等教育には女子の進学が男子よりも多いのだろうか。そこには，女子には男子よりも短い期間の教育で良いとする男女に対する伝統的な意識，卒業後の進路・就職の男女差などの文化的な要因もあるかもしれない[3]（▶ 第 12 章）。

3 家庭状況による高等教育進学の状況

次に，家庭状況による高等教育進学にどのような違いがあるのかを見てみよう。2013 年に成立した「子どもの貧困対策法（子どもの貧困対策の推進に関する法律）」は，政府に対して，毎年，子どもの貧困の状況と子どもの貧困対

策の実施状況を公表することを義務付けている。この「子どもの貧困状況」に関する公表資料から，全体世帯・生活保護世帯・ひとり親世帯・児童養護施設の子どもの高校卒業後の進学状況をみたものが表 4 である。参考として，同表には高校進学率の数値も掲載している。

表 4　生活環境による高等教育進学状況の相違 (2017 年)

	全世帯	生活保護世帯	ひとり親世帯	児童養護施設
高等教育進学率	73.0%	35.3%	58.5%	27.1%
（内数）大学等	52.0%	19.0%	41.9%	14.2%
（内数）専修学校等	20.9%	16.3%	16.7%	12.9%
（参考）高校進学率	99.0 %	93.6%	96.3%	98.1%

出所：内閣府「平成 29 年度 子供の貧困の状況と子供の貧困対策の実施状況」

表 4 から，全世帯の状況をみると，高校卒業後に 73.0% が高等教育機関へ進学していることがわかる。一方で，生活保護世帯の子どもの高等教育進学率は 35.3%，ひとり親世帯では 58.5%，児童養護施設の子どもでは 27.1% となっている。参考として掲載した高校進学率では，いずれの状況の子どもも 90% をこえていることと比較すると，生活保護世帯・ひとり親世帯・児童養護施設の子どもの高等教育進学率は全世帯の状況と比較して明らかに低く，家庭環境によって高校卒業後の進路選択の状況が異なる状況にあることがわかる。特に，大学等（大学・短期大学）への進学状況をみると，生活保護世帯・児童養護施設の子どもの進学率は 20% にも満たない。これらの家庭・生活環境の出身者には，そうではない家庭の出身者と比べて，大学進学に大きな壁があることを示している。人は生まれる家庭を選ぶことはできない中で，家庭状況による高等教育進学率のこのような相違は，社会的に許容されるものだろうか。

4 年齢による高等教育進学の状況

高等教育への進学において，年齢はどのような意味を持つのだろうか。日本の教育システムは，義務教育は年齢を基準に制度が作られているが，義務教育以降では制度上，年齢は関係しない。高等教育では，高校卒業資格等の一定の要件を満たした上で，入学試験等に合格することで，何歳からでも入学することができる。しかし，日本では高校卒業後すぐに高等教育に進学することが一般的な選択となっている。具体的には，2018 年 4 月の四年制大学進学者

(628,821人) をみると, 18歳までの進学者が77.8%（489,527人）, 19-20歳が19.7%（124,027人）, 21-24歳が1.8%（11,617人）, 25歳以上の0.6%（3,650人）であった。25歳以上の学生の学士課程段階の大学入学者の割合は, OECD諸国の平均は17.6%（2013年）とされており, 日本の状況は極めて低いことがわかる。日本における学生集団は, 年齢構成の多様性が非常に低く, 20歳前後の年齢で構成されており, 非常に均質的であるという特徴を持っているのである。そしてこのことは, 高校卒業時に, 大学進学を選ばない場合, その後も大学教育を受ける機会がないままである場合が多いことを意味しており, その問題が指摘されている（矢野2011）。

このような特徴の背景には, 日本における教育システムと労働システムの関係のあり方があることが指摘されてきた。具体的には, 新規学卒一括採用という学校から職業への移行の仕組みや終身雇用, 年功賃金制度という雇用慣行の中で, 人生の中で教育を受ける時期と就労する時期が分断され, 教育と就労を相互に行き来することが難しい社会システムとなっていることである。どのような年齢で高等教育を受けるか, ということは「教育を受ける」という問題だけではなく, どのような年齢で職につくか, という問題でもある。そのことは, 大学教育が社会の中でどのような意味や役割を持っているのか, を考えることにつながる問題でもあるのである。

5 高等教育の教育機会の現状と課題

ここまで, 地域や性別や家庭状況, 年齢などによって高等教育への進学状況にどのような特徴があるのかを確認してきた。そこから, 高校卒業者の7割が高等教育に進学する現代日本社会の中で, 高等教育の教育機会は, 誰にとっても平等に, 均等に開かれているわけではないことが見えてきた。地域や性別, 家庭の経済状況や家庭環境, 年齢という要素をもとに高等教育進学の現状をみると, そこには格差があり, そして, その格差の背景には, 社会全体の構造や社会システムのあり方があることも見えてきた。それではそのような格差や背景にある社会構造は, どのように考えれば良いだろうか。もしも, 三つの格差が公正ではないとすれば, 改善していく必要がある社会課題として考えていく必要があるだろう。

6 高等教育の費用負担

　高等教育を受けるためには，授業料をはじめとする学費の負担が必要となる。大学で学ぶための費用が負担できるかどうかは，大学に進学するかどうかの判断に大きく影響することになる。このことを高等教育機関の側から考えれば，教職員を雇用し，また，教育研究環境を整備するために経費が必要である。誰かがその経費を負担しなければ，高等教育を提供することはできない。授業料をはじめとする学費のあり方は，高等教育を提供するための経費を，誰が，どのような形で負担するべきかという費用負担のあり方についての問題でもあるのである。そのため，このような「高等教育を受けるための費用は誰が負担するか」という問いは，社会のあり方に関係する課題である。

　（高等教育に限らず）教育を受けるための経費を誰が負担するかは，必要な経費はそれぞれの設置主体が負担するとする考え方（**設置者負担主義**）と，教育を受けることによって利益を得るのは教育を受けた本人であるので，教育を受ける主体が負担するべきであるという考え方（**受益者負担主義**）を組み合わせて成り立っている。そして，教育を受けるための経費を負担する主体は，「国・地方自治体」，「家族」，「学生本人」という3つの主体をもとに考えることができる。「国・地方自治体」とは，税金など公的な資金をもとに学校を設置・運営し，学生等に負担を求めずに教育を提供する考えである。「家族」は，保護者を中心に学生本人以外の家族が必要な経費を負担することを指し，「学生本人」は，教育を受ける主体自身がその費用を負担することを意味する。このような費用負担の主体から考えると，日本の高等教育の費用負担の現状にはどのような特徴があるだろうか。

　日本の高等教育では，設置主体として国立・公立・私立の区別がある。設置者負担主義から考えれば，国立・公立の高等教育機関においては，設置主体である国や地方自治体がその費用を負担すること，私立の高等教育機関ではその費用を設置主体が自ら調達することになる。他方，受益者負担主義から考えれば，教育を受ける主体である学生本人が負担するべきことになる。ただし，教育を受けることによる受益者を，教育を受ける主体に限定するのではなく，広く社会全体の利益になると考えると，受益者負担主義の考えからも公的負担が

求められることになる（矢野 2015）。このような考え方の組み合わせの中で，高等教育の費用は負担されており，国公私立の設置主体のいずれにおいても授業料の形での受益者負担があり，また，国公私立のいずれの設置主体に対しても公的負担が存在する。ただし，国公私立の設置主体によって，公的負担と受益者負担の比重は異なり，私立においては授業料負担が大きくなっている。そして，国際的にみたとき，日本の大学の授業料は高いことが指摘されている。

さらにこの授業料を負担する主体を，学生本人と捉えるか，家族として捉えるかがさらに分かれる。日本の特徴は，本人よりも保護者を中心とした家族が学費負担することが多いことにある（家族主義）。このことは，家族という単位で子どもの教育の責任が考えられていること，また，高校卒業後18歳ですぐに進学をする傾向が強い中では，学生自身が費用を負担する経済力を持たないことなどが背景にある。もちろん，すでにみたとおり，全ての家族や進学希望者が，学費を負担できる経済力を持つわけではない。意欲や能力を持ちながら，学費負担が困難な進学希望者に対して，経済的に支援する社会制度が奨学金制度である。奨学金制度は教育費負担を社会的に調整する制度ということができる。

国の奨学金制度は，現在，日本学生支援機構（JASSO）により運営されており，貸与奨学金制度の利用者数は134万人であり，大学生・専門学校生の2.6人に1人が利用する大きな制度となっている。国の奨学金制度は，2017年3月に給付型奨学金制度が創設され，それまで貸与制度のみであった制度枠組みは転換を迎えることとなった。この背景には，過剰な返済負担や延滞者への回収強化に対する批判などから奨学金制度のあり方が社会問題として指摘されるようになったこと（大内 2017）や，2016年からの18歳選挙権を背景とする政治的な関心の高まり（白川 2018）など，奨学金制度をめぐる社会的・政治的環境の変化が指摘されている。高校卒業後の7割が大学・専門学校に進学し，そして，高等教育における学費負担において私的負担が大きい現代日本社会において，公的奨学金制度の持つ社会的意義は，ますます大きなものとなっているといえるだろう。

さらに，2017年には「高等教育の無償化」が政策課題として提起された。そして，2017年12月に閣議決定された「新しい経済政策パッケージ」，2018

年 6 月の「経済財政運営と改革の基本方針 2018」(閣議決定) において，2019年 10 月の消費税増税を前提に「高等教育の無償化」が設定され，支援対象者と支援措置の対象となる大学等側の具体的な要件が示された。その内容は，2020 年 4 月から「所得の低い子供たち，真に必要な子供たちに限って高等教育の無償化」を進めるものであり，先にみたように，高等教育への進学状況は家庭状況によって大きな格差があることを改善するための新たな施策である。全ての大学生の授業料等の学生納付金(学費)が無償になるわけではないが，この新たな政策は，学生や家計が入学金や授業料などの学生納付金というかたちで負担してきた高等教育の費用負担のあり方を再考する契機でもあり，関連する諸制度の再構築を求める動きとなっている。ただ，この「高等教育の無償化」には，家庭の所得状況などの支援対象者の要件とともに，支援措置の対象となる大学等の要件も具体的に提示されており，大学等側の要件には「①実務経験のある教員による科目の配置，②外部人材の理事への任命が一定割合を超えていること，③厳格な成績管理を実施・公表していること，④法令に則り財務・経営情報を公開していること」が求められている。そして，その大学等が無償化の対象となるかどうかは，国による審査を受けることとされている。国が大学教育や大学の運営あり方に一定の条件を課し，大学を審査することには批判もある。教育の機会均等を実現するために教育費への公的支援を増す一方で，大学にはそのあり方をめぐって，社会的要請に対応していくことがさらに強く求められつつあるのである。

7 大学教育への社会的要請とその意味

「高等教育」は，学問領域もしくは専門的職業に就くために区分されたそれぞれの専門領域の知識を学ぶとともに，学んだ内容を自分自身がさらに発展させることに特徴がある。そのため高等教育では，教育や研究の内容を政府や第三者によって決められるのではなく，教育機関や教育担当者が決めること，特に大学においては「**学問の自由**」や「**大学の自治**」(▶ 用語解説) の原理に則して，教育研究内容についての大学の自律性が重視されてきた。大学が，人文社会科学・自然科学・生命科学などさまざまな領域の教育研究を扱うとともに，基礎研究・応用研究など広がりをもち，そして最先端の研究に基づいた教

育を行うことで高度な専門的知識をもった人材を育てるためには，その専門組織である大学がその教育内容について最もよくわかっているとされているためである。しかし，1990年代以降，日本の大学と大学教育は，進学率の上昇に象徴される量的規模の拡大と教育課程の構造的な変化を経験してきた。さらに，1990年代の日本社会は，バブル経済が破綻した影響を受けた長期不況下にあり，大学卒業者の就職難が続くという社会状況のなかにあった。大学進学者の増大とこのような社会情勢は，大学教育にそれまでとは異なる機能を求める社会的要請をもたらした。具体的には，大学教育には，以下のような4つの観点から大きな変化が生じることとなった。

　第一に，大学教育の多様化と個性化の進展である。1990年代の制度改革により，大学教育では「専門教育」と「一般教育」の科目区分は廃止され，既存の大学においては，それまでの科目区分に限定されない総合的な内容を扱う新しいタイプの授業科目が創設されるようになった。人文科学・社会科学・自然科学の3分野からなる「一般教育」という考え方から，幅広い知識と経験を提供する教養教育へ考え方が変化していくとともに，全学的な共通教育のあり方が個々の大学で再編成され，各学部の専門教育に留まらない，さまざまな授業科目が開設されていったのである（吉田 2013）。また，大学の新増設の容認と増加は，それまでとは異なる個性ある学部や学科をもつ大学の新設につながった。このような大学教育の多様化・個性化は，国によって特色ある教育を支援する政策が展開されることで促進されてきた。

　第二に，大学・大学生の量的増加と大学進学率の増加を背景に，大学生の多様化や「大学生の学力低下」が指摘され，それに対応する取組みが普及したことである。1990年代後半から2000年代初頭にかけて，大学生の学力低下が指摘され（岡部ほか編 1999），大学教育を受けるために必要な基礎学力を有していない学生に対する補習教育・リメディアル教育が各大学で取り組まれるようになる。この動向は，「大学生の学力低下」のみが要因ではなく，高校教育において教育課程の変更によって教科選択制が拡大されたことや，大学入試における科目選択型受験（アラカルト型受験）が拡大したことも背景にある。高校教育の多様化により大学入学以前の学習経験が個別化することにより，前提となる知識を有していることを想定して大学教育を提供することが難しくなって

きたのである。大学入試においては、推薦入試や AO 入試による進学者が入学者全体の 44.3%（2017 年度）を占めるようになり、大学進学者の基礎学力を保証する大学入試の役割が弱まったことも理解しておくことが必要であろう。実際、2014 年の時点で、7 割の大学で、学力別のクラス分けや入学前後での補習教育など、高校までの履修状況に配慮した取組みが行われている。

　第三に、大学進学者の増大は、高校から大学へのスムーズな移行への支援を必要とする学生の増大をもたらすことにもなった。高校までの学校教育と大学教育は、授業内容や教育方法、授業科目の選択や履修範囲、学生生活の在り方など様々な面で違いがある。これらの違いに戸惑い、大学への不適応を生じる学生の存在が課題となり、高校から大学への円滑な接続を重視する初年次教育の重要性が指摘されてきたのである（初年次教育学会編 2013）。

　第四に、社会経済状況を背景とする大学生の就職難から、大学教育において、実学志向の教育内容やキャリア教育の必要性が主張されるようになる。コミュニケーション能力や論理的思考力など、企業が就職者に求める能力を大学教育の中でいかに育成するかが課題となった。そして、厚生労働省や経済産業省が、仕事や社会人として求められる基礎的な能力の要素を提示（厚生労働省による「就職基礎能力」2003 年、経済産業省による「社会人基礎力」2004 年）し、大学教育のなかでそれらの能力を育成することが必要であると考えられるようになり、そのためのさまざまな教育プログラムが大学で実施されるようになってきた。具体的な取り組みとして、大学の授業科目として**インターンシップ**が位置付けられてきたことなどが挙げられる（▶ 第 11 章）。2011 年からは、大学には「社会的及び職業的自立を図るために必要な能力を培うための体制」を整備することが義務化されている。さらに、前述の 2020 年からの「高等教育の無償化」において支援措置の対象となる大学等の要件に「実務の経験をもつ教員による科目」が含まれることは、高等教育と職業とのつながりをさらに求めるものとなる。この背景には、大学と社会や職業との接続のあり方が課題とされていることがあるのである。

　このように、1990 年代以降、大学教育の「多様化・個性化」がすすむなかで、「補習・リメディアル教育」「初年次教育」「キャリア教育」という、それまでの大学教育では想定されていなかった新たな教育への取組みが求められてきた。

そして，これらの「新しい」大学教育の在り方は，個々の大学での実践事例から徐々に広がり，多くの大学で幅広く取り組まれるようになり，国によって制度化されていくことになる。このような中で，2008 年には，入学から卒業までの教育課程を「学士課程教育」として体系的に整備することを求める政策が示されていく（中央教育審議会 2008）。「新しい」要素が加わり，その幅が広がっていく大学教育を，個々の大学で組織的に体系化することが求められたのである。このことと併せて，どのような専門分野，どのような大学を卒業したとしても，「大学」として共通することを前提に，大学教育の一定の共通の能力の指標として「**学士力**」が提示された。このような大学教育の方向性が示されたあと，2010 年代には，大学生の学習の在り方が課題とされ，日本の大学生の学習時間の短さが問題視され，学習成果を高めるために，学生に学習させるための教育への転換が求められるようになった（金子 2013）。そのなかで，特に強調されたことは主体的な学習としての，**アクティブ・ラーニング**の推進である（▶第 7 章）。講義を中心とする教育から，**学生自身が共同でプロジェクトに取り組む学習** Project Based Learning や，**課題を解決する学習** Problem Based Learning，**他者との協力を必要とする学習** Team Based Learning など，新たな教育手法が提案され，推奨されるようになった。大学教育においてどのような教育方法がどのような教育効果をもたらすのか模索されている（松下ほか編 2015）。大学生がどのように大学で学び，何を習得しているのか，大学の学習成果が問われるようになっているのである（山田編 2016）。さらに，このような大学教育の改革は，大学入試の在り方や高校教育の在り方と一体的に議論されるようになり，現在，高大接続改革としてその見直しが進められている。

　このように政策的に進められてきた大学教育の体系化は，一方で，大学の「**学校化**」の側面をもつ（▶第 5 章）。日本においては，初等・中等教育における学校では，法律や文部科学省の定める規則や学習指導要領及び検定教科書制度によって，教科が定められ，教育課程と教育内容が標準化されている。他方，大学では，教育課程は標準化されているわけではなく，大学の自主性に委ねられている。大学教育の体系化は，個々の授業担当者の裁量が大きかった大学の授業科目を，教育プログラム（学位）単位で相互の関連性を明確すること

として進められている（学位プログラム）。これまでの大学教育の改革では，大学の「学校化」として，組織としての教育体制を整備することが進められたと言い換えても良いだろう。

このように求められている大学教育の体系化はどのような意味を持つのだろうか。その特徴は，現在の大学教育には，学校教育，成人教育，大学の伝統的な教育研究機能の3つの側面が求められていると理解することができる。学校教育の側面とは，既存の知識を体系的に整理し，順序立てて学生に教えることである。大学教育が，「学士課程」として位置付けられ，教育の体系化・構造化が進められていることは，この側面から理解することができる。このことは，大学進学者の量的拡大（大学進学の大衆化）のみが理由ではなく，各分野における専門的知識が高度化するなかで，体系的な理解なしには，高度な教育研究を理解することができなくなっていることも背景としている。他方，成人教育の側面とは，教育内容や方法において，実践的・実用的教育を重視する特徴をもつことである。成人教育では，「役に立つ」教育として社会的意味や活用・応用を重視した教育内容が重視される。キャリア教育や職業能力の育成，職業とのつながりの強化が大学の取り組むべき内容として位置づけられていることなどは，この側面から理解することができる。ただし，この場合の「役に立つ」はどういうことを意味するのかは慎重に考えなければならない論点である。（例えば，本田編 2018）。大学の伝統的教育とは，教育と研究の融合，知識の発見，自由な知的探求の場としての大学の側面である。近代の大学では，教師と学生がともに新たな知識の発見のために研究に取り組み，研究と教育が融合することがひとつの理想的なあり方とされてきた（**フンボルト理念**）。多くの場合，学士課程の高年次から，大学院にかけて展開される学生の自主的な関心に基づく発展的内容を重視した学習（＝研究）は，このような大学の伝統的な教育研究の機能の側面とみることができる。このように，学校教育・成人教育・伝統的機能の側面から大学教育の変化を理解すると，これまでの大学は伝統的な教育研究機能を前提としていたが，社会の変化の中で，学校教育の側面，成人教育の側面が強調されるようになってきたとみることができる。このような大学教育の変化をどのように評価するかは，大学とは何か，大学をどのような存在として考えるか，大学に何を求めるかによって異なってくるだろう。現

在進められている大学改革に対して様々な意見，批判があること（例えば，山口2017，藤本ほか編2017，佐藤編2018）は，このような観点から考えることができる。また，一つの大学が大学に求められている全ての役割を果たすことは難しいかもしれない。その場合，高等教育システムが全体として，それらの複合的な役割を果たすと考えれば，一つひとつの大学の役割は異なったものになるだろう（**大学の機能分化**）。

Ⅶ▶ まとめ——大学とは何か

　本章では，高等教育について，大学を中心に，日本の現状とその歴史的な変化，教育機会，費用負担，大学教育の変化を学んできた。本章の冒頭の問い，「A．大学は最先端の教育と研究を行い，社会のリーダーを養成する場所だ」という意見と「B．大学はそこで学ぶ学生が，就職・生活していくために役に立つことを教える場所だ」という意見は，現在の日本の高等教育に，両方とも当てはまるものであることに気づいたのではないだろうか。前者が伝統的な大学についての見方，後者は現代的な大学についての見方と言えるかもしれない。しかし，前者が後者に完全に置き換わったのではなく，現代においても前者の考えは維持されている。このことから，高等教育が常に社会の中で変化してきたこと，社会の変化の中で高等教育に求められるものが変わってきたこと，社会のあり方や課題を反映した特徴や問題を抱えていることが見えてくる。そして，高等教育の全体像を知るとともに，全体像からは見えない部分や一見個人的な問題と思われることに，社会の構造や矛盾が反映されていることにも気づいたのではないだろうか。また，異なる課題のように見えるものが，関連を持って結びついていたことに気づいたのではないだろうか。社会の変化の中で大学の役割をどのように考えるかは，社会の課題をどのように考えるかにつながっている。あなたは，大学にどのような役割を求めるだろうか。

✔️ **教育社会学的想像力を拓くレッスン**
　ステップ **Ⅰ** リフレクティヴな学び
　　あなたが，高校までの教育と大学での教育で最も異なると感じたことは何

だろう。そして，その違いはなぜ生じているのだろうか。

ステップ Ⅱ　コミュニカティヴな学び

大学では様々な専門分野や様々な授業科目が教えられている。あなたやあなたの友達は，様々な授業内容をどのように受け止めているだろうか。自分が受けている，受けてきた授業と授業のつながりや関連性・体系性について，話し合ってみよう。

ステップ Ⅲ　イマジナティヴな学び

大学進学について，地域格差や男女格差が存在する。それらの背景は，人口が多い都市部に多くの大学が立地していることなどの状況を背景としている。今後，人口減少の時代の中でこの課題はどのように解決するべきだろうか。そもそも，解決するべき問題は何だろうか。

≪用語解説≫

（高等教育の）ユニバーサル化 ●アメリカの社会学者であるマーチン・トロウ（Martin Trow 1926-2007）が，進学率を指標に，各段階の教育がもつ社会的意義や教育内容等の変容を議論した発達段階論に基づく考え方（Trow 1976）。進学率によって，エリート・マス・ユニバーサル段階として区別して説明した。進学率が同世代の15％未満の状況をエリート段階，15％から50％をマス段階，50％以上の人が進学するようになる段階を普遍的な段階としてユニバーサル段階と位置付けた。戦後日本の進学率の上昇と大学の変化を説明する際に，当てはまりがよいことから広く利用されている。ユニバーサル段階では，大学教育の在り方に変化が求められるとともに，その教育を受けないことによる社会的不利益の大きさなどが指摘されるようになる。

学問の自由・大学の自治 ●大学は，その教育研究の内容や教育研究を担当する教員の人事等について，国家や他の社会的権力から介入されることなく，大学自身で決めることが重要であるとする考え方。各専門領域において何を，どのように研究するか，どのような教育を行うか，研究成果としてどのような内容を発表するかに対して，国家や権力の介入により抑制・強制されることを批判する原理となる。歴史

的に，大学と国家や社会権力（宗教権力）との緊張関係のなかで構築されてきた。日本では戦前期にさまざまな葛藤がみられたが，日本国憲法は，憲法23条で「学問の自由」を保証し，その自由を担保するための制度的保障として大学の自治を認めていると解釈されている。社会問題や社会批判も含む，幅広い分野の研究を行う大学にとって重要な理念である。ただし，何もかもが自由に行えるのではなく，研究倫理や社会倫理など，守るべき規範は存在する。

── 注 ──

(1) 文部科学省（文部省）の『学校基本調査』において，表1で示したような人文科学，社会科学，理学，工学等の専門分野区分により集計されるのは昭和43年度（1968年）からである。それ以前は，文学，法政商経など，異なる区分が用いられている。
(2) 2019年2月，文部科学省は「高等教育・研究改革イニシアティヴ（柴山イニシアティヴ）」を発表し，国の責任において意欲ある若者の高等教育機関への進学機会を確保するとともに，高等教育・研究機関の取り組み・成果に応じた手厚い支援と厳格な評価を徹底する「教育」「研究」「ガバナンス」改革を進めることで，「世界を牽引するトップ大学群」と「地域や専門をリードする大学群」を形成する政策方針を示した（文部科学省2019）。
(3) 2018年に，複数の医学部の入学試験で，男性を女性よりも有利にするような配点が行われていたことが明らかになり，不適切な入試として問題となった。大学進学と性別の関係は，専門分野やその先にある職業との関係も含めて考える必要がある。

（白川優治）

第11章 変化する社会における「キャリア教育」
―― 学校教育は卒業後の仕事にどのように関わっているのか？――

I ▶ あなたが大学に進学したのはなぜ？

　突然だが，2つ質問である。日本全国の高校生のうち，何割くらいが大学に進学するのだろうか。そしてあなたが大学に進学した理由は何だろうか。

　最初の質問の答えは，あなたがいつ生まれたかによって回答が異なる。『学校基本調査』の最新版である平成30年（2018年）版によれば，2018年3月に高校（全日制・定時制）を卒業した人（約106万人）のうち，4.6％が短期大学へ，49.6％が大学へ進学した。これに専修学校（専門課程）に進学した人16.0％を加えれば，7割強が高校卒業後に何らかの高等教育機関に進学している。あなたの出身高校では，大多数の人が進学しているかもしれないし，逆に，大多数が進学していないかもしれない。しかし，日本全体で見れば，大多数の生徒が高卒後に就職ではなく「進学」という進路を選んでいる。

　過去に遡れば，これほど多くの人は進学していなかった。例えば，高度経済成長期の終盤である1973年の進学率は，短期大学で9.7％，大学で19.7％だった（ちなみに専修学校が創設されたのは1976年なので，当時はまだ進学者はいない）。また，バブル景気と呼ばれた好況の時期（1986年頃から1991年頃まで）であっても，第二次ベビーブーマーの中でも最も人口の多い1973年生まれ（約204万人）が高校卒業を迎えた1992年の進学率は，短期大学で13.2％，大学で19.2％，専修学校（専門課程）で16.4％というように高等教育への進学率は5割弱だった。現在よりも1.7倍も人口が多いのに，4年制大学には5分の1弱しか進学しなかったのである（▶第10章）。当時の大学進学が狭き門だった様子がうかがえる。18歳人口の約半数が4年制大学に進学する現在と，5分の1程度しか進学しない時代とでは，進学することの意味は当然異なってくる。

　ここからは，2つ目の質問「なぜ大学に進学したか」に話題を移そう。1982

年に日本リクルートセンターが行った進学動機調査によると，高校3年生が大学に進学する動機として選んだ（複数回答可）のは，「教養，視野を広めるため」が46.5%で最も多く，「学生生活，課外活動を楽しむため（45.9%）」「専門知識，技術を得るため（39.7%）」がそれに次ぐ[1]。当時の大学生が学業と同時に，課外活動や視野を広げ，学生生活全般を楽しもうとしている様子がうかがえるだろう。

　一方，近年の状況はどうだろうか。図1は，進研アドが2008年と2013年に大学生を対象に行った調査の結果で，「大学進学理由（複数回答可）」として2008年，2013年，両調査ともに回答者の8割以上が選択したのが「安定した職業に就くには学歴が必要」と「社会に出たとき，学歴が必要」であった。また，2008年調査と2013年調査を比較すると，2013年調査では「専門的な知識や技術を身に付ける」「幅広い教養を身に付ける」「専攻学問を研究したい」の選択率は低下しており，逆に「すぐに社会に出るのが不安だから，とりあえず進学」「周囲の人がみな進学する」「先生や家族が勧める」「なんとなく」の選択率が上昇している。

図1　大学生が回答した大学進学理由（複数回答可）

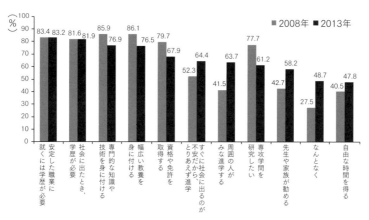

①調査概要：「大学受験振り返り調査」②調査主体：進研アド③調査時期：2013年10月
④調査方法：インターネット調査　⑤調査対象：全国の大学1・2年生
⑥有効回答数：2,027人（性別：男性34%，女性66%　学年：1年48%，2年52%　設置者：国立大学34%，公立大学11%，私立大学55%）

出所：進研アド（2014：21）

調査対象者の学年や選択肢が同じではないので厳密には比較できないが，1982 年調査に比べ，2008・2013 年調査では，学生生活を楽しむことよりも，就職に不可欠な学歴の取得に重きが置かれていることがわかる[(2)]。現代の学生は，卒業後の仕事を意識して大学進学をしているのだ。では，大学に進学して教養を深め，専門的なことを学び良い成績をとれば，望む仕事に就けるのだろうか。

II ▶ 学校から仕事への移行 School to Work Transition ──日本の特徴

「高校の時には学べないような専門的なことを学ぶために大学に進学した。大学を卒業するからには，専門性を活かした仕事に就きたい。でも，自分はそのような仕事に就けるのだろうか。そもそも大学で学んだことを活かせる仕事ってあるのだろうか…」。そういった不安を持っている人は少なくないだろう。

学校を卒業して職業生活へ移行する方法は，その国の労働市場の類型によって異なる。欧米の雇用の特徴は，仕事に人をあてがう「ジョブ型」であるのに対して，日本の雇用の特徴は，人に仕事をあてがう「メンバーシップ型」である（濱口 2011）。「ジョブ型」では，企業の中で行う労働を職務（ジョブ）として抽出し，企業は職務に従事する人を採用し雇用契約を結ぶ。一方，「メンバーシップ型」では，労働者の職務は雇用主の命令によって決まる。つまり，どのような職務に就くかは働いてみてからでないとわからないし，経営方針の転換によってその職務が不要になった際には別の職務に配置換えされることもありえるのだ。つまり，「メンバーシップ型」における雇用契約とはその組織の一員となることの契約なのである。

このように「メンバーシップ型」の雇用では，職務単位で採用を行っていない。では雇用主は，応募者の何を見て，組織の一員とするか否かを決めているのだろうか。これを考える際，宮本（1999）による労働市場の類型分

図2　労働市場の類型

出所：宮本（1991：151）。

けが参考になる。

　宮本は，仕事に必要な知識や技能をどのように身に付けるか，また仕事に欠員が出た場合にどのようにその欠員を補充するかという観点から労働市場を3つの類型（内部労働市場・職業別労働市場・外部労働市場）に分けた（図2）。

　まず，内部労働市場は日本の多くの企業等が属する類型である。内部労働市場では，新たに学校を卒業する人（これを新規学卒者と呼ぶ）を一斉に雇用する。そして仕事に欠員が出た場合は，その組織の中で配置転換を行うことで欠員を補充する。また，労働者は仕事に必要な知識・技能を組織内部で行う訓練で身に付ける（仕事をしながら On the Job Training で行う場合もある）。次に，職業別労働市場は，教員免許や弁護士や社会福祉士など，主に職業資格を持つ人が属する労働市場である。職業別労働市場では，組織外部で仕事に必要な知識・技能を身に付ける訓練を行い，そうした知識・技能を身に付けた人には公的な職業資格が与えられる。そして仕事に欠員が出た場合は，その仕事に対応する職業資格を持つ人を募集して補充を行う。いわば職業資格が組織間の移動を保証しているといえる。ちなみに職業別労働市場の代表となる国はドイツやイギリスであるが，例えばドイツでは，10歳時点で大学進学ルートか職業教育ルートか，将来の進路を決め（厳密には10歳以降2年ほどの観察指導期間はある），職業教育ルートに進んだ場合は，職業教育を行う学校に行きそこで職業訓練を受け職業資格を取得し，その資格に対応した職業に就く。最後に，外部労働市場だが，これは仕事に必要な知識・技能を身に付けさせる仕組みや，知識・技能に対する評価の仕組みが制度化されていない労働市場である。企業等の組織がスキル形成のための費用を負担しないので，企業にしてみれば雇用しやすいと同時に解雇もしやすい（労働者から見ると失業しやすい）市場である。雇用の流動性の高いアメリカは外部労働市場型の国といえる。

　このように日本の多くの企業等の組織が該当する内部労働市場では，特定の職務に関する知識・技能を身に付けていなくとも雇用される。つまり，大学で専門教育を受けても多くの企業等はそうした専門性に対応した採用を行っていないのである[3]。新卒採用において専門的な知識・技能の有無が問われないとすれば，採用の際，学生は何を見られているのだろうか。前述のように，内部労働市場においては人に仕事をあてがう。そして必要とされる知識・技能は職

場ごとに異なる。それゆえ，採用に際して重視されるのは，職場ごとに異なる知識・技能を企業内部で行う訓練（内部訓練）を通じていかに効率的に身に付けることができるかである。これは「**訓練可能性** trainability」と呼ばれている（Thurow 1975＝1984）。日本の大学教育の**職業的レリバンス**（ここでレリバンスとは「関連性」を意味する）が弱いのは，こうした日本的労働市場の特徴が影響しているといえる。

表1は，2017年3月の卒業生に関して，大学の専門分野別に就職者数の多い上位5位までの産業分野を抜粋したものである。教育学専攻の場合，約半数が教育・学習支援業に就職しており，教育と職業のレリバンスの強さをうかがわせる。一方，その他の専門分野では，最も就職した人が多い産業でも2割前後であり，専門分野と強固に結びつく産業がないことが分かる。教育学を専攻した者が教員になるといったように大学の教育内容と卒後の進路が結びつくことのほうがむしろ稀なのである。

表1 大学の専門分野別・就職者の多い産業分野

	教育学 (37,517人)		人文科学 (67,601人)		社会科学 (159,689人)		家政 (15,395人)		理学 (9,051人)		工学 (51,146人)	
	分野	%	分野	%	分野	%	分野	%	分野	%	分野	%
1位	教育, 学習支援業	46.4	卸売業, 小売業	19.8	卸売業, 小売業	19.5	卸売業, 小売業	22.9	製造業	18.9	製造業	27.1
2位	医療, 福祉	14.5	金融業, 保険業	10.9	金融業, 保険業	15.1	医療, 福祉	19.1	情報通信業	18.5	建設業	17.6
3位	卸売, 小売業	7.5	製造業	9.9	製造業	10.5	製造業	12.2	教育, 学習支援業	12.7	情報通信業	17.2
4位	公務 (※1)	7.4	情報通信業	8.9	情報通信業	9.3	宿泊業, 飲食サービス業	10.9	卸売業, 小売業	11.7	サービス業 (※2)	7.5
5位	金融業, 保険業	3.8	教育, 学習支援業	8.1	公務 (※1)	8.1	教育, 学習支援業	8.2	公務 (※1)	6.4	卸売業, 小売業	7.0

※1：他に分類されるものを除く。　※2：他に分類されないもの。
出所：文部科学省『学校基本調査 平成29年度版』，高等教育機関，「卒業後の進路状況調査」をもとに筆者作成。

つまり，学校での学びと職業のレリバンスの弱さは日本的特徴なのであり，教育を受けても仕事の見通しが利かないのは当然といえる。こうした将来の見通しの利かなさを「不安」と捉えることもできるが，見方を変えれば，大学で

の専攻が仕事を縛らない「自由さ」を持っていると捉えることもできる。

III ► 学歴と賃金の関係を説明する諸理論

　高校を卒業して就職した人の生涯賃金と大学を卒業して就職した人の生涯賃金はどれくらい違うのだろうか。そして差があるのはなぜだろうか。

　何億円も稼ぐ人もいれば，働いていても貧困にあえぐ人（いわゆる「ワーキングプア」）もいる。いくら稼げるかは，仕事の内容，その人が持つ知識やスキル，従業上の地位，雇用されている人の場合は勤める組織の規模等，さまざまな要因によって違う。もちろん学歴によっても賃金は異なる。図3は，性別・学歴別の生涯賃金の推計である。男性も女性も，学校で学ぶ期間が長くなればなるほど賃金が高くなる。例えば，男性の場合は，高卒と大学・大学院卒では6,270万円の差が，女性の場合は7,030万円の差がある。

図3　性別・学歴別の生涯賃金（退職金を含めない）

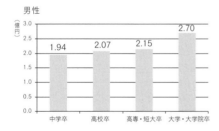
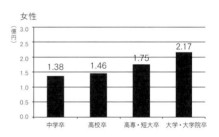

※学校を卒業したただちに就職し，60歳で退職するまでフルタイムの正社員を続ける場合（同一企業継続就業とは限らない）。
※厚生労働省（2015）「賃金構造基本統計調査」を元に，現在の各年齢の平均賃金を合計することによって推計している。

出所：労働政策研究・研修機構（2017：307）による図を筆者が単位を修正。

　こうした学歴別の生涯賃金の差異を大きいとみるか小さいとみるか，当然の差異とみるか，あるいは不当な格差と考えるかは，それぞれ考えがあるだろう。

　では，なぜ学歴によって賃金に違いが生じるのだろうか。学歴という言葉は「学業に関する個人の経歴」（藤田1986：81）を意味している。本来，学歴という言葉自体には，「ある人がどのような学校で学んだのかについての記録」

以上の意味はない。しかし，学歴が上級学校への入学や職業資格の取得の要件に定められたり，どのような仕事に就くかといった社会における人員配置の基準として用いられたりすると，学歴は個人の学業経歴以上の意味を持つようになる（► 第7章）。

学歴と賃金の関連は，教育と仕事のつながりの代表的なものだ。社会学や経済学の領域では，学歴と賃金の関連は仕事を行う上での必要性から生じたものなのか，あるいは必要性ではなく，誰をその仕事に就かせるかを選ぶ基準として学歴を利用しているのか，といった観点からそれらの関連の説明が試みられている（表2）。

表2　社会学・経済学における教育と職業の関連性の整理

教育と職業の関連	実質的結合	選抜
社会学の理論	機能主義理論（内容関連論）	葛藤理論
経済学の理論	人的資本の理論	不確実性の理論

出所：小林（2000：104）。

まず，学歴と賃金のつながりに実質的な関連があると考えるのが，**機能主義理論**（► 第1章）と**人的資本論**だ。これらの理論は，技術の進歩によって仕事に必要とされる知識や技能が向上し，教育を受けることでそうした知識や技能を身に付けることができるという発想に立っている。資本とは「事業をするのに必要な元手」という意味である（► 第1章）。人的資本とは，その名の通り，人間の持つ知識や技能を生産に必要な元手と考える。つまり，これらの理論においては，「学歴＝仕事の生産性」とみなしている。本節の最初の質問（高卒と大卒の賃金が違う理由）に対し，あなたが仮に「学歴が高い人ほど仕事ができるから」というような回答をしていた場合は，機能主義理論や人的資本論に基づいた発想といえるだろう。

次に，学歴と賃金に実質的なつながりはなく，学歴は選抜（ふるい分け）の手段だと考えるのが**葛藤理論**や**不確実性の理論**だ。まず葛藤理論では，この社会では，様々な集団が地位をめぐって争っており，そうした争いにおいて，誰がその地位に就くかを決める基準は，その集団が保有する特定の文化や教養を身に付けているか否かだという前提に立っている。そして学歴を，その集団の

一員としてのふさわしさを示す指標と考えている（▶第1章）。つまり，葛藤理論では，「学歴＝仕事の生産性」とみなさない。不確実性の理論も同様で，学歴を選抜（ふるい分け）に用いる指標とみなしている。不確実性という言葉を用いるのは，求職側と採用側には「情報の非対称性」があるためである。「情報の非対称性」とは，片方が情報を持っているのに，もう片方は情報を持っていない状態を指す。つまり，双方の情報が「非対称（つりあっていない）」状態である。具体的には，仕事の求人があった際，応募者は，仕事に必要な知識や技能を身に付けているか，あるいは将来的に身に付けられそうかは，自分のことなのでわかっている。しかし，採用者側は，その応募者が仕事に必要な知識や技能を身に付けているか，あるいは将来的に身に付けられそうかは，実際に働かせてみなければわからない。しかし，採用者側は何らかの基準を用いて，応募者を雇用する前にそれを見極める必要がある。その応募者が仕事に必要な知識・技能を兼ね備えているか否か，あるいはそれらを将来的に身に付けられそうかを，雇用する前に見分ける基準として用いるのが学歴なのである。ちなみに，不確実性の理論は，採用者側から見た場合に**スクリーニング理論**と呼ばれ，逆に応募者側から見た場合には**シグナリング理論**と呼ばれることがある。英語の"screen"には「ふるいにかける」という意味があり，"signal"には「合図で知らせる」という意味があるが，採用者側は学歴を用いて仕事の遂行能力の有無のふるいをかけ（screening），他方，応募者側は学歴で仕事の遂行能力があることを示す（signaling）のである。以上のように，葛藤理論や不確実性の理論では「学歴＝仕事を遂行できる可能性（仕事の生産性の代理指標）」と考える。本節の最初の質問に対し，あなたが仮に「学歴が高い人の方がなんとなく仕事ができそうだから」と答えた場合，葛藤理論や不確実性の理論に基づいた発想をしているといえるだろう。

　また，教育経済学には**教育の収益率**という発想がある。これは，学歴取得にかかる費用と学歴取得によってもたらされる収益のバランスを見る視点である。人はなぜより高い学歴を得ようとするのだろうか。それは，長い目で見た場合，その学歴を取得することによってもたらされる利益がその学歴取得にかかる費用よりも上回るからである。大学進学には様々な費用がかかっている。例えば，入学金，授業料，教科書代，通学代など直接的な費用がかかっているし，大学

に進学せずに働いていれば得られたはずの賃金（これを機会費用と呼ぶ）も費用といえる。本節の最初の質問に対して，あなたが仮に「学歴が高い人はそれに見合った投資をしているので，それに対する対価を支払われるべきだ」と答えていたら，それは教育の収益率に基づいた発想といえるだろう。

Ⅳ ▶ 「能力」の多義性と〈新しい能力〉の広汎性

　ここで前節の終盤で出てきた「能力」という言葉について確認しておこう。「あの人は能力がある」「自分には○○する能力（例えば，問題解決能力，コミュニケーション力など）がない」「あの企業は新卒に○○の能力を求めている」など，社会の様々な場面で能力という言葉は使われている。実際，日本語の「能力」は多義的で曖昧な言葉である。英語ならば，多様な言葉で表される概念が，日本語では「能力」という一言に集約されている。一方，英語表現をみると，例えば，"ability"は，能力を示す最も一般的な単語で，人間がある事を実際に達成し得る力を指しており，生まれ持ったもの（先天的な能力）と教育や訓練によって得られたもの（後天的な能力）の両方を含んでいる。それに対し，"capacity"は，実際にできる能力というよりも，潜在的な能力であり，生まれ持ったもの（先天的能力）に対して使われる。また，"capability"は，仕事や目的の達成に必要な能力であり，主に実務能力（"ability"と"capacity"を足して2で割ったようなもの）を指す。また，"aptitude"は，あることに適応する能力であり，資格の有無や仕事に適しているか否かなどを表す時に使われる（ER synonym Dictionary Online）。このように英語ならば，潜在能力から実際に発揮される能力まで，また先天的能力から後天的能力まで区別されるような多様な言葉が，日本語では「能力」という一語に集約されている。しかし，日本と諸外国においては時を同じくして，1990年代以降（日本では特に2000年代以降），さまざまな形で〈新しい能力〉が提唱されている（表3）。

表3　社会で提唱される〈新しい能力〉
[日本の場合]

名称	機関・プログラム	年
【初等・中等教育】		
生きる力	文部科学省	1996
リテラシー	OECD-PISA	2000～15（3年おき）
人間力	内閣府（経済財政諮問会議）	2003
キー・コンピテンシー	OECD-DeSeCo	2003
【高等教育・職業教育】		
就職基礎能力	厚生労働省	2004
社会人基礎力	経済産業省	2006
学士力	文部科学省	2008
汎用的技能／分野別	OECD-AHELO	2010～12　試行試験
【労働政策】		
エンプロイヤビリティ	日本経営者団体連盟（日経連）	1999
【成人一般】		
成人力	OECD-PIAAC	実施中

[他の経済先進諸国の場合：〈新しい能力〉に関連する各国の用語]

イギリス	Core skills, key skills, common skills
ニュージーランド	Essential skills
オーストラリア	Key competencies, employability skills, generic skills
カナダ	Employability skills
アメリカ	Basis skills, necessary skills, workplace skills, know-how
シンガポール	Critical enabling skills
フランス	Transferable skills
ドイツ	Key qualifications
スイス	Trans-disciplinary goals
デンマーク	Process independent qualifiacations

(NCVER 2003)

＊とくに，competency（またはcompetence），generic skills，employabilityが代表的

出所：松下（2013：6-7）。

　松下によれば，〈新しい能力〉としてリストに上げられる能力には類似性が見られるという。具体的には，能力概念が3個から5個程度のカテゴリーにまとめられていること，そしてカテゴリーには「基本的な認知能力（読み書き計算，基本的な知識・技能など）」「高次の認知能力（問題解決，創造性，意思決定，学習の仕方の学習など）」「対人関係能力（コミュニケーション，チームワーク，リーダーシップなど）」「人格特性・態度（自尊心，責任感，忍耐力など）」が含まれることである。従来の能力測定の試みにおいても**認知的側面**（知識や技能など）は把握されてきたが，〈新しい能力〉では，**情意的側面**（興味や態度など）や**社会的側面**（対人関係など）も含まれていたり，知っている

だけでなくそれを必要な場面で活用できることが重視されていたりする点が特徴である。こうした〈新しい能力〉の獲得は，子どもだけでなく大人まで求められており，例えば，OECD（経済協力開発機構）は「国際成人力調査（PIAAC）」という名称で，成人（16～65歳）に対してもITを使い，読み書き算や問題解決能力を測るテストを実施している。また，〈新しい能力〉の中には，就職基礎能力，**コンピテンシー** competency[4]，**エンプロイアビリティ** employability といった仕事に関連する言葉も散見される（松下 2013）。

　なぜこうした〈新しい能力〉が提唱されるようになったのだろうか。松下（2010, 2013）はその理由を3つ挙げている。第一は，グローバルな知識経済への対応の必要性である。本田（2005）が指摘するように，大量生産でものづくりを行う産業社会では，いかに早く効率的に知識を習得し知的操作を行うかが重視されてきた。しかし，イノベーション（革新）が知識によってもたらされるポスト産業社会では，習得した知識を活用することや創造性や他者と協力して問題解決する力などが重視されるようになるためである。第二は，リスクに対して個人が負う部分が増え，それに対応する力が必要とされるためである。かつて日本では，雇用の定めのない仕事に就く者（終身雇用される者）が大半だったが，2017年には37.3%が非正規雇用である（総務省「労働力調査」）。企業等の組織内で受けられる教育訓練の機会は非正規雇用の場合，正社員よりも乏しい。つまり，仕事に必要な知識・技能を身に付ける責任や失業のリスクに対して，個人が対処する必要性が高まっているといえる。リスクが個人化される中で，個人が主体的に様々な「能力」を身に付けることが，社会に要請されているわけだ。第三は，**ニュー・パブリック・マネジメント** New Public Management の影響である。NPMは，公的部門に民間企業の経営理論・手法を可能な限り導入しようとする発想を指す。民間企業では費用対効果などを数値で示し可視化しようとしている。事実，いくつかの下位カテゴリーを持つ〈新しい能力〉は，PIAACや社会人基礎力検定といった試験によって，その多寡を数値で測定している。

　本田（2005）は，**ハイパー・メリトクラシー**という概念を提示し，社会に新しい能力観が浸透しつつあることに警鐘を鳴らした。ハイパー・メリトクラシー社会では，メリトクラシー社会のもとで重視されてきた**近代型能力**に追加さ

表4 「近代型能力」と「ポスト近代型能力」の特徴の比較対照

「近代型能力」	「ポスト近代型能力」
「基礎学力」	「生きる力」
標準性	多様性・新奇性
知識量，知的操作の速度	意欲，創造性
共通尺度で比較可能	個別性・個性
順応性	能動性
協調性，同質性	ネットワーク形成力，交渉力

出所：本田（2005：22）。

れる形で，**ポスト近代型能力**の重要性が増していく（表4）。

基礎学力に代表される近代型能力は，それを身に付けるための一定のノウハウが存在するが，一方，ポスト近代型能力は，個性，意欲，創造性，コミュニケーション能力などで構成されており，努力や身に付けるためのノウハウとなじまないものである（▶第7章・第9章）。

学校教育もこうした〈新しい能力〉の動向とは無関係ではない。文部科学省（2011a）が学習指導要領の理念として示す「生きる力」も，従来，学校教育で培われた知識・技能以上の，情意的側面や社会的側面における能力向上を強調している。このように学校教育は，社会の要請を受けて変化していくものである。一方で，学校教育が社会（特に経済社会）の要請を強く受けることや，個人の内面に踏み込むことには賛否がある。

V ▶「キャリア教育」とは何か

キャリア[5]**教育**という言葉を一度は耳にしたことがあるだろう。中学校で行った職場体験はその一例である。学校は**学校知**（▶第6章）を身に付ける場所であるのに，なぜ学校教育で仕事を体験する必要性があるのだろうか。

文部科学省が関連する公的文書において，初めてキャリア教育という言葉が登場したのは1999年の中央教育審議会の答申「初等中等教育と高等教育との接続の改善について」である。当時は，1991年のバブル経済崩壊以降長らく続く不況期にあり，特に1997年6月から1999年11月までは第2次平成不況とも呼ばれた。図4に示すように高校生の卒業後の進路をめぐっても，アルバイトなどの一時的な仕事に就く者や「無業」と呼ばれる進学もせず仕事にも就かない者が増えた時期であった。1980年，85年，90年，95年と9割以上が進学あるいは就職といった従来的な進路に進んでいたことを考えると，2000年

の1割が一時的な仕事に就くか「無業」であるという状況は，長らく続く不況とあいまって，当時の人々に大きな不安を与えたことは想像に難くない。当時はフリーター（▶ 用語解説）になる若者が増加した時期であり，若者の就職後3年以内の離職（早期離職）が問題になった時期でもあった。そして，これらの諸問題の要因として，若者のモラトリアム志向や，就業意欲の低さ，勤労観・職業観の未成熟さが指摘されていた。前述の1999年の答申において，キャリア教育が「望ましい職業観・勤労観及び職業に関する知識や技能を身に付けさせるとともに，自己の個性を理解し，主体的に進路を選択する能力・態度を育てる教育」と定義されていたことからも，「フリーター」や「無業」が若者の職業意識の問題としてとらえられていた様子がうかがえる。

図4　高校卒業者の進路

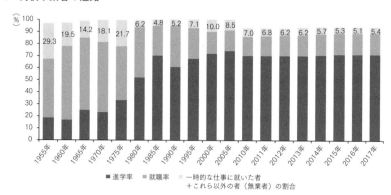

※進学率には，大学，短期大学，専門学校のみならず，公共職業能力開発施設等への入学者も含んでいる。
　1955年から1980年までは，進学者の中から大学・短期大学の通信教育部への進学者を除いている。
※一時的に仕事に就いた者は2005年以降から含まれている。

出所：文部科学省『学校基本調査』各年版をもとに筆者作成。

その後，2002年に国立教育政策研究所生徒指導研究センターが出した報告書（「児童生徒の職業観・勤労観を育む教育の推進について」）において，発達段階論的な立場から若者の勤労観・職業観を醸成する枠組みである「4領域8能力」が示された。

では「4領域8能力」において，どのように職業的（進路）発達が描かれているのだろうか。「人間関係形成能力」を一例に見てみよう。この能力は，さ

らに細分化されており，具体的には「自他の理解能力」と「コミュニケーション能力」から構成されている。まず小学校段階では，「自他の理解能力」に関しては，自分の好き嫌いを表現したり自分や友達のよいところを認めたりするといった，自己や他者に対する積極的な関心を育むことなどが目指されている。また，「コミュニケーション能力」に関しては，挨拶やお礼を述べるといった人間関係の基礎や，異年齢集団で役割と責任を果たそうとするといった役割意識を培うことなどが目指されている。次に中学校段階では，「自他の理解能力」に関しては，小学校段階で育成が目指される能力に加え，自己有用感の獲得や他者の感情を理解し尊重することなどが目標とされる。「コミュニケーション能力」に関しては，他者への配慮やチームの中での支え合いを身に付けることなどが盛り込まれている。次に高校段階であるが，現実的に職業的側面の発達が目指されるのはこの段階である。高校段階では，「自他の理解能力」に関しては，自己の職業的な能力・適性を理解しそれを受け入れて伸ばすことや，他者の価値観やユニークさを理解し受け入れることなどが目標とされる。また「コミュニケーション能力」に関しては，チームの中で他者の能力を引き出すことや，異年齢や異性といった多様な他者と場に応じた適切なコミュニケーションを図れることなどが目指されている。つまり，小学校から中学校を経て高等学校へと，子どもの成長に応じて，より現実的な職業選択に誘うような学習プログラムの枠組みとなっている。

　若者の勤労観・職業観の醸成を重視する姿勢は，2003年に文部科学省・厚生労働省・経済産業省及び内閣府の4府省が共同で提言した「若者自立・挑戦プラン」でも踏襲された。しかし，労働に関する問題は，労働者側の要因を見るだけでは不十分である。当然，雇用者側の状況も見ておかなければならないだろう。図5は高校新卒者の，図6は大学新卒者の求人状況を示している。折れ線で示した求人倍率は，数字が大きいほど生徒や学生にとって売り手市場であることを意味している。高校・大学ともに，1992年をピークに求人倍率が下がっていることがわかる。つまり，フリーターや無業者の増加は，働きたくても求人がなかったり，求人があっても希望の条件と合わなかったりといった雇用情勢の影響も見過ごせないのである。

図5 高校新卒者の求人・求職状況の推移

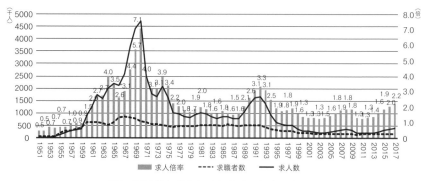

出所：厚生労働省「新規学卒者（高校・中学）の職業紹介状況」をもとに筆者作成。

図6 大学新卒者に対する求人数及び民間企業就職希望者数・求人倍率の推移

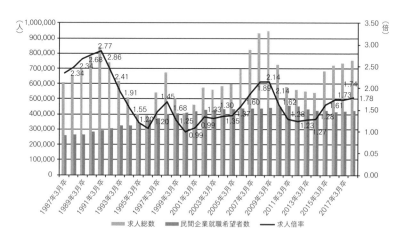

※求人倍率＝求人総数／民間企業就職希望者数（いずれも調査にもとづく推計値を使用）。
出所：リクルートワークス研究所「大卒求人倍率調査」をもとに筆者作成。

　2011年に出された中央教育審議会の答申「今後の学校におけるキャリア教育・職業教育の在り方について」は，そうした雇用情勢の変化（特に非正規雇用の増加）やグローバル化や急激な技術革新にも言及している。また，それまで勤労観・職業観の涵養に重点を置いていた「キャリア教育」を，「一人一人

の社会的・職業的自立に向け，必要な基盤となる能力や態度を育てることを通して，キャリア発達を促す教育」と再定義を行った。なお，**キャリア発達**とは，「社会の中で自分の役割を果たしながら，自分らしい生き方を実現していく過程」を意味している。この答申においては，育成されるべき能力も再定義が行われ，「基礎的・汎用的能力」という表現が用いられるようになった。これは国立教育政策研究所生徒指導教育センター（2002）が提示した「4領域8能力」を再構成したものである（図7）。現在のキャリア教育の軸足は，若者の職業意識の向上よりも，職業的自立の基盤となる能力・態度を学齢に応じて育てていくことに置かれている[6]。

図7 「4領域8能力」と「基礎的・汎用的能力」の関係

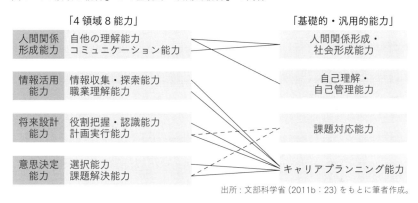

出所：文部科学省（2011b：23）をもとに筆者作成。

次期改訂の学習指導要領（小学校では2020年4月，中学校では2021年4月，高校では2022年4月から実施）でも，キャリア教育は重視されており，小中学校の学習指導要領でも，特別活動を要としつつ，各教科等の特質に応じて，キャリア教育の充実を図ることが盛り込まれている。

VI ▶ 変わりつつある社会と仕事，変わりつつある教育と職業の接続

1 キャリア形成の予測不可能性と偶然性

現在のキャリア教育は，児童生徒・学生一人ひとりの社会的・職業的自立に

向け，それに必要な基盤となる能力や態度を育てることに主眼が置かれており，能力の中にはキャリアプランニング能力も含まれている。キャリアプランニング能力とは，主体的に判断してキャリアを形成していく力である。しかし，人のキャリアは，それほど計画的に自ら組み立てることができるものなのだろうか。

児美川（2013）は，「学校基本調査」（文部科学省 2012）と「新規学校卒業者の就職離職状況調査」（厚生労働省 2012）をもとに，仮に高校入学者が100人だとしたら，その後彼らがどのような進路分化をたどるか簡略化して示した（図8）。

図8　もしも高校入学者が100人の村だったら（推計）

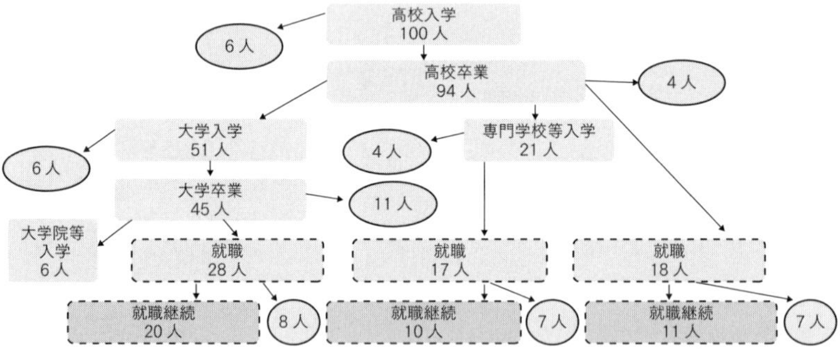

高校入学 100人
6人
高校卒業 94人
4人
大学入学 51人
専門学校等入学 21人
6人
4人
大学卒業 45人
11人
大学院等入学 6人
就職 28人
就職 17人
就職 18人
就職継続 20人
8人
就職継続 10人
7人
就職継続 11人
7人

出所：児美川（2013：25）による図の一部に筆者が手を加え作成。

図に示されるように，高校，大学，専門学校等への入学者の中には卒業しない者もおり，また就職後に3年以上就労を継続しない者もいる。中途退学や離職は，本人にとって必ずしもネガティブなものではないだろうが，入学・入職段階からそれを予期する者は多くないだろう。

さらに近年では，従来存在しなかった新しい仕事が登場している。例えば，中学生の将来なりたい職業のランキングの上位にYouTuber（動画配信サイトYouTubeを使った動画投稿者）が登場し，大人たちを驚かせたことは記憶に新しい（ソニー生命保険株式会社 2017）[7]。YouTubeの設立は2005年であり，動画を投稿し広告収入で生計を立てるYouTuberという職業は，10年前には存在しなかった。

表5 あと10~20年で残る職業・なくなる職業（上位10位のみ抜粋）

10〜20年後まで残る職業	順位	10〜20年後になくなる職業
レクリエーション療法士	1	電話販売員（テレマーケター）
整備・設置・修理の第一線監督者	2	不動産登記の審査・調査
危機管理責任者	3	手縫いの仕立て屋
メンタルヘルス・薬物関連ソーシャルワーカー	4	コンピュータを使ったデータの収集・加工・分析
聴覚訓練士	5	保険業者
作業療法士	6	時計修理工
歯科矯正士・義歯技工士	7	貨物取扱人
医療ソーシャルワーカー	8	税務申告代行者
口腔外科医	9	フィルム写真の現像技術者

出所：松尾（2015：229）。

　こうした動きはAI（人工知能）など科学技術の進展によりさらに進み，未来の仕事は現在のそれと異なってくることが予想される。表5をみてほしい。例えば，今後10〜20年の間に消滅する仕事として，電話販売員や保険業者などをあげる研究者もいる。今後，人工知能にはできない，人間ならではの仕事の重要性が増していく可能性もある（▶第5章）。

　他方，仕事のあり方だけでなく，労働環境も変わりつつある。国は「働き方改革」を掲げ，少子高齢化による労働人口減少を踏まえ，長時間労働の解消や，正規雇用／非正規雇用の格差の是正，テレワークや副業・兼業といった柔軟な働き方がしやすい環境整備を進めようとしている[8]。

　このように，今まさに仕事の質や労働環境は変化のさなかにある。そのような先が見えない時代状況において，あなた自身はどうしたらよいのだろうか。また，あなたの教え子にどのような「キャリア教育」を行えばよいのだろうか。

　先の見えない状況で示唆を与えてくれるのがクランボルツら（Krumboltz & Levin 2004＝2005）が唱えた**計画された偶発性理論**である。クランボルツによれば，キャリアの8割は予想しない偶発的なことによって決定されるという[9]。確かに厳密にキャリアプランニングを立てても，就職はその時々の景気に左右され，また就職しても組織内部の配置転換や昇進で，必ずしも自分の思いどおりのキャリアをたどれるとは限らない。

　それでは，私たちはただ「棚ボタ」（「棚からぼた餅」という諺の略語，思いがけない幸運に恵まれること）を待てばよいのか。クランボルツの理論は，予

期せぬ偶然をただ待つだけでなく，日頃から主体的に努力し行動することで偶然の出来事が起こる確率が高まることを示唆する。また，偶然の出来事を開かれた心で受け止め，意図的・計画的にステップアップの機会とすることの重要性を指摘している。そして，計画された偶発性を生起させる5つの行動指針として①「好奇心」―新しい学習の機会を模索し続けること，②「持続性」―失敗に屈せず，努力し続けること，③「柔軟性」―態度や環境を変えること，④「楽観性」―新しい機会を前向きに達成可能と考えること，⑤「リスクを取ること」―結果が不確実でも，行動を起こすこと」を掲げている（Mitchell et al. 1999：118）。

2 これからのキャリア教育をどう考えるか

現在のキャリア教育では，若者の職業意識を高めるというよりも，職業的自立の基盤となる能力・態度を学齢に応じて育てることに軸足が置かれつつある。ここで論点となるのは，職業的自立の基盤となる能力・態度を学校教育でどのように育てるかであり，具体的には，キャリア教育をどの程度，職業教育・専門教育と関連させて行うかのさじ加減であろう。児美川（2015：19）は，「職業・専門教育と結びつかないキャリア教育は，教育の中身の具体性や社会性を失って，空疎で，観念的な働き方・生き方の学習になりかねない。逆に，キャリア教育と結びつかない職業・専門教育は，そもそもどの分野の職業・専門教育を受けるのかの選択を，素朴な次元での生徒の嗜好（志向）に任せてしまう可能性（危険性）がある」と述べ，キャリア教育は職業・専門教育と有機的な関係に立つべきであると主張する。同時に，児美川は，過去10年あまりのキャリア教育に対しては，「『スーパー専門高校』（目指せスペシャリスト）の指定など，ごく一部には職業教育の充実施策が見られたものの，キャリア教育への取り組みの多くは，具体的な職業・専門教育の充実・強化ではなく，意識に働きかける『勤労観・職業観の育成』に終始し，『職場体験・インターンシップ internship（▶用語解説）』の実施で，いわば"お茶を濁す"程度にとどまってきた」と厳しい評価を下している。

Ⅱで日本の「学校から仕事への移行」の特徴として，学校教育の職業的レリバンスの弱さを述べた。では，キャリア教育を，どの程度，職業教育や専門教

育にひきつけて行うことが望ましいのだろうか。言い換えれば，学校教育と職業のレリバンスをどのように確立すればよいのだろうか。学校教育（特に，普通教育を行うことを目的とする小中学校及び高等学校）では，人間形成や教養教育に力点を置くほうが望ましいのではないかという視点や，技術革新のスピードが速く職業的知識・スキルを身に付けても陳腐化してしまうのではないかという視点，あるいはクランボルツが述べるように，どのような仕事に就くかは偶発性（運）に左右される部分が大きいという視点など，学校教育と職業のレリバンスをめぐっては，今日，さまざまな視点が錯綜している。

　こうした状況の中で，児美川（2007）が提唱する「**権利としてのキャリア教育**」の視点や本田（2009）の提唱する「**柔軟な専門性**」の視点は示唆を与えてくれる。

　まず，児美川の「**権利としてのキャリア教育**」[10]という視点は，キャリアという個人の枠組みで取り組まれがちなキャリア教育を，社会変革や仲間との共同・協同関係づくりにまで視野を広げた点が示唆的である。苛烈な労働の現状（児美川は，不安定就労者の不当な就労条件や解雇だけでなく，正規雇用者のサービス残業や長時間・過密労働も例に挙げている）に対して「適応」だけでなく，現実を「変革」していく力を養う必要があり，巨大な「壁」のように立ち塞がる社会現実に向き合い，志を同じくし困難にあっても支え合い，したたかに前進していくための仲間づくりを提唱している。つまり，苛烈な労働の現状に対して，それを「仕方のないもの」と受け止めるのではなく，「人権」の観点からおかしいと言える感覚を子どもに育てなくてはならないという（児美川 2007：161-165）。そうした異議申し立てをするためにも，キャリア教育において，労働者の権利について学習することは必須である。それは，変化しつつある社会において主体的にキャリアを構築していくには，組織に使いつぶされない「強い労働者」となる必要性があるからである。雇用は契約関係に基づくものであり，理念上，労使（労働者［働く側］と使用者［雇う側］）は対等である。しかし，ニュース報道を見れば，使用者が労働者に苛烈な働き方を求めたり労働者の権利を蔑ろにしたりする事例は後を絶たない。例えば，労働に関する様々な法律（それらをひとまとめにして「労働法」とも呼ぶ）が，使用者に比べて立場の弱い労働者を守るために制定されてきた経緯を踏まえれば，

労働者が自身の権利に関する知識を身に付け，そうした知識をもとに使用者と交渉することは，「強い労働者」となる上で必要な素養であろう。

次に，本田の「**柔軟な専門性**」について述べる。「専門性」と聞くと，狭い範囲に固定的に限定されたものを想像するが，本田の提示する「柔軟な専門性 flexpeciality（柔軟性 flexbility と専門性 speciality をつなぎ合わせた本田による造語）は，特定の専門分野の学習を端緒・入り口・足場として，隣接する分野，より広い分野に応用・発展・展開していく膨らみをもつものとして教育課程に組み込む必要性を提示した点が示唆的である。Ⅳで見たように，国際的に〈新しい能力〉が提唱される中で，「意欲」や「コミュニケーション能力」などの非認知的で人格的・情緒的な面に拡張される方向で，柔軟で汎用性の高い能力が称揚されることに対し，本田は警鐘を鳴らしている。本田によれば「理念としての人間像が抽象的・汎用的なものになればなるほど，それは具体的な教育課程や教育方法の議論からは遠ざかり，為政者や経営者にとって都合のよい願望という，空虚でありながら／あるがゆえに全方位的・無限定な統治圧力として機能するようになる」と同時に，そういった柔軟で汎用性の高い能力は「個人に対して何らアイデンティティや進路，キャリアについての指針を与えるものではない」という（本田 2009：192-193）。雲をつかむような柔軟で汎用性の高い能力を獲得させることよりも，むしろ看護や福祉といった特定の専門分野を入口とし，それを近接領域の専門に拡張させることで，一般的・共通的・普遍的知識を獲得させていくことは，個人の職業経路を見ても自然だ（図9）。

図9 「柔軟な専門性 flexpeciality」の模式図

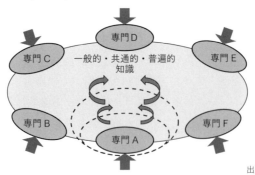

出所：本田 (2009：194)

このように見てくると，キャリア教育は，学校教育に投げかけられた新たな教育課題のように感じるかもしれない。しかし，児美川は，そうした見方を否定し，キャリア教育を「子どもたちの学校卒業後の社会生活や職業生活との関連性を意識した視点から学校の教育課程全体を再点検し，必要な編み直しを行っていく営み」（児美川 2007：13-14）と定義している。そして前掲の「権利としてのキャリア教育」を学校で行うにあたり，そのあり方は「学校階梯のどの段階のどの学校でもごく普通に取り組まれ，いわば学校の教育課程全体のなかに自然に埋め込まれている，といった"かたち"をとることが望まれる」（児美川 2007：167）と述べている。このように捉えると，とりたてて「キャリア教育」を行う必要はなく，学校教育での学びはそれ自体が「キャリア教育」になりうると言えよう。

　また，キャリア教育は，次期の学習指導要領の基本方針である「主体的・対話的で深い学び」を行う上でも有用であろう。例えば，前述の労働に関する知識や労働法の学習を通じて，こうした学びが実現できるのではないか。居神（2015：196）は，ノンエリート大学生のキャリア教育を論ずるにあたり，「自分にとって厳しい現実を『仕方ないもの』として受け入れる」彼らの諦めにも似た無抵抗さを，「かれらの心根の『やさしさ』」と評価しつつも，彼らのこうした姿をみるにつけ「もっと『それは違う！』といってよいことを教えたくなる。しかし，そもそもかれらは『世の中は変えられる』ということを教えられてこなかったのではないか」と歯がゆさをにじませている。そして，居神は，こうした心性を育んだこれまでの「社会科」の授業一般が，暗記中心の，既存の社会をそのまま受容させるようなものであり，社会と自分との関係を深く考えさせる内容にまで至っていないと批判している。アルバイトで働く大学生や高校生は多く，労働に関する知識は彼らにとって身近で関心の高い題材であろう。また，アルバイトをしていない学生にとっても，周囲の人から労働環境についての情報を少なからず得ているはずである。自身の労働経験があるにせよ／ないにせよ，生徒たちが対話を通じて，それぞれが持つ労働に関する知識や情報を共有することは，どのような労働が「働きがいのある人間らしい仕事」と訳される**ディーセント・ワーク** Decent work で，逆に非人間的ないわゆるブラックな労働とは何かを学ぶ上でも有益だ。労働に関する知識や労働法を題

材にすることは，現在から将来にわたって，若年世代に不当な労働条件・環境から自分の身を守る知識を身に付けさせる上で有用と思われる。

2017年，政府は「人生100年時代」構想を掲げた。「幾つになっても，誰にでも学び直しと新しいチャレンジの機会を確保する」（内閣官房人生100年時代構想推進室 2017：19）という言辞からも明らかなように，この構想は学び直しを個人の機会を広げるものとしてとらえている。しかし，見方を変えれば，それは，「幾つになっても誰でも学び直さなければいけない」，個人に不断の努力を求める，生き辛い時代の幕開けとも言えるのかもしれない。変化する社会の中で人々は，理不尽な労働には異議をとなえつつ，自身の知識や技能を更新し，働きがいのある人間らしい仕事を模索していく。このような時代に，教職を目指すあなたならどのように働き，どのように知識・技能を更新し，どのように自身のキャリアを描いていくのか。いずれ教壇に立ったとき，あなたの背中からも，子どもたちは学んでいくということを意識する必要があるだろう。

> ✅ **教育社会学的想像力を拓くレッスン**
>
> ステップ I　リフレクティヴな学び
>
> 　現在，若者のキャリアにはどのような「問題」があるだろうか（この問いが難しい場合は，あなたは今，自身のキャリアに関してどのようなことに「不安」を抱いているだろうか）。書き出してみよう。
>
> ステップ II　コミュニカティヴな学び
>
> 　年上の人（できれば15歳以上年上の人）に，彼らが初職（学校を卒業して初めての仕事）に就いた時に行った就職活動の様子をインタビューしてみよう。インタビューでは，彼らが小中高で受けたキャリア教育，就職活動を行った当時の景気，志望する職業や企業の決め方，就職活動の方法やプロセス，学生時代の過ごし方（勉強やアルバイト・サークルなどの課外活動への取り組み方），あなたが今感じている若者のキャリアに関する「問題」や「不安」を彼らも感じていたか，そうした問題や不安の解決のために彼らはどのような方策を取ったかなどを聴きとり，あなたをめぐる状況との共通点や相違点をまとめよう。また，まとめた内容について，話し合

ってみよう。

ステップ Ⅲ　イマジナティヴな学び

あなたが今感じている若者のキャリアに関する「問題」や「不安」について解決方法を考えてみよう。あなたが感じるキャリアに関わる「問題」や「不安」は，あなた自身が変化（適応）することで解決できるだろうか。それとも，社会や企業のあり方を変革することで解決できるだろうか。また，学校教育でどのような「キャリア教育」を行えば，そうした「問題」や「不安」の解決に役立つだろうか。

《用語解説》

機会の罠 Opportunity Trap ●イギリスの社会学者ブラウン（Brown, P.）による造語。一見，高等教育への進学機会がひろがったようにみえても，それは罠（仕掛けられた側が知らず知らずのうちに被害をこうむる謀）であるという意味。「機会の罠」は具体的には以下のような過程を経る。教育機会に格差のある状態から，平等な状態へ変化すると，高等教育にアクセスできる人が増える。それに伴い，それまで高等教育の修了者が就いてきた（それ以下の学歴しか持たない人に比べて）賃金の高い良好な仕事に就く機会もひろがる。しかし，高等教育修了者が増えることで学歴の相対的価値が低まり，高等教育を修了しているからといって，そうした仕事に就ける保証はなくなる。学歴と仕事の交換価値は低下するが，誰もが高等教育を修了する社会では，高等教育を修了していないことによる不利が大きいため，多くの人が学歴取得競争に参入せざるを得なくなる。しかも，こうした地位をめぐる競争はグローバルに行われるようになっている（Brown 2003）。

フリーター ●フリーアルバイターの略。正社員・正職員以外の就労形態で生計を立てる人。学生や主婦のアルバイト・パートは含まない。1980年代初頭から使われるようになった。好況の人手不足の当時，フリーターは企業に縛られない新しい自由な働き方として受け止められていた。しかし，不況になって以降，フリーターは低賃金で先の見えない不安定な雇用として問題視されるようになった。なお，若者の雇用に関しては近年，ブラック企業（若者を大量に採用し，過重労働・違法労働・

パワハラによって使いつぶし，次々と離職に追い込むことが成長モデルになっている企業）やブラックバイト（正社員並みに働かせられたり，シフトを一方的に決められたり，学生が学生らしい生活を送れなくしてしまうようなアルバイト）などの問題も指摘されている。

インターンシップ ● 「学生が在学中に自らの専攻，将来のキャリアに関連した就業体験を行うこと」を意味する。この定義は，1997 年の文部省・通商産業省・労働省が公表した「インターンシップの推進に当たっての基本的考え方」（いわゆる三省合意）で示されたものであり，これ以降，インターンシップが政策的に推進されるようになった。国が推進するのは，大学教育の教育課程との関連を持つインターンシップで，「アカデミックな教育研究と社会での実地の体験が結び付くことで，大学等での教育内容・方法の改善・充実につなが」ると同時に，「学生の新たな学習意欲を喚起する契機となる」ことが期待されている。文部科学省は 2017 年に，就業体験を伴わないインターンシップにその名称を用いないよう，5 日間以上の実習期間を担保することとした。しかし，『就職白書 2018：インターンシップ編』（リクルートキャリア）によれば，2018 年度にインターンシップの実施を予定する企業 738 社中，実施期間として 1 日を選んだのは 53.4%，2 日を選んだのは 8.0% であり，1 週間以上の選択肢を選んだのは 17.3% と，文部科学省が推奨する 5 日間に満たないプログラムが過半数を超える。また，同白書（採用活動・就職活動編）によれば，インターンシップ実施企業の中で 2018 年卒業の内定者のなかにインターンシップ参加者がいたのは 73.6% にのぼり，採用目的でこれを実施している企業は 25.6% であった。企業側はインターンシップと新卒採用を切り分けておらず，教育側と企業側の意識や取り組み姿勢には齟齬がある。

●― 注 ―●
(1) 1982 年 1 月 16 日『日本経済新聞』朝刊「高校 3 年生の 6 割，大学入学したら勉強は二の次の"遊学派"に―リクルート調査」。
(2) このように安定した仕事に就くことを目的に大学へ進学したとしても，大卒者に相応しい良好な仕事に就ける保証はない。高等教育へ進学する機会が広がることは「**機会の罠** Opportunity Trap（▶ 用語解説）」になっているかもしれない。

(3) リクルートキャリア（2018a）によれば，調査に回答した企業1,135社のうち，ジョブ型採用を新卒採用で実施している企業は7.3%と僅かである。

(4) コンピテンシーとは，特定の職務における業績の水準を左右する個人の特性であり，高業績者の行動特性と訳される。

(5) キャリアcareerは，日本語では「経歴」を意味し，その語源はラテン語のcarrāriaで，馬車など車輪の「通り道（轍）」を意味している（三村2008）。

(6) 勤労観・職業観の醸成は軽視されているわけではなく，2007年改正の学校教育法でも，新たに設けられた義務教育の目標の項目として「職業についての基礎的な知識と技能，勤労を重んずる態度及び個性に応じて将来の進路を選択する能力を養うこと」（第21条）と定められた。

(7) 日本FP協会が公表した「2017年『小学生の将来なりたい職業』のランキング」でもYouTuberは男子で第6位となっている。YouTuberの前年（2016年）の順位は14位であり，大幅に順位を上げた。なお，このランキングは，同協会が実施する全国の小学生を対象とした将来の夢をテーマにした作文コンクールに書かれた「将来なりたい職業」を集計したものである。2017年の応募作品数は3,974点（男子：1,857点，女子：2,117点）であった。

(8) 「働き方改革」においては教員も例外でなく，長時間労働の是正として，部活指導の負担軽減を目的に，指導の担い手を将来的に学校から地域に移行させることを検討している。

(9) クランボルツによれば，18歳の時になりたいと考えていた職業に実際に就いている人の割合は2%にすぎなかったという（Krumboltz & Levin 2004＝2005：37）。

(10) 児美川は，「職業をめぐる自己実現の権利」として，キャリア権（雇用の流動化がすすむ現代において，個々の労働者が，自らのキャリア設計の主体となり，自らが蓄積した能力やキャリアの継続・発展のための配慮を事業主（企業側）に求める権利）の構想を紹介し，これを実質化するものがキャリア教育だとしている（児美川2007：144-150）。

（河野志穂）

第12章 教育をジェンダーで問い直す
　　　　──フェミニズム知識理論の視点から──

I ▶ はじめに──フェミニズムから見た知識論

　女性学の登場からおよそ半世紀，欧米のみならず日本でも「ジェンダーと教育」の展開では一定の進展が見られる。2000年代には，日本の高等教育機関（大学・短大）の半数以上でジェンダー関連科目が置かれ，科目数は4000を超えた[1]。

　近年，日本では「女性の活躍」が政策的課題として浮上し，女性活躍推進法（2015年成立10年の時限立法）の制定をはじめ，企業や自治体での女性リーダーの養成が重要課題となっている。一方で，政策的には男性の育児参加の推進，ワーク・ライフ・バランスの提唱と，ジェンダー化された生活構造のあり方も問い直されている。日本社会は性役割の再編，社会的性としてのジェンダー関係の転換期にあるといえるかもしれない。

　もっとも，女性に対する差別や抑圧が「過去の事柄」になったわけではない。セクシュアル・ハラスメント，性暴力，女性の非正規雇用化，貧困など，ジェンダーと権力にかかわる問題群は国の内外を問わず依然として存在する。一例を挙げれば，2017年10月，アメリカ・ハリウッドの大物プロデューサーによる長年のセクシュアル・ハラスメントと性的侵害への告発に端を発した女性たちの動きは，「♯MeToo」運動として波及し，被害者の声を社会に響かせるものとなった。このようなSNS時代の女性運動の広がりを，フェミニズムの第4の波と呼ぶ動きもある（Pitcher & Wheleham 2016:168）。再びフェミニズムが注目される時代にあって，この半世紀に何が問われ，何が変わったのかを再考することは，ジェンダー平等な教育の考察に不可欠であろう。

　そこで本章では，フェミニズム知識理論をふまえて，「ジェンダーと教育」の課題を検討したい。まず，女性学の登場とジェンダー研究の展開を把握する。とくに教育社会学の鍵概念として「隠れたカリキュラム」（▶ 第6章）と文

化的再生産論（▶ 第 1 章）を取り上げる。また，「性の多様性」と子どもたちの人権保障と教育の課題に言及する。女性学，ジェンダー研究に根ざすアクティヴな学びは，女性差別のみならず，男性，セクシュアル・マイノリティの人々への差別の是正を視野に入れた展開が求められている。本章を通して，女性学，ジェンダー研究に基づく，**ジェンダーに敏感な教育** gender sensitive education（▶ 用語解説）の基盤を提起したい。

II ▶ 女性学の登場と展開

1 ジェンダー概念とフェミニズム

まず用語の定義から始めよう。**ジェンダー** gender は「社会的・文化的につくられた性別」を意味する（Oakley 1972）。ジェンダーはもともと，ラテン語の「分類」を意味し，ヨーロッパ語の名詞の性別（たとえばフランス語の男性名詞，女性名詞）を表す文法用語として使われていた。そのジェンダーに新しい意味を与えたのが，1960 年代に活発化したフェミニズムの第二の波である（井上 2011：16；天童 2017：18）。

第二波フェミニズムは，1960 年代後半の欧米に始まり，70 年代にかけて世界的に波及した。とりわけ労働市場や家庭，教育，メディアといった日常のあらゆる場や機関に浸透した，性差別的慣習や文化の変革を目指す女性解放の潮流である。これは，19 世紀に展開された女性の市民権，女性の参政権獲得を主眼とした**第一波フェミニズム**と区別して，第二波フェミニズムと呼ばれる。

ジェンダー概念は，**第二波フェミニズム**を契機として登場した女性学のなかから生み出された。生物学的性 sex ではなく，「**社会的・文化的に構築された性 gender**」の意味を獲得することによって，フェミニズムは，社会における男女間の不平等を照らし出す新しい概念を手に入れたのである。

2 女性学の登場

第二波フェミニズムの胎動は，教育，学問にもインパクトを与えた。**女性学** women's studies は大学改革運動とフェミニズムとが結びついて生まれたものである。

当時の北米での女性運動を振り返って，オルバー（Orbaugh, S.）は，次のように述べている。

（1960年代後半から70年代初頭に起こった）女性運動の渦中に，大学では女子学生たちが立ち上がった。彼女たちは単位取得にこだわらず女性学の授業を自主的に開講して，正規のカリキュラムとして認定するよう，学部教員に対してロビー活動をおこなった。こうした運動が功を奏し，1969年には女性学の初の単位認定授業がコーネル大学で開講され，翌年からは多くの大学がこれに続いた（オルバー2017：26）。

　70年代，アメリカではニューヨーク，シカゴ，カリフォルニア，オレゴンなど，各地の州立大学や東部海岸の私立女子大学をはじめとして，全米各地で女性学講座が開講されていった。その後の広がりは目覚ましく，73年には全米で100以上の講座が成立し，81年には約3000の大学で3万以上の講座が開設されるに至ったという（井上2011：6-7）。

3 日本における女性学の展開——学術と実践をつなぐ

　女性学は，1970年代に日本でも紹介され，「女性の，女性による，女性のための学問」（井上輝子）との定義が知られている。井上は「女性学とは一言でいえば，女性の視点からする学問の見直し運動のこと」とする。そして，近代の諸科学は，客観的で普遍的な「真理」の発見に向かって成果を蓄積していると信じられてきたが，「現実には，研究職の大半は男性によって占められており，研究課題の設定や研究業績の評価に影響力を行使できるのは，男性ばかりであった」と述べている（井上2011：7-8）。

　1970年代後半（1977－79年）には，日本でも女性学を標榜する学術団体が相次いで誕生し，国際女性学会（2003年に国際ジェンダー学会に改称），日本女性学会，女性学研究会，日本女性学研究会など，女性学に関する研究が勢いを増した。また1980年代にはNWEC（国立婦人教育会館［当時］，現在の国立女性教育会館）が女性学講座を開設し，研究者と地域の市民女性たちとの研究交流の場を形成してきた。

女性学の意義は，専門知識や理論の追求だけではなく，社会的活動と相互に連関し，個人と社会の変化・変革につながる運動と常にかかわりながら，女性視点による学術と実践の融合，既存の知識，学問への批判的視座，そして女性のエンパワーメントに寄与する実践的力の創造を企図してきた点にある。

III ▶ フェミニズム知識理論——だれのための知識か

1 ジェンダーからみた知識と教育

フェミニズム知識理論における根本的な問いは，なにを「知識」とみなすのか，だれのための「知識」か，ということである。既存の学問において「知識」とカウントされるもの，すなわち科学的，合理的，客観的な知とされるものの妥当性を問い，選抜された知識が「真理」として正当化される立場に潜む，男性中心的な知の生成秩序に疑問を呈するところに，フェミニズム知識理論の出発点がある（天童 2013；2015）。

教育に関するフェミニズム・ジェンダー論は，焦点化される問題に応じていくつかの特徴に分けられる。ここでは，性役割パラダイムから家父長制パラダイムへ，さらにポストモダン以降の多様性の時代へと整理してみよう。この枠組みは，教育社会学者アッカー（Acker, S.）の *Gendered Education*（1994），および多賀・天童（2013）による「教育社会学におけるジェンダー研究の展開」のレビュー論文をふまえている。

2 性役割の社会化

まず，性役割パラダイムは，教育における機会の平等を求め「性役割の社会化」の問題を重視するリベラルフェミニズムに源流をもつ。具体的にはジェンダー・ステレオタイプの押し付け，性役割からの「自由」，男女の教育における機会均等，男女同等のアクセス，女性の不利益や抑圧をもたらす障壁の除去を目指す枠組みである。

日本社会に当てはめれば，**教育の機会均等**，男女同一のカリキュラム，高等教育進学率の男女格差や専攻分野の偏り（理工系に進む女性割合の低さなど）の是正，さらには就労上の性差別を是正する法整備や施策の具体化など，この

視点は目前の諸問題に対処しうる強みがある。とはいえ、性役割パラダイムは、知識へのアクセスの機会均等を求めるものの、知識そのものの男性中心主義を問い直す視点は弱いという限界がある。

3 家父長制パラダイム

家父長制パラダイムは、1970年代から80年代のフェミニズム教育学における中心的な概念枠組みである。「**家父長制**」は、ラディカルフェミニズムによって提示されたものであり、男性総体による女性総体の支配を意味する。このパラダイムにおいては、主に2つの視座が見いだせる。1つは、女性の抑圧の根源を、身体と性の男性支配に起因するものとみなし、教育制度、文化、知識の男性中心主義を問うラディカルフェミニズムの視座、もう1つは、教育的不平等を資本制と家父長制の複合支配に関連づけて理解しようとするマルクス主義フェミニズムの視座である。

とくに欧米では1970年代から80年代、教育的不平等を資本制と家父長制の複合支配に関連づけて理解しようとするマルクス主義フェミニズムの視座が注目を集めた。既存の社会的・文化的再生産論におけるジェンダー視点の欠落を指摘し、学校教育が階級構造の再生産のみならず、セクシズム（性差別）に基づいた性別ステレオタイプを伝達しているとする分析枠組みや実証的研究が生み出された。その嚆矢としては、イギリスのディーム（Deem, R.）が、*Women and Schooling*『女性と学校教育』（1978）において、不平等の再生産における「階級構造と性別分業システムのセット」への着眼を主張した。

この論点を、権力関係の視点を盛り込み、より洗練させたのがアーノット（Arnot, M.）である。アーノットは階級関係とジェンダー関係双方の構造的序列への関心のもとに、バーンスティンのコード理論を応用して「ジェンダー・コード」を提示した（Arnot 1982；天童 2000）。

また、フランスでは、ブルデュー（Boudieu, P.）の文化的再生産論をふまえたデュル・ベラ（Duru-Bellat, M.）が『娘の学校』（1990）を著した。アメリカでは『女の子は学校でつくられる』（Sadker, M. & D. Sadker 1994）など、ジェンダーの不平等の再生産研究の展開があった。

マルクス主義フェミニズムの視座は、**フェミニズム教育学** feminist pedagogy の実践を伴いながら,「学校におけるジェンダー不平等の再生産」を浮き彫りにし,学校教育がもつ「表層的」平等主義・能力主義と,社会に支配的な価値規範の秘かな教え込みという「隠れたカリキュラム」の二つの顔を鋭く指摘するものであった(天童 2013：60-61)。

4 知識伝達の構造とジェンダー・コード

なにを,いかに伝達するか,教育の営みにジェンダーに敏感な視点をどう取り入れていくか。ここでは,知識伝達の構造の理論と実践に示唆的な**ジェンダー・コード** gender code について言及したい。

ジェンダー・コードとは「男女のハイアラーキーと社会における男性優位を,自然のものとして受け入れ,再生産する社会の組織化にかかわる概念」である(Arnot 1982)。

前述したように,アーノットは,バーンスティン(Bernstein, B.)の「コード理論」を援用してジェンダー・コードを提示した。バーンスティンのいうコードとは,類別と枠づけのセットからなる,「意味を具現化する形式,意味を生み出す文脈の統合的な規制原理」(Bernstein 1971)である。**類別**とは,知識内容の分離の程度,境界の強弱である。つまり「なに what」を教えるかの境目を分離する程度のことといってよい。一方,**枠づけ**は,「いかに how」教えるかのコミュニケーションの枠組みの統制と捉えることができる(▶序章)。

ジェンダー・コードは,ジェンダー類別とジェンダー枠づけのセットであるが,分析的にはジェンダー類別とジェンダー枠づけに分けて考えるとわかりやすい(天童編 2016：13)。ジェンダー類別は,ジェンダーの差異に基づく日常的カテゴリー化であり,ジェンダー枠づけは,男女のハイアラーキカルな秩序(序列)を「自然」なものとして受け入れさせる,**隠れた統制** hidden control と位置づけられる。

現実の知識伝達の場にこれらの概念を当てはめると,ジェンダー類別は,家庭や学校教育の場において明示的・暗示的に示される,性別カテゴリーに基づく「分割」である。知識伝達の場面では,教科の分類(技術科,家庭科を男女別に割り振った性別分業型カリキュラム)の事例が明示的である(▶第6章)。今日,教育や子育ての場面で表立った性役割の押し付けは影を潜めたかに見え

るが，幼児教育から高等教育まで，暗黙のジェンダー・カテゴリーに基づく象徴的分割の営みは数多く存在する（たとえば，男女別の色分けやおもちゃから，進路選択のジェンダー・トラックなど）。

　もう一方のジェンダー枠づけは，ジェンダー化された隠れたコントロールを持続し，再配置する規制原理である。それは，社会関係や相互作用を規定し統制する枠であり，教室内の教師―生徒間，教室内外の生徒同士の相互作用，親子間，家族間の相互作用など，コミュニケーションを通して行われる統制の様式を指す。

　ジェンダーの不平等の再生産は，ジェンダーのカテゴリー化（ジェンダー類別）だけでは完結しない。見えない権力を通して生成されたジェンダー・カテゴリーを，暗黙のうちに人々に獲得させ，正当化させ，自ら受け入れさせるヘゲモニックな統制が必要となる。すなわち，知識伝達においてジェンダー平等を具現化する営みには，「何を」what という境界の分離の強弱だけでなく，「いかに」how という伝達のメッセージ体系のなかにあるジェンダーバイアスの是正が欠かせないのである（天童 2018）。

5 越境するフェミニズム

　家父長制パラダイムは，ジェンダー間の不均衡・不平等を，権力関係や社会構造のより大きな文脈のなかで把握することを可能にした。しかし，この視点は，「総体としての」男女間の権力関係に焦点化することによって，世界的規模でのジェンダーの多様性を，普遍的家父長制という男性支配の一元的図式に収斂(しゅうれん)してしまう限界をはらんでいた。言い換えれば，女性はみな「一様に」抑圧され搾取される集合的存在とみなすことで，女性たちの多様性，たとえば有色の，第三世界の，ポストコロニアルの女性たちの立場を十分に考慮していないとの批判を受けることになったのである（hooks 1981＝2010；Trinh 1989＝1995；Mohanty et al. eds.1991 など）。

　1990 年代以降の動向を，北米の高等教育を例に整理すると，90 年代半ばには女性学は広く学問として受け入れられるようになり，多くの大学で主専攻，あるいは副専攻として女性学，ジェンダー研究のプログラムが新設された。これは既存の学問への疑問とアンチテーゼを提起してきた女性学自体の制度化の

面をあわせもつ（オルバー2017：30-33）。

一方で，このころからフェミニズムの立場からも女性学のあり方についての疑問や批判が指摘されるようになった。主な論点は，第二波フェミニズムに伴う女性運動が，人種，階級，国籍といったさまざまな差異を十分に組み込んでいないという点，もう一つは「女性のみ」を研究対象にすることの限界である。とりわけ80年代，人文科学を牽引していたポスト構造主義の思想とフェミニズムが結びついたポスト構造主義フェミニズム post-structural feminism は，女性とはなにか，はたして我々は，「女性一般」という実体を想定しうるのかという基本的問いを俎上に載せるものとなった。このようなフェミニズムの多様化（複数形の feminisms）を，第三波フェミニズムと呼ぶ論者もいる。

たとえばブラック・フェミニズムの立場からは，フックス（hooks, b.）が，「女とはだれか」と問い，既存のフェミニズムで共有されてきた「女性の経験」が，「白人・中産階級・異性愛」の女性のそれにすぎないのではないか，と疑問を呈した（hooks 1981＝2010）。またポストコロニアルフェミニズムの立場からは，「（西洋的）フェミニスト」の学問思想が「女性の解放」を主張しつつも，実のところ，第三世界の女性たちの生活と闘いを言論的に植民地化することで成立している点が批判された（Mohanty 2003＝2012：31-32）。

6 ポスト構造主義フェミニズム，セクシュアリティとクィア研究

ポスト構造主義フェミニズムの立場に立つ論者として，スコット（Scott, J.W.）は，ジェンダーを「肉体的差異に意味を付与する知」と定義し，ジェンダーは「第一に両性間に認知された差異にもとづく社会関係の構成要素であり，第二に権力の関係を表す第一義的な方法」とする（Scott 1988＝2004：75；天童 2000）。

フーコーの影響のもとに，ポスト構造主義フェミニズムの立場から性別二元論の批判理論を展開したのがバトラー（Butler, J.）であり，『ジェンダー・トラブル』（Butler 1990＝1999）において提示したのは，セックス／ジェンダー概念の転換であった。

初期のフェミニスト研究者たちが性役割論において，生物学的性別 sex と，社会的・文化的・心理的な性別としてのジェンダー gender を区別しようと努

めたのに対して，バトラーは，この性役割論的セックス／ジェンダーの含意が，セックスがまず先にあり，それが自然なものとする前提があり，その「自然」な区別のうえに設定された二次的構築物としてジェンダーを位置づけることに疑問を呈する。バトラーの主張は，「セックス」それ自体が社会的なカテゴリーであり，ジェンダーがそうであると同様に，セックスもまた文化にかかわる概念とするのである (Butler 1990＝1999：27-29)。

バトラーにおいて，セクシュアリティは「権力と言説と身体と情動を，特定の時代が組織化したもの」であり，「身体は権力関係の文脈においてのみ，言説上の意味を獲得する」(Butler 1990＝1999：199-208)。すなわち，身体範囲を構築しているのは単なる物質性ではなく，「文化の首尾一貫性という特定のコード」(Douglas, M.) を通して象徴的境界を確立する「言説」discourse である (Butler 1990＝1999：231-232；天童 2001：127)。

ポスト構造主義フェミニズム，とくにバトラーの言説論は，教育社会学分野のジェンダー，セクシュアリティ，多様性研究に応用されている。90年代以降，ジェンダー研究はさらにクィア理論や性の多様性研究へと展開した (Meyer & Carlson eds. 2014)。**クィア** queer は「不思議な，奇抜な」を意味し，同性愛やトランスジェンダーの人々に対する差別的ニュアンスを含んでいたが，それを逆手にとって，**クィア理論**は，非異性愛者を抑圧し排除する社会を解明する理論を指すものとなった。

欧米の社会学，教育社会学領域では，90年代以降，言説研究の興隆がみられるが，「ジェンダー／セクシュアリティと言説」に注目した研究も多い (髙橋・天童 2017：160)。

グローバルなフェミニズムの動きについても触れておこう。

1970年代の第二波フェミニズムの展開を契機として，女性解放のうねりは世界的な女性の地位向上の議論と具体化へと向かった。20世紀後半には，国連をはじめとする女性の地位向上の取り組みが明確になり，女性差別撤廃条約 (Convention on the Elimination of All Forms of Discrimination against Women・国連採択 1979 年)，女性に対する暴力の撤廃宣言（ウィーン会議 1993 年)，そして 21 世紀初頭にはジェンダーの主流化 mainstreaming gender が国連レベルの常識知となった。

日本は「女性差別撤廃条約」を1985年に批准した。国際条約の批准のために日本の国内法の整備として成立したのが男女雇用機会均等法（1985年成立1986年施行，その後数度の改正）である。また，同条約は，国籍法の改正（1984年），「家庭科の男女共修」（性別役割分業的カリキュラム是正）が行われる契機ともなった。グローバルとローカルをつなぐ国際的女性の地位向上の潮流は，世界の常識となりつつある。

　さらに，ポスト構造主義フェミニズムなど，多様性を強調する第三の波を経て，欧米ではポスト2007年（財政危機後）の政治・経済・社会状況に疑問を抱き，社会問題に関心をもつ人々，とくに女性たちが，国境を超えたソーシャルネットワークメディアを用いて運動を広げている。これをフェミニズムの「第四の波」と呼ぶものもいる（Pitcher & Wheleham 2016；天童2019）。

IV ▶ 日本における教育社会学とジェンダー研究の展開

■ 教育社会学とジェンダーの「主流化」

　日本の教育社会学における「ジェンダーと教育」研究を振り返れば，80年代のフェミニズムのインパクトの影響を経て，90年代以降のジェンダーの「主流化」へと展開した。草分け的論稿としては，『社会学評論』に掲載の天野正子（1988）の『「性（ジェンダー）と教育」研究の現代的課題：かくされた『領域』の持続』がある。90年代には『教育社会学研究』において二度「ジェンダーと教育」のレビューがなされた（森繁男1992；中西・堀1997）。

　さらに，多賀・天童（2013）は，90年代末以降の『教育社会学研究』におけるジェンダー研究のレビューにおいて，実証的研究を中心に3つの系列でまとめている。

　1つ目の系列は「女性の職業・教育達成―計量分析」で，女性の職業達成，教育達成の条件や規定要因を主として計量分析の手法を用いて明らかにしようとする実証研究である。2つ目は「学校内ジェンダー秩序形成」で，学校における「ジェンダー秩序」が形成・再生産される様子を，主として観察法によって収集されたデータに基づいて明らかにしようとするアプローチである。80年代末の「解釈的アプローチ」に基づく幼稚園のジェンダー研究（森1989）

はその先駆的実証研究である。そこでは教師による性別カテゴリーの使用や性役割メッセージの伝達が，必ずしも意図的になされるわけではなく，教育場面の統制という職務要請に応える教師戦略として半ば無意図的に用いられている側面が明らかにされた。そして3つ目は，「ジェンダー秩序の近代化への歴史社会学接近」で，主に明治期以来の近代的ジェンダー秩序の形成と再編の過程を，歴史社会学の手法を用いて明らかにしようとするアプローチである。

　上記の実証的分析の特徴に加えて，より抽象的なレベルでジェンダーと教育に関わる現象を体系的に説明する理論的枠組みの議論の展開もある。欧米の動向を追随するように，日本の「ジェンダーと教育」研究では，1990年代半ばまでのメインパラダイムは性役割およびその学習過程としての「社会化」論（渡辺1997）であったが，90年代後半以降の理論的枠組み構築の試みは，再生産論を基軸として展開されてきた。木村（1999）は，フェミニズム理論の第二波までの流れを押さえたうえで，主としてマルクス主義フェミニズムに依拠しながら学校教育を通したジェンダーと階級の再生産のメカニズムについて論じた。また天童（2000）は，バーンスティンの再生産理論にジェンダーの分析視角を導入し新たな理論展開を試みるなかで，バーンスティンの「権力―類別」「統制―枠づけ」概念（Bernstein1977＝1985）と，「ジェンダー・コード」（Arnot 1982）の概念を統合することにより，「ジェンダーの再生産構造と象徴的統制」の概念図式を提示している（多賀・天童2013）。

2 男性学・男性性研究

　ここで男性学 men's studies について述べておこう。女性学のカウンターパートとして登場した男性学は，フェミニズムから生み出された女性学（既存の男性中心の学問に対する異議申し立て）を経て，男性側からの自己省察としての学術研究に結実した。男性学，あるいは**男性性研究** masculinity studies と呼ばれる学問領域は，社会的につくられた「男らしさ」を問い直し，男性支配の正当化メカニズムにかかわる「ヘゲモニックな男性性」（Connell, R. W.）研究などを生み出していった（伊藤公雄解説2009；多賀2016）。

　男性性研究において，教育社会学は重要な役割を担っている。欧米では90年代以降，「教育における男性性」研究が研究課題の1つとして定着し，男性

性研究の国際学術雑誌 *Men and Masculinities* では，学校における暴力，男子生徒集団内のインフォーマルな地位達成闘争などの課題が取り上げられてきた（多賀・天童 2013）。

日本の教育社会学分野では，いち早くコンネルの『ジェンダーと権力』の訳出がなされ（森重雄ほか訳 1993），セクシュアリティと権力への着目が紹介された。そして，多賀による男性性研究（2006；2016）は，周辺化されがちであった「男性学・男性性研究」をアカデミズムの「枠」のなかに位置づけることに成功している（伊藤解説 2009：20）。

3 ジェンダー平等への教育実践

それでは，現実の教育実践において，どのような研究や取り組みがなされてきたのだろうか。ここではとくに「隠れたカリキュラムとジェンダー」に注目しよう。

隠れたカリキュラム hidden curriculum（▶第6章）という語を最初に用いたのはジャクソン（Jackson, P.）とされているが（Jackson 1968），当初その意味は「クラスルームの集団的雰囲気を意味する社会心理的な形容的記述概念」であった。

この用語を，教育制度が隠し持つ「政治性の隠ぺい」の視点から体系的に論じたのはヴァランス（Valance, E.）である。ヴァランスは 1970 年代初め，アメリカの 19 世紀における公教育の発展過程を検討するなかで，今日，「隠れたカリキュラム」と呼ばれる学校教育の隠れた機能が，かつては学校教育の明示的かつ第一義的機能として，むしろ顕在化されていたという。当初学校教育の役割は，労働者や移民への「徳目の教え込み」という，明らかな統制機能であったが，公教育としての学校教育が制度化されるなかで，次第に教育のもつ「統制」機能は前面に出されなくなり，社会秩序の内面化，従順な労働力の形成を企図した大衆教育の浸透の中で学校生活への「適応」という方法によって，その政治的性格は隠されていったことを示唆している（Valance 1973／1974）。

ヴァランスの指摘からわかるように，隠れたカリキュラムは単に正規のカリキュラムに対するインフォーマルな部分を意味するのではない。それは第一に，当該社会で支配的な文化と価値のイデオロギー的伝達の側面を持つ。第二に，

教師はカリキュラム的知識を機械的に児童生徒に伝達するのではなく，言語的命令，行動的支持といった顕在的手法で伝えるとともに，何気ない仕草，まなざし，顔色による意志表示を通して潜在的メッセージを伝えている。これが「言明されない価値規範のシステム」的伝達の側面である。そして第三に，教師と生徒，生徒同士の相互作用の中で，意味付与を通して構築される「解釈的ネットワーク」の側面をもち，ここにおいて隠れたカリキュラムはシンボリックに構成される（柴野 1982；柴野ほか編 1992）。

4 学校教育の隠れた顔——なにを，いかに伝達するのか

　学校教育は平等主義を原則とし，成績評価による業績主義，能力主義を前提とするシステムと思われてきた。しかし，ときに見えにくいかたちで，当該社会の支配的文化のイデオロギー的伝達の場ともなる。それが，能力主義とセクシズム（性差別）の両輪として作動する，不平等の再生産装置としての学校教育の顔である。

　教育社会学とジェンダー研究の代表例として，たとえば木村（1999）は，小学校 6 年生を対象に教室内相互作用の観察から，男子の「雄弁」と女子の「沈黙」が教室を特徴づけているとする。また，幼児教育の場では，藤田（2015）が幼稚園・保育園のエスノグラフィから，園の先生，保育士による「なにげない」カテゴリー化として，男子・女子のジェンダー呼称が集団の統制にしばしば用いられていることを指摘している。

　教科書分析においては，90 年代初頭に著された『教科書の中の男女差別』（伊東良徳ほか 1991，著者 4 名は弁護士）研究が先駆的役割をはたした。そこでは，1989 年使用開始の小学校教科書，90 年使用開始の中学校の教科書の代表的テキストが取り上げられ，女性の登場頻度，性別ステレオタイプの記述，旧来の男らしさ，女らしさの強調する表現，そして教科書が男女平等を考えさせる内容となっているか，といった視点から検討が加えられ，固定的な性役割観を助長しかねない記述，挿絵が各所に見られることが指摘された。伊東らの分析では，1980 年代末に使用された小学校の国語教科書（60 冊）の調査から，201 の物語のうち，男子・男性（男性的キャラクターを含む）が主人公のものは 63% で，女子・女性（19%）が主人公，男女ともが主人公（4%）を大きく

上回っていた（伊東ほか 1991）。

教科書の点検については，笹原（2003）が，90 年代後半の小学校の国語の教科書分析（男女平等教育をすすめる会編 1997）を引用しながら，物語のなかの男女の描かれ方の非対称性，たとえば男子・男性の主人公が「主体的に行動し，勇気や行動力を持って難問に立ち向かう」のに対して，女子・女性の主人公は「じっと様子を見ているだけの待つ存在」として描かれる，ステレオタイプの内容が目立つことを指摘している。

教科書の著作者（男女比率），登場人物，仕事や家庭での役割の描かれ方など，教科書を見直してみるとき，どのような変化があるだろうか。ジェンダー視点の導入は，教育教材の変化をもたらしたとの指摘もある（井上 2011：41－42）。最近の小中学校の教科書では，登場人物の男女比率，挿絵の色の使い方，役割や職業に，男女のステレオタイプにとらわれない配慮が見られる事例も多い。副読本やテキストをジェンダーの視点で見直したとき，あなたはどんな発見をするだろうか。

V ▶ 教育をジェンダーで問い直す

1 ジェンダーに敏感な教育と社会動向の振り子

ジェンダーに敏感な gender sensitive 教育は，学校教育のなかのセクシズムを排し，ジェンダーバイアスを取り除く，性の平等の実現のための教育である（天童 2001：128）。公式のカリキュラムと隠れたカリキュラムのジェンダーバイアスを変革し，新しい教育方法や教材を提示する平等教育の実践は，日本でもさまざまに重ねられてきた（亀田・舘編 2000；木村・古久保編 2008；浅井ほか編 2016；河野・藤田編 2018）。

本章で見てきたように，国際的にも日本においても，ジェンダー平等を目指す社会動向，教育の変化は，確かな歩みを重ねてきたように思われる。しかし，前進のあとに揺り戻しが起こる場合もある。

アメリカの教育社会学者バランタイン（Ballantine, J. H.）らは，「教育運動と教育改革」の論述において，教育上の意思決定には，政治，政策，訴訟，そして教育運動がさまざまに影響を及ぼしあいながら，振り子の振動のように，

右から左へ，また逆方向へと，保守的傾向とリベラル的傾向との間を行きつ戻りつしているという（Ballantine & Hammack 2009＝2011：587）。まさにオバマ政権以後のアメリカの動向は，振り子の揺れの激しさを物語っている（ホーン川嶋 2018）。

日本の教育史を振り返れば，戦前では女性への高等教育の門戸開放，女子中等教育の充実があった。戦後の民主化を経て，技術・家庭科の男女別履修ののち，**家庭科の男女共修**を目指す運動とその実現など，男女平等教育に向けた市民運動もあった。

木村らはその編著（2008）で，「ジェンダー平等をめざす流れが絶えず新しい水音を響かせているのは，活動する市民・保護者，教育実践を蓄積している教員，各現場で努力している行政職員など，志を同じくする多くの女性そして男性の努力のたまもの」と述べる。そして，1980年代後半から90年代にかけては，ジェンダー視点が勢いを増したが，その後，「性差」を強調する声が高まったという（木村・古久保編 2008：24）。2000年前後には，一部の政治家による保守的発言が目立つなど，ジェンダー平等教育へのバックラッシュ（揺り戻し）があった（木村編 2005）。

今日，ジェンダー概念は，学術的にも一般社会にも広く流布し，国連SDGs（持続可能な開発目標）にも明記されているように，ジェンダー平等は国際的常識知である。国際社会で，日本はジェンダー平等の「後進国」とみなされていることを考えれば（世界経済フォーラムによるジェンダーギャップ指数110位・2018年），ジェンダー平等な教育の実現は，日本社会の喫緊の課題に他ならない。

2010年代，第二次安倍政権下では，女性の「活躍」が政策的に推進されている。はたしてジェンダーの振り子はどう揺れるのだろうか。新自由主義的資本主義，企業中心型社会のグローバル競争の加速のなかで，女性の「社会的活躍」の要請と背中合わせの，不安定雇用の増大や女性の貧困など，女性間格差の秘かな浸透にも目を向け，女性の人権とケアの保障を提起する視座が欠かせない（天童 2019）。

図1　社会的態度の振り子

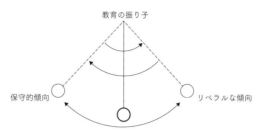

出所：Ballantine & Hammack（2009＝2011：587）

2　性の多様性と人権──LGBTの子どもと向き合うために

　最後に，「性の多様性」と子どもの人権の課題について述べる。**セクシュアル・マイノリティの権利保障**は，国際社会の重要課題であり，日本でも2010年代には，LGBTということばがマスメディアで取り上げられ注目されている。

　教育の領域では，学校でのいじめ，子どもの自死対策の文脈で，性的マイノリティへの言及がみられるようになった。文部科学省は2015年，「性同一性障害に係る児童生徒に対するきめ細やかな対応の実施等について」という通知文書を出し，そこでは「性同一性障害に係る児童生徒だけでなく，いわゆる「性的マイノリティ」とされる児童生徒全般に共通するもの」として，きめ細やかな対応を位置づけている。

　性の多様性については，からだの性（生物学的性），心の性（性自認），好きになる性（性的指向）の3つの軸で捉えるのがわかりやすい（早稲田大学教育総合研究所監修 2015：7；金井 2016）。日本のいくつかの調査では，性的マイノリティの人々は，100人中7.6人，12－13人に1人，とされている[(2)]。

　元々欧米では1970年代のゲイ解放運動を受けて，80年代半ば以降，当事者たちの自称であるLGB（レズビアン，ゲイ，バイセクシュアルの頭文字）が使われ始めた。90年代にトランスジェンダーのTを含めて，LGBTとの表現が普及した。国際社会では，それにI（インターセックス）を加えたLGBTI，あるいはsexual orientation, gender identityの頭文字をとったSOGIが用いられることもある（三成編 2017：14）。

　欧米の隠れたカリキュラム研究においては，「異性愛主義とホモフォビア」

への言及があり，性的少数者の子どもへの配慮が提起されている（Bank 2007：549-554）。トランスジェンダーは，直訳すれば「性の越境」の意味で，自分の身体性と反対の性別の体になりたい人々，割り当てられた性別とは異なる性別の生活様式で生きることを望む人々を意味する。トランスジェンダーと性同一性障害は関連するが同じではない。性同一性障害は，体の性と，性自認が同じでないと感じ，自らの性に持続的な違和感をもつ場合の医学的診断名である。

多数派（マジョリティ）と異なる生き方や特徴をもつ人びとはいかなる時代にもどの社会にも存在する。しかし，それを許容しない社会においては，「疾患・逸脱」とレッテルを貼られ，治療や矯正の対象とされてきた。セクシュアル・マイノリティの当事者にとって，「医療という権威によって，自分の心身を逸脱した身体とか精神などと決められること」は，自己の尊厳の喪失を意味するとの指摘もある（東 2007）。

セクシュアル・マイノリティの子ども支援において重要なのは，「誰がLGBTかではなく，生徒一人ひとりの自分らしさと人格・人権の尊重を中心に据えた姿勢」（岩本 2018：47）である。性の多様性を理解し，さりげなく支援する人々を，教師や親，子どもにかかわるさまざまな立場の人々に広げていくことが肝要であろう。

Ⅵ おわりに

フェミニズム知識理論は，知識伝達のメカニズムにおける権力関係を解き明かす理論である。またその教育実践は，身近なジェンダー問題への気づき，態度と価値の変化といった学びのプロセスと手法を伴う点で，「能動的主体」active agent を重視する学びと親和性がある。

ジェンダーに敏感な視点で教育の営みを再考するとき，より深い次元での主体的・能動的学びが見えてくる。それは，アクティヴな学びが，教育空間（教室的空間）の枠を超えて，文字通り，行為・行動 act へと展開する，**変容的学習** transformative learning への展開可能性をもつことである（Weiner 2013＝2017）。ここでいう教育は，社会教育，生涯教育を含んでいることを明記しておく。『おとなの学びを創る』のなかでクラントン（Cranton, P. A.）は，解

放的知識に基づいた「意識変容の学習」，すなわち「自己の前提，価値観，パースペクティブを絶えず問い直す」継続的学びの過程を重視した（Cranton 1996＝2004）。変容的学習は，自らの態度と価値の変容を意味し，知識変革的学習（教育知として伝達される知識の問い直し）であり，社会変革的学びへの展開可能性を持っている。

　持続可能な社会形成に向けた教育の創成には，ジェンダーの平等，セクシュアル・マイノリティの権利保障を含めた，民主的で市民参加型の教育モデルが欠かせない（Apple 2014＝2017）。主体的な学びの真髄は，社会正義，多様性，包括性，コミュニティ基盤の知識といった，人間としての権利と尊厳，寛容，平和と結びつく価値の創造であり，学びのプロセスを通して他者の痛みや苦しみに思いを寄せることができる「良心と想像力の研磨」にある。そこから教育と社会の未来がひらかれていく。

> ✅ **教育社会学的想像力を拓くレッスン**
>
> **ステップⅠ　リフレクティヴな学び**
> 　教科書の登場人物や仕事や家庭での役割の描かれ方を調べ，あなたがどのような授業を受けてきたのか，ジェンダーの視点から振り返ってみよう。
>
> **ステップⅡ　コミュニカティヴな学び**
> 　グループを作り，子どもの頃見ていたテレビ番組やよく読んでいたマンガ等のメディア作品を複数挙げ，ストーリーや表現のなかにジェンダー・バイアス（性に基づく偏った見方）が描かれていたかどうか話し合ってみよう。
>
> **ステップⅢ　イマジナティヴな学び**
> 　地元の図書館などで子ども向けの絵本を無作為に数冊選び，主役の性別，主要な登場人物の発言回数，子どもが登場する場面で男女の描かれ方に違いはあるかどうか調べ，データをまとめてみよう。絵本が出版された年代によって，データの傾向に違いがあるかどうか検討し，違いがあるとすれば，それはどのような歴史的・社会的背景と関連しているのか考えてみよう。

《 用語解説 》

ジェンダーに敏感な教育 ●ジェンダーに基づく偏見や差別に敏感 sensitive になり，それを是正する教育の営みのこと。「自然な」差異とみなされがちな性（ジェンダー）に基づく偏見や差別に対して，ジェンダー・センシティブな教育は，他者の痛みを想像し，社会のさまざまな領域に埋め込まれた偏見や差別に気づく感覚を磨き，自己や他者が置かれた不利益な状況を是正するために必要な知識を獲得し，共有する変革的教育の営みにつながっていく。

家庭科の男女共修 ●戦後の民主化のなかで 1947 年に「家庭科」が誕生した。「家庭科」は「家庭の民主化」のための教科とされ，当初は男女がともに学ぶ教科であった。しかし，高度経済成長期になると，中学校では 1958 年版の学習指導要領において「生徒の現在および将来の生活が男女によって異なる点のあることを考慮」して，男子は「技術科」，女子は「家庭科」と性別で科目が分けられた（1962 年実施）。高校では 1960 年代に性別特性論を背景に「家庭科」は女子のみ必修とされた。このカリキュラム政策は当時の日本型経営と合致するもので，男性がフルに労働市場で活動し，家事・育児は女性の役割とする性別役割分業体制を体現していた。家庭科の男女共修の実現は，男女平等教育を求める市民運動等の長年の成果でもあったが，それを後押ししたのは女性差別撤廃条約の存在で（1979 年国連で採択），「教育における差別撤廃」（10 条）に「同一の教育課程」を挙げており，政府は重い腰を上げる必要に迫られた（1985 年日本は同条約批准）。家庭科が男女共修となるのは，1989 年の学習指導要領改訂ののち，中学校では 93 年，高校では 94 年のことである。

—— 注 ——

(1) NWEC（国立女性教育会館）女性学・ジェンダー論関連科目（2008 年開講分）データベースによる。
(2) 2015 年電通ダイバーシティ・ラボによる全国 69989 人の 20 〜 59 歳を対象にした調査結果（早稲田大学教育総合研究所編 2015）。

（天童陸子）

第13章　グローバリゼーションと教育

I ▶ はじめに

　本章では，現代の主要な社会変動のひとつであるグローバリゼーション（以下，グローバル化）を取り上げ，グローバル化と教育がどのような関係にあるのかについて理解を深めたい。

　ここでは，はじめに，グローバル化とはどのような現象を指すのか，その意味とグローバル化についての様々な見解を明らかにし，理解を深めておきたい。次にグローバル化が教育のあり方にどのような影響を及ぼすのかを見てみよう。さらにはグローバル化とそれに伴う教育状況の変化の様相を文献や資料に基づいて明らかにし，あわせてグローバル化によりもたらされた教育の問題や課題について考えてみたい。

II ▶ グローバル化とは何か

1 社会現象としてのグローバル化

　今日，交通や移動技術の著しい発展，インターネット，携帯電話，衛星テレビなどの通信テクノロジーの急速な発展，貿易・金融・労働の国際市場の拡大やグローバル企業の展開，さらには，国民国家を超えた移民の増大，環境汚染，ヨーロッパ連合（EU）や北大西洋条約機構（NATO），国際連合，世界貿易機関（WTO）などの国際的政府組織や非政府組織（NGO）による国境を越えた活動等を背景に，ヒト，モノ，カネ，情報・知識・観念，イメージなど，あらゆるものが国境を越えて世界を駆け巡っている（Cochrane & Pain 2000 = 2002）。交通技術や情報技術の発達は，国境を越えた人々の瞬時のコミュニケーションを可能にし，地球的規模で展開されているグローバル企業などを通じて，我々の日常生活が世界と密接なつながりを持って営まれるようになってい

る。

　スティーガーは，グローバル化は，何世紀にもわたって進展してきた長期的な過程であると捉えているが，その歴史の中でも1970年代以降，「世界大の相互依存とグローバルな交流の劇的な創出と拡大」（Steger 2009＝2010：41）が加速したとしている。日本の場合，やや西欧に遅れてとくに1990年頃からグローバル化が進展したと考える研究者が多い。

　ところで，グローバル化をどのようなものと定義するかは，論者によって極めて多様であり，学術的に一致した見解は見られない。

　スティーガーは，グローバル化は，相互依存と統合を強化する一連の社会的過程であると捉え，グローバル化を「世界時間と世界空間を横断した社会関係および意識の拡大・強化」と定義づけている。また，その特徴は次の4つであるとしている（Steger 2009＝2010：16-20）。

①伝統的な政治的・経済的・文化的・地理的な境界を横断する新たな社会的ネットワークや社会的活動の創出と既存のそれらの増殖。
②社会的な関係，行動，相互依存の拡大と伸長。
③社会的な交流と活動の強化と加速。
④グローバル化の諸過程は，単に客観的・物質的なレベルだけで生起しているのではなく，人間の意識という主観的な局面をともなう。

　彼は，世界が次第に単一の場に圧縮されることで，人間の思考と行動にとっての参照枠組みはグローバルなものになるとも述べている。

　一方，カックレインらは，その顕著な特徴ないし概念は次の4つであるとしている（Cochrane & Pain 2000＝2002：19-21）。

①社会的諸関係の拡張—社会における文化・経済・政治の過程が国民国家の境界線を越えて拡張し，ある場所で起こったことや決定が他に重大な影響を及ぼしている。あらゆる人々が幅広い連結ネットワークに組み込まれ，個々の決定がグローバルに影響を与える。
②フローの強化—社会的諸関係の拡張は，国民国家を超えた相互作用と相互関

連性のフローおよびネットワークの強化と結びついている。コミュニケーション・ネットワークが世界中に普及し，領域的空間を異にする人々が，社会空間を共有することになる。
③相互浸透の深化―経済的・社会的諸実践の相互浸透も深化し，距離があるように見えた文化と社会が，グローバルな次元だけでなくローカルな次元でも，他の文化や社会と直面するようになる。
④グローバルなインフラストラクチャ―グローバルな制度的なインフラストラクチャが整えられ，グローバル市場のルールに国民国家も企業も資本も労働者も従わざるを得なくなる。

さらにローダー（Lauder, H.）らは，様々なグローバル化の定義を踏まえて，グローバル化という概念の中には，通常次のような見方が含まれていると論じている（Lauder et al. 2006＝2012：47）。

・国家という「城壁に囲まれた」経済ないし地域経済から，世界的規模の「自由な」商取引と市場への変化
・地理的，国家的，文化的な境界線の重要性が減退し，世界中の人々や国家間の相互依存が高まること
・インターネットなどの情報技術や，船舶・航空機など，かつてよりも安価な交通手段を通じて，連絡や双方向的な関係性が増大すること
・企業，大学，学生，移民，信仰集団等々の世界的なネットワークの密度が高まること
・商品，貨幣，サービス，音楽，映画，知識，人々，情報，観念，観光客等々の世界的な流動性が指数的に増大すること
・技術，知識，アイデアなどがより広範囲かつ急速に普及すること
・地球上の時間と空間が圧縮されること

2 グローバル化の諸次元

グローバル化には様々な次元があるが，ベック（Beck, U.）やヘルド（Held, D.）らは，グローバル化を多次元的な過程としてとらえている点で共通して

いる（Beck 1997＝2005；Held 2000＝2002）。グローバル化は，単にヒトやモノ，カネや情報などのフローを意味するだけではなく，そうしたフローが経済，政治，文化，環境やエコロジーなど諸次元にわたっており，それら諸次元が相互に密接な関連を持っていると捉えられている。これまで特定の側面や次元に焦点を当てて研究や議論が行われてきたことから，それらの諸次元のうち経済的次元を最も重要だと考える研究者もいるが，その他の次元を重要視する研究者もおり，どのような次元を重要と考えるかは，論者によりさまざまである。

一方，グローバル化は，**新自由主義**（ネオリベラリズム）や**市場原理主義**と密接な関連を持っており，自由化や民営化，公共領域の縮小，国家主権の喪失などが強調される**イデオロギー** ideology（▶ 用語解説）としての性格を有している。このイデオロギーとしてのグローバル化が世界中でさまざまな社会的側面において，多様で大きな影響力を及ぼしているのである。

3 グローバル化をめぐる諸見解

グローバル化を肯定的・好意的にとらえるか，あるいは否定的にとらえ異議を唱えるか，それが果たして「良い」ものであるのか「悪い」ものであるのかをめぐって，世界的な論議が戦わされている（Steger 2009＝2010：114）。

スティーガーは，グローバル化を「グローバル化の概念に対して特定の価値と意味を与えるイデオロギー」としての**グローバリズム**と区別したうえで，現代では「**市場派グローバリズム**」が支配的なイデオロギーになっていると述べている。スティーガーによれば，市場派グローバリズムが主張するのは，新自由主義の観点に立った市場の自由化とそのグローバルな統合，市場原理の普及である。市場派グローバリストが拠って立つ新自由主義の施策には，①公営企業の民営化，②経済の規制緩和，③貿易と産業の自由化，④大規模減税，⑤失業増大のリスクを冒してでもインフレ抑制のために行われる「マネタリスト[1]」的施策，⑥組織労働に対する厳しい統制，⑦公共支出，特に社会的支出の削減，⑧政府規模の縮小，⑨国際市場の拡大，⑩グローバルな金融フローに対する統制の撤廃が含まれる（Steger 2009＝2010：49）。

この市場派グローバリストに対して異議を唱え，市場派グローバリズムが描く世界像とは異なる市民社会，すなわち連帯につながり「富とパワーのグロー

バルな再配分を基礎とする新たな国際秩序の構築を目指」すのが「**正義派グローバリズム**」である。正義派グローバリストは，「自由化と自由市場のグローバルな統合が，より大きな社会的不平等，環境破壊，グローバルな衝突と暴力の激化，参加型民主主義の弱体化，利己心と消費主義の横行，世界中の弱者たちのさらなる周縁化を引き起こすことになる」（Steger 2009＝2010：141）と主張し，新自由主義的な「市場派グローバリストのエリートを，グローバルな不平等の拡大，高い失業率，環境の悪化，社会福祉の消滅につながる政策を推し進めている」として非難した。そして，周縁化された者や貧しい人たちを支援することを要求し，世界中の普通の人々を新自由主義的な「上からのグローバル化」から保護しようとしている。1990年代に非政府組織の進歩主義的なネットワークが作られる中で出現したこのような主張を掲げる組織は，世界に広がり，2000年代に入り勢いを強めているという。

　一方，カックレインら（Cochrane & Pain 2000＝2002）は，グローバル化に対して3つのアプローチがあると述べる。

　第1は，「**グローバル論者 Globalists**」のアプローチである。彼らは，グローバル化は進歩の必然的な軌跡であり，不可避なものであって，国民国家などが人的に介入したり抵抗したりできないものと考える。グローバル化によって新しいグローバルな構造が出現し，そのルールによって国や組織や人々の活動が左右されているととらえる。このグローバル論者には2種類あり，「**積極的グローバル論者**」は，グローバル化は，社会関係の拡張と生活の質と水準の改善，さらには人々の一体化をもたらし，文化の共有と諸国民の相互理解を深めるものであり，グローバル化は恩恵であり，その影響は歓迎すべきものだと考える人たちである。一方「**悲観的グローバル論者**」は，グローバル化によって，アメリカ，西欧，日本などの主要な大国による経済的・政治的支配が強められ，国民のアイデンティティと主権が縮小し，その結果世界が次第に多様性を失い，均質性を強めると考える人たちである。

　第2は，「**伝統論者 Traditionalists**」のアプローチである。彼らは，グローバル論者とは正反対の立場に立ち，グローバル化そのものに懐疑的である。彼らは，現に起こっていることは，過去に起こってきた社会的諸関係の変化と連続性があり，全く新しい現象であるとは考えない。経済と社会の活動の多くは

真にグローバルというより本質的にリージョナル（地域的・局所的）なものであり、国民国家が福祉国家を守るため、あるいは不平等の改善などのために重大な役割を担っており、その戦略を展開しうると考える。

第3は、「**変容論者 Transformationalists**」のアプローチである。彼らは、グローバルな社会的諸関係に重大な変化が認められないとしても、グローバル化の諸特徴には、そのインパクトや影響に看過しえないものがあることを認めつつ、そのインパクトが不可避であるという点については疑問視し、ナショナル、ローカルな諸機関には十分な行動の余地が残されていると考える。そして問題解決の基礎は、民主的責任性とグローバルなガバナンスシステムを目指す新しい進歩的な組織を作り上げることにあると主張する（Cochrane & Pain 2000＝2002：26-29）。

以上、スティーガーとカックレインらに従って、グローバル化がどのようなものと考えられ、また、グローバル化に対して、どのように対処しようとしているかを見てきたが、そこにはさまざまな異なった見方や立場がある。したがって、グローバル化と教育との関係を見ていく場合には、グローバル化が教育にどのようなインパクトや影響を与えているのか、またグローバル化の影響を受けて教育の現実がどのように変化しているのか、さらにはグローバル化により教育にどのような問題が生じているのか、グローバル化のメリットとデメリットはどのような点にあるのかを現実に即して見定める必要があり、また、私たちがどう対応していくべきなのかを十分検討する必要があると言えよう。

Ⅲ▶ グローバル化の教育への影響

すでに見てきたことからも明らかなように、グローバル化は、世界の国々の経済、政治、社会、文化など多くの次元で進展している社会現象であり、また、大きな社会変動である。さらに教育との関係では、それは国や社会の教育目標や人間形成の方向や教育内容、教育方法など、教育の在り方にも大きな影響を及ぼすとともに、教育政策、教育制度、教育慣行、教育過程といった教育システム全体に影響を及ぼす。

広田は、現実とイデオロギーとの両側面の間での**再帰的な過程**[2]として捉えることが、グローバル化と教育について考えるさいにきわめて重要であるとす

る。グローバル化は，①未来の目標や方向の設定に関わっている，②異なるグローバル化の像の間での対立が教育政策をめぐる対立に反映している，という2点で，ほとんどすべての教育課題に関係してくるため，グローバル化を「**教育改革全体に関わる主題**」として考えなければならない，と述べている（広田2016：25）。

紙幅との関係で，本章では，教育システム全体との関係を詳細にみていくことはできないが，以下では，グローバル化が教育にどのような影響を及ぼしていると考えられているのかについて概観しておこう。

1 新自由主義の教育への影響

グローバル化は，多くの国々の相互関連を強め，世界市場を形成するが，そこでは，各国は自由市場と国際競争力を国の発展にとって重要な構成要素として認識し，発展を担う人的資本や人材の開発に力を注ぐことになる。とりわけ，グローバル化の文脈においては，**国際競争力**が国の繁栄にとっての核と見なされる（Chiang 2014＝2017：49）。

ジィァン（Chiang, T-H.）は，世界市場に組み込まれた多くの国々は，グローバル化の中核的哲学，すなわち新自由主義の遂行を余儀なくされると述べる（Chiang 2014＝2017：42）。

新自由主義は，「**自由市場**こそが効率性を高め，サービスの質保証にとって最善のモデルである」とする経済思想・経済政策である。このような市場の肯定的機能を保証するため，国家の権力者は自由市場を維持しようと規制を緩和する一方，公共サービスの提供といった政府の介入は，市場の肯定的メカニズムの妨げと見なされるようになる。ジィァンは，「**市場の論理**」が，国家の義務を，社会的公正や公共サービスから国際競争力へと再編させるとみる。そして，国家は，国際競争力の達成のためには，「すべての国民が競争力を高めねばならず，さもなければ自国の将来が危うくなると主張している」と述べる。結果的に，教育にとっての実質的任務は，教育がもたらす構造的不平等を正すことよりも，個々人の競争力や能力を高めることだ，ということになる。また，学校の使命は，もはや労働者階級の生徒の社会的不平等に立ち向かうことではなく，人的資本を育成する主要な場としての機能にあり，それが当該国の国際

競争力を高めることにあると考えられているという（Chiang 2014＝2017：42-56）。

　ローダーらによれば，新自由主義の前提となっているのは，〈**適者生存**〉であり，それはより具体的には，「経済システムは，個人の私的利益追求が認められている場合にもっともうまく作動するという信念，社会集団の利益に対する国家の干渉の排除，市場における競争の保証，知性・動機・倫理等に関する人々の間での相違を前提とした社会の編成，個人間の競争を基盤とした教育・訓練・仕事の市場へのアクセス」などを含んでいる。ローダーらはまた，自らの人生に責任を負うものとしての個人を強調し，個人は，新自由主義経済のもとで，「自分のエンプロイアビリティ（就業能力／雇用可能性）についても責任がある」と考えるようになるという。彼らは，望む仕事につけない人々は単に彼ら自身に問題があるとみなすような考え方を「**市場個人主義**」と呼び，そのような考え方が今日において支配的な力をもち，教育改革の動因ともなっていると述べている（Lauder et al. 2006＝2012：37-42）。

　また，アップル（Apple, M.W.）は，多くの国々で，教育問題への対処を新自由主義的な市場化された解決に委ねるという考え方が影響力を増してきたと指摘している（Apple 2014＝2017：14）。その結果，多くの地域で見られる国際的な傾向として，「教育と社会のあまりに多くの部分への権力の増大に伴って，公的なものはおおかた悪とみなされ，民営的なものは善とみなされている。数々の予算削減が推し進められ，職務は切り捨てられ，あらゆる段階で教育者の自律性，教員組織への攻撃がはっきりと見えている。一方，競争の企業モデル，説明責任，測定評価が課され，引き続く不確実性はもはや規範となった。教育者の専門性に対する敬意の喪失は甚だしい」（Apple 2014＝2017：11）と教育部門の公的セクターの人員削減を含めた**教育の危機**を訴えている。

　ローダーらは，競争の企業モデルと国家の公教育への財源提供について議論し，「公立学校は生徒の教育達成を低下させる」という新自由主義者の主張に対して異議を唱えている。彼らは，教育達成水準を上げるために必要なのは，生徒間や学校の競争を強化することであるとする考え方や，競争を強化すれば成果のあがらない学校は廃止され，優れた成果をあげた学校はその成果を維持向上させるために，より潤沢な資源を与えられる，という考え方を批判してい

る（Lauder et al. 2006＝2012：40）。この点に関してアップルは，**教育における企業モデルの導入**が，よりよい教育状況を作り出すという主張を支持する証拠はほとんどなく，むしろ不平等を助長すると指摘している（Apple 2014＝2017：14）。

なお，公教育への財源削減，学校教育の民営化，学校と企業の連携，国レベルの共通テスト，教科のナショナル・スタンダードの出現なども，グローバル化が進展する中での新自由主義の観点に立った公教育や公立学校に対する新たな施策であると見なされている。

2 経済のグローバル化の教育への影響

グローバル化が進展し，新自由主義の強い影響下で国際競争力が強調される今日の世界経済は，知識を基盤とする経済であり，それが依拠しているのは，**知識基盤社会** knowledge-based society である。知識や情報，技術を人々が獲得し，国際競争力を身につけた人材を養成する主要な社会的な場は，言うまでもなく学校や大学等の教育機関に他ならない。スプリング（Spring, J.）が指摘するように，教育と世界経済は相互依存関係にあり，グローバルな経済競争は，教育の質に依存しており，教育のゴールは経済に依存している。教育は経済動向の必要に応じて変化し，**人的資本論**の下で，教育は最も効率的な方法であり，経済成長に寄与するように学生に準備させる社会的投資である（Spring 1998）。

カザミアス（Kazamias, A.）は，ハーグリーヴス（Hargreaves, A.）の洞察に満ちた考察をベースに（Hargreaves 2003），「**知識基盤経済** knowledge-driven economy」でもある現代の資本主義の下では，主に個人の利益にかない，学校が知識と知識基盤経済のために認識学習，役立つ技術，能力を高めるように調整されると論じた（Kazamias 2014＝2017：71）。しかしそれはまた，学校組織に均一なカリキュラムを課して，細かな点まで管理することに結びつき，学校と教師が，テストの点数，到達目標，成績表の説明責任などを強く意識するようになっていると述べている。

知識基盤経済のための教育の調整の具体例は，1995年に出された欧州委員会の白書に見られる。この白書には「教育と学習―学習社会に向けて」という

タイトルがつけられているが、これは、ヨーロッパの「知識社会」のための教育と訓練のテキストとなることを想定したものであり、貿易の内化、テクノロジーのグローバルな展開、とりわけグローバルな情報社会の出現を重視し、経済成長・繁栄のためには、知識と認知スキル、特に科学技術と数学の知識が決定的に重要であると主張する。そこで知識社会における教育と訓練に関してあげられている重要なポイントは、次のようなものである（Kazamias 2014＝2017：70）。

①「幅広い知識基盤」に焦点を当て、狭さよりも広さと柔軟さを強調すべきである。
②学校と職業部門の連携を構築すべきである。
③社会的な排除に立ち向かうべきである。
④「少なくとも2つの外国語」の運用能力を鍛えるべきである。
⑤「資本投資と訓練の投資を平等な基盤で扱うべき」である。

　グローバルな知識社会や世界経済システムの下では、中等教育や高等教育機関が知識基盤経済を強化するために、その役割を果たすことが期待される。特に高等教育機関や大学は、国際競争力を支える高度な専門的人材養成を行う教育機関として社会的に位置づけられており、多くの国でその教育機能の重要性が認識されている。例えば、我が国の文部科学省から「グローバル化の進展の中での大学教育の在り方」（2010年9月）として出された次のような文書によっても、そのことは見て取れる。

　　国際化の視点の重要性：「大学の国際化、すなわち、国の内外から広く優秀な学生、教員・研究者を集わせ、大学の教育・研究機能を高めることは、高度な研究と全人格的な教育を行う大学の内在的要求に応えることである。特に、多様な文化や背景を持つ者が共に学ぶことは、新たな知的発見を通じ、知識技能のみならず、人格的にも大きな期待ができる。」「同時に急速に進む社会や産業界のグローバル化の中で、大学の教育研究機能が、社会の発展を支える重要な要素のひとつとして、我が国の国際競争力を高める

ことに貢献することが求められている」

質保証における国際的な潮流を踏まえて：「高等教育の多様な質を評価することへの重要性への認識が高まっている」

　ここでは，グローバル化の中で経済の国際競争力を高めるために，世界的規模での大学の質保証や評価活動への積極的な対応の必要性が端的に指摘されている。
　一方，学校や大学の教育研究機能には問題も生じている。それは次のような問題である。国家はグローバルな知識社会や世界経済システムに，効果的かつ競争的に参加しようとするため，教育機関の経済活動への貢献を強く意識する結果をもたらす。そのため，特定の知識と文化の伝達を強く求める。言い換えれば，営利的研究・発展や商業的・職業的カリキュラムを重視する政策をとる。その結果，それ以外に従来教えられてきた内容を除外してしまうという問題である（Kazamias 2014＝2017：72）。大学教育に即して言えば，大学教育が，一般教育や教養教育の場から専門教育や職業教育の場へと変容したということである。EUや欧米では，中等教育や高等教育機関が，市民の「精神と魂」を陶冶する「自由人文主義的なパイデイア[3]や教育」を主な役割とする社会・文化的な領域から，役立つ知識の生産や市場向けのスキルを獲得する領域へ変化しつつあり，その結果，学校や大学はパイデイアの場から，現代では「生産プロセス」のための教育へと変容しつつある（Martin 1995）。また，現代の大学は，カウェンのいう「**市場枠組みの大学** market-framed university」（Cowen 2000）に変わりつつある，とカザミアスは批判している（Kazamias 2014＝2017：62-63）。「市場枠組みの大学」とは，以下のような特徴を持っている大学を指している。

①「内的なもの」で，国別ランキングに明示されるような，いくつかの手法を通して，大学は，契約としての研究や学生を求めて競争する市場として構築される。
②大学の経済界への貢献を測定することである。たとえば卒業生の職場におけ

る地位を説明したり，経済界における調査研究の影響を測定したりすることである。

　カウェンは，大学のガバナンスが変化し続けていること，また，大学における権力の中枢としての教授の専制 tyranny が，実務管理者 manager による寡頭政治 oligarchies に取って代わられ，現代の大学が「管理された大学」に変化したという点も重要な変化であるとしている（Cowen 2014＝2017：169）。

3　言語のグローバル化の教育への影響

　言語のグローバル化とは，「一部の諸言語が国際的なコミュニケーションで一層多く使用されるようになる一方で，他の諸言語が目立たなくなり，使用者の減少によって消滅する場合さえあるような過程」を意味する（Steger 2009＝2010：93-94）。スティーガーは，言語のグローバル化に影響を与える主要な変数として，言語の数（使われる言語数の減少），人の移動，外国語学習と旅行，インターネット言語，国際的な出版物の5つをあげているが，今日，インターネットに掲示される内容の80％が英語であり，世界で増加している外国人学生の半数近くが英米圏の学校に入学しているという（Steger 2009＝2010：96）。

　言語のグローバル化については，2つの仮説モデルが存在している。一つは，少数の言語，とくに英語，中国語，スペイン語がグローバルな重要性を高めているという仮説であり，もう一つは，英語が唯一のグローバルな共通語となっていくという仮説である（Steger 2009＝2010：95）。

　ジィアンは，グローバル化のなかで国際競争力を高めることが強く意識され，「英語能力はグローバル競争のシンボルとなった」と述べている（Chiang 2014＝2017：44）。これはグローバル化が英語優位を促進していることを示唆しているが，鳥飼（2013）は，それが他方で世界標準化への反発を買い，「自らの文化と言語への誇りを再確認させ，多言語社会を生み出す結果となっている」と述べている（鳥飼 2013：140）。さらに鳥飼によれば，EUでは，意識的，積極的に多言語社会を堅持しようとしており，母語で話すことは基本的人権であると認めて**多言語主義** multilingualism を標榜し，翻訳通訳を活用すること

でそれを実践しているという。また，欧州評議会は，平和と相互理解を促進するには，個々のEU市民が複数の言語を学ぶことが大切であるとして複言語主義plurilingualismを提唱し，世界の言語教育に多大な影響を与えている，とも指摘している。

一方，日本の場合，2011年6月に政府から「グローバル人材育成推進会議中間まとめの概要」が発表され，それは英語教育政策にも反映されている。2012年11月には，日本学術会議が国際共通語として英語を学ぶ重要性を指摘し，グローバル化への対応として，英語を使いこなす能力の育成を提言している。国際競争力を担うグローバルな人材養成策の一環として，**国際共通語としての英語**の教育が位置づけられているといえる。大学入学試験における英語の試験内容や方法が変わる，あるいは小学校の正規のカリキュラムに英語が取り入れられ必修化されるといった動きは，こうした流れの延長線上にあるといえるだろう。ただ，こうしたいささか性急な英語教育推進の動きに対しては，**多文化教育**multicultural educationや多言語主義の観点から，あるいは英語教育の内容や方法の観点から，様々な議論や批判がある。

IV ▶ 日本におけるグローバル化の教育への影響と教育の対応

1 日本におけるグローバル化の教育への影響

矢野（2000）は，イギリスなどが1970年代半ばにグローバル化による国家の変質を経験したが，日本の場合，それよりも20年ほど遅れてグローバル化を経験したとしている。また，日本は欧米の研究者（カザミアス，スプリングなど）から，グローバル化に対応した新自由主義的な教育政策をとり，教育改革を行ってグローバル経済に積極的に対応した国のひとつと見なされている。日本におけるグローバル化の教育への影響に関しては，すでに見たように欧米の研究者たちが指摘している影響や問題とされているような状況のかなり多くの点が，日本の教育にも当てはまるように思われる。

グローバル化現象によって国家ないし国民教育が受ける影響に関する論考の内容を検討した岡本（2017）は，そうした論考において，グローバル化が「国民教育に対して否応ない再編を要請する不可避の現象として描かれている」と

総括している（岡本 2017：244）。また，市川（2002）は，1990 年代以降も国民国家と国民教育は維持存続されているとしながらも，グローバリズムとローカリズムの挟み撃ちに遭って，政府の行動が制約を受け，国民の国家意識に衰退の兆しが見え始めていること，また，国民国家の弱体化が国民教育の存在理由の揺らぎをもたらすと指摘している（市川 2002：7）。

グローバル化の影響を最も強く受けていると考えられる高等教育に関しては，前述のように文部科学省から 2010 年に出された文書「グローバル化の進展の中での大学教育の在り方」にグローバル化の影響を見たが，日本においては，新自由主義の論理を導入した高等教育改革は，1980 年代半ばの臨教審の自由化路線に端を発するとの指摘がなされている（広田ほか 2012：318）。また，金子（2000）は，高等教育を検討対象とする上で，グローバル化を「国家による教育市場の独占あるいは強力な秩序形成が，様々な要因によって崩れていく過程」だと見ていることをつけ加えておきたい。

2 グローバルな人口移動と外国人の子どもへの教育行政の対応

今日，世界中で極めて多くの人々が，移民や難民，仕事や職業，留学などの様々な理由で，国境を越えて移動し生活している。ここでは，グローバル化に日本の教育がどのように対応しているか，そのひとつの側面として人口移動との関連を取り上げ，具体的な資料に基づいて見ておくことにしたい。

日本の場合，法務省「在留外国人統計」によると，2016 年末の在留外国人は，238 万人余りにのぼる。この数は 20 年前の 1996 年と比較すると，約 97 万人，1.7 倍に増加している。これらの在留外国人の国籍は，中国が最も多く（約 3 割）を占めているが，韓国・朝鮮，フィリピン，ベトナム，米国，ペルーなど世界の多くの国々に及んでいる。また，独立行政法人日本学生支援機構の「平成 30 年度外国人留学生在籍状況調査結果」（平成 31 年 1 月）によると，2018 年 5 月 1 日現在，日本の大学や高等専門学校，日本語教育機関などに在籍する外国人留学生は，約 29.9 万人（前年比 12.0％ 増加）で，中国を筆頭に，ベトナム，ネパール，韓国，台湾，インドネシアなど，アジアが約 93％ を占めて圧倒的に多いが，欧州や北米，アフリカ，中東，中南米，大洋州など世界各国から集まった多くの留学生が日本で学んでいる。

このような状況を反映して，我が国では外国人子弟の教育の在り方が大きな教育課題となっている。

　文部科学省の調査によると，日本の学校における生徒数全体に対して0.6%と，その比率は低いものの，小学校，中学校，高校を合わせて8万人強の外国人児童生徒がいる。「日本語指導が必要な外国人児童生徒」が1人以上いる公立学校は，全国で7020校ある（2016年度）。日本では，欧米諸国と異なり外国人には就学義務が課されていないが，その中で日本の学校に日本語能力が乏しい外国籍の子どもたちが増加し，多くの学校がその対応を迫られている。また，日本では外国人の子どもに就学義務が課されていないために，相当数の子どもたちがどの学校にも就学しない（できない），つまり，不就学の状況に置かれていることも指摘されている。

　日本で外国人やその子どもが地域で増加することに伴って，その対応策の検討に最初に取り組んだのは，外国人とその子どもたちが多く居住する地方自治体である。2001年には外国人が多く居住する13の自治体で「外国人集住都市会議」が発足したが，そうした動きを受けて，総務省は2005年に「多文化共生の推進に関する研究会」を設置した。翌年には，「地域における多文化共生推進プランについて」という文書を都道府県・指定都市外国人住民施策担当部局宛てに提出している。これは，地域での実態把握と不就学の子どもへの取り組みを促したものである。

　一方，文部科学省は，2007年に「初等中等教育における外国人児童生徒教育の充実のための検討会」を設置し，翌年には外国人児童生徒の教育の充実方策についての報告書が出された。2009年には「定住外国人施策推進室」が設けられ，「定住外国人の子どもの教育等に関する政策懇談会」も設置され，さらに翌年には「定住外国人の子どもの教育等に関する基本方針」が出された。

　この「基本方針」では，日系人などのいわゆる**ニューカマー**と呼ばれる外国人の子どもの就学や留学生を念頭に，就学機会の確保のために，①「入りやすい公立学校」を目指して，日本語指導，適応支援，進路指導など充実した教育内容を整備すること，②外国人学校の経営の安定化や教育内容の充実のために各種学校・準学校法人化すること，③定住外国人の大人や不就学の子どものための学校外の日本語指導等の支援の促進，留学生への日本語教育や就職支援を

充実する,という方針が示されている(杉村 2016:172-175)。

外国人児童生徒を日本の学校に受け入れる意義について,文部科学省は,次のように述べる[4]。

> 1) 外国人のわが国における滞在の長期化や定住化が進む中,学校教育を通じて外国人児童生徒に我が国の社会の構成員として生活していくために必要となる日本語や知識・技能を習得させることは,外国人児童生徒がわが国において幸福な生活を実現するために不可欠な条件であるとともに,我が国の社会の安定や発展にとっても極めて有意義であると考えられること。
> 2) 外国人児童生徒と日本人児童生徒が共に学ぶことにより,日本人児童生徒にとっても,広い視野をもって異なる文化を持つ人々と共に生きていこうとする態度をはじめとした国際社会を生きる人間として望ましい態度や能力が育まれること。
> 3) 外国人児童生徒に対して丁寧できめ細やかな指導を進めることにより,学校にとってもその教育活動を一層向上させ,児童生徒一人一人を大切にした教育の実現につながること。

以上のように,外国人の子どもの教育に関しては,行政上の対応がなされているが,そこには,様々な問題もある。上述の不就学児童がかなり存在するという問題もそのひとつであるが,それに関連して,教育を受ける権利に関して日本政府が採ってきた,「外国人には就学義務を課さない」という方針が,不就学をもたらしている背景となっているという見方もある。また,学力の問題とも関連して,日本の中学校や高校に進学しにくいという進路選択の問題,さらには多文化共生の理念が掲げられてはいるが,実際には国や地方自治体の施策は,日本社会への適応を助けるという視点が強くはたらいており,外国人の母語や母文化の尊重やそれを助ける施策も欠けているなどの問題が指摘されている(宮島 2014:14-24)。

3 グローバル化と教育改革

　グローバル化の教育への影響は教育システム全体にわたり，我が国でもこれまでに様々な教育改革が行われ，教育の現場が大きく変わり，またその結果，種々の新たな教育問題が生じてきている。そしてその背後には，グローバル化を推し進めるアクターともいうべき様々な国際機関がある。教育に影響を及ぼす世界の機関や組織は少なくないが，2000年から3年ごとに国際的な「生徒の学習到達度調査（PISA）」を行い，日本も調査に参加してきた経済協力開発機構（OECD），マンパワー開発のための教育支援を重視している世界銀行（WB），国際教育協力に取り組んできた国際連合教育科学文化機関（UNESCO）などは，それらを代表する機関であるといえよう。そして今後もこのようなグローバル化を推進するアクターは，日本の教育に影響を与え続けていくに違いない。

　そこで日本の教育に問われているのは，グローバル化に伴って行われてきた教育改革やそこから生じてきた教育問題に対して，どのように対処していくのかということである。

　カーノイは，1980年代と90年代のグローバル化の経験から，「グローバル経済のための教育戦略」として，以下のような提案をしている（Carnoy 1999＝2014：76-77）。

　　第1は，教育が主に公的財源で賄われ続けること，公的部門が引き続き教育を規制し，標準を設定し，異なる教育レベル間の予算配分を決定し，教育改善プログラムを率先して指導することである。このことは，政府の正当性を担保する。
　　第2に，政府が知識の創造に対してより公平な見方に対処しようとしないのは少なくとも一面においてはイデオロギー的偏向の結果である。それに対抗することは困難だが，地方分権化や学校自治あるいはテストの実施と標準などを土台に，より平等に学校教育へのアクセスを提供し，貧しい人々にとって教育の質を高め，すべての生徒がさらに平等にかつ一層効果的に知識を創造するように努めるべきである。

第3に，グローバルな環境での経済成長と教育改善は，究極的に効率的な政府に負っており，有能な教育行政機構が教育改善の鍵を握っていることを認識する必要がある。
　第4に，教員は根本的に重要であり，教育の質は教えの質と努力に左右される。したがって，教育政策立案者たちは，教員の役割，インセンティブの種類や規制，能力を改善するための訓練に意を注ぐべきである。

　このようなカーノイの提案は，グローバル化に対応する我が国の教育の在り方を検討する際にも示唆に富むものであるが，このほか我が国では，今日，グローバル化に対応するオルタナティブないくつかの教育的アプローチがある。そのひとつは，「**グローバル教育**」である。グローバル教育は「異質と共存し，人類史をともに形成していく精神の開発，自国家・自民族中心の思考・行動を脱し，地球の利益の観点から自覚と責任をもって連帯や協力を求め，問題解決に向かうグローバル・シチズンを育成する教育」と定義されている。また「グローバル社会 global society」の現実に適応する教育から，民主主義，平和的多文化共生，社会正義・公正・責任等を基底とする「グローバル市民社会 global civil society」の創造と発展を支える教育へと新たな地平を開くことが目指されている（日本グローバル教育学会編 2007：1-3）。
　このグローバル教育が目指すものとかなり似ているが，グローバル化による多民族化，多様化の進行を受けて，グローバルな視点から市民育成のあり方を考えようとするのが，「**グローバル・シチズンシップ教育**」である。グローバル・シチズンシップ教育は，1990年代以降，全国の学校現場のなかに徐々に導入されてきたといわれるが，教育内容として専門分野以外の汎用性のある技能（ジェネリック・スキル）あるいは「移転可能なスキル」の習得，多文化的な知識・技能・態度・アイデンティティの涵養などを重視し，多文化を受容する共生社会の礎となる市民性を育成することが意図されている（北村 2016：1-12）。
　また，「**多文化教育**」という観点からのアプローチもある。松尾は，「多文化教育」を「マイノリティの視点に立ち，社会的な公正の立場から多文化社会における多様な民族あるいは文化集団の共存・共生をめざす教育理念であり，そ

の実現に向けた教育実践である」としており，①学力をつける―社会的な平等，②多様性を伸張する―文化的な平等，③多文化社会で生きる力（コンピテンシー）を培う―多文化市民の育成を目的としていると述べている（松尾 2013：6-9）。

以上のような様々な教育のねらいが，今後日本の教育の中でどのようにまたどれほど達成されていくかはまだ定かではないが，我が国での積極的な取り組みと発展が期待されている。

✅ 教育社会学的想像力を拓くレッスン

ステップ Ⅰ　リフレクティヴな学び

あなたは，これまで，身の回りで社会や教育のグローバル化の進行を実感することがあっただろうか。具体的な出来事など，自身の経験を振り返ってみよう。

ステップ Ⅱ　コミュニカティヴな学び

①日本への外国人の流入と日本からの人口流出の現状を，外務省のホームページなどから調べたうえで，日本における外国人の子どもの教育のあり方について，資料を読み，みんなで議論してみよう。

②外国のグローバル化に対する様々な対応について，インターネット等で調べたうえで，各国の対応にどのような共通性や違いがあるか，またどのような問題や課題があるかについて，グループを作って話し合ってみよう。

ステップ Ⅲ　イマジナティヴな学び

①あなたは，グローバル化の進行は，これからの私たちの生活や生き方をどのように変えていくと想像するだろうか。

②グローバル化の進行のなかで，日本の国（政府）や自治体は，どのような課題・問題に直面するだろうか。また，国や自治体は，どのような役割を果たすべきだろうか。

③グローバル化の進行に伴い生起する教育問題をひとつ取り上げ，その問題解決に向けて自分自身に何ができるかを考えてみよう。

《 用語解説 》

イデオロギー ●人々のもつ意識は，特定の思考の枠組みまたは世界観に拘束されていること，特定の社会集団や社会的存在を離れて存在しえないことを前提に，何を真理とみなすかという意識が，歴史的・社会的に異なるという事実を把握するための概念である。マルクス主義に依拠する論者は，人びとの意識のあり方が，どのような階級に属するかによって異なると主張する（▶ 序章・第1章）。広義には，一貫した信念・態度・意見の体系を意味するが，狭義には，ある主張や行動を特定の価値的立場や政治的立場に立って，他の意見や考え方を否定したり，批判したりする場合に用いられる。本章で使っている「イデオロギーとしてのグローバル化」には，広義と狭義の両方の意味内容が含まれているといえる。

— 注 —

(1) 貨幣供給量や中央銀行の役割などを重視し，通貨政策が国の経済方向を決定すると主張する経済学者。通貨主義者とも訳される。
(2) 再帰性は，アンソニー・ギデンズが使った用語であるが，ここでは，社会的営為や行為について，その根拠を検討・評価し，あるいは新たな情報により常に吟味し評価し直すというような意味で使われていると思われる。
(3) 知性，道徳，市民性などを含む全人教育の包括的概念。
(4) http://www.mext.go.jp/b_menu/shingi/chousa/kokusai/008/toushin/1294066.htm （2017年5月19日閲覧）

(牧野暢男)

【引用・参考文献】

《和文文献》

アクセスインターナショナル編,2013,『FQ JAPAN DIGEST』Vol. 27(Winter issue).

天野郁夫,1982,『教育と選抜』第一法規出版.

───,1983,『試験の社会史:近代日本の試験・教育・社会』東京大学出版会.

───,1992,『学歴の社会史:教育と日本の近代』新潮社.

───,2009,『大学の誕生』上・下,中央公論新社.

───,2013a,『大学改革を問い直す』慶應義塾大学出版会.

───,2013b,『高等教育の時代』上・下,中央公論新社.

───,2016,『新制大学の誕生』上・下,名古屋大学出版会.

───,2017,『帝国大学:近代日本のエリート育成装置』中央公論新社.

天野正子,1988,「『性と教育』研究の現代的課題:かくされた『領域』の持続」『社会学評論』39(3),pp. 266-283.

───ほか編,〔天野正子解説〕2009,『ジェンダーと教育』(新編日本のフェミニズム8)岩波書店.

青木誠四郎,1949,「学力の新しい考え方」原書房編集部編『新教育と学力低下』原書房,pp. 5-20(山内乾史・原清治編,2010,『論集 日本の学力問題上巻 学力論の変遷』日本図書センター,pp. 31-38).

荒牧重人ほか編,2017,『外国人の子ども白書:権利・貧困・教育・文化・国籍と共生の視点から』明石書店.

新谷周平,2002,「ストリートダンスからフリーターへ:進路選択のプロセスと下位文化の影響力」『教育社会学研究』第71集,pp. 151-169.

浅井幸子ほか編,2016,『教師の声を聴く:教職のジェンダー研究からフェミニズム教育学へ』学文社.

浅野智彦,2012,「若者」大澤真幸ほか編『現代社会学事典』弘文堂,pp. 1367-1368.

───,2013,『「若者」とは誰か:アイデンティティの30年』河出書房新社.

───,2016a,「若者の溶解と若者論」川崎賢一ほか編『〈若者〉の溶解』勁草書房,pp. 207-232.

―――, 2016b, 「青少年研究会の調査と若者論の今日の課題」藤村正之ほか編『現代若者の幸福:不安感社会を生きる』恒星社厚生閣, pp. 1-23.

ベネッセ教育総合研究所, 2013, 『第2回幼児教育・保育についての基本調査報告書』https://berd.benesse.jp/jisedai/research/detail1.php?id=4053（2018年12月15日閲覧）

中央教育審議会, 1999, 「初等中等教育と高等教育との接続の改善について（答申）」https://www.nier.go.jp/shido/centerhp/20kyariasiryou/20kyariasiryou.hp/2-01.pdf（2018年12月26日閲覧）

―――, 2008, 「学士課程教育の構築に向けて（答申）」http://www.mext.go.jp/component/b_menu/shingi/toushin/__icsFiles/afieldfile/2008/12/26/1217067_001.pdf（2019年2月15日閲覧）

―――, 2011, 「今後の学校におけるキャリア教育・職業教育の在り方について（答申）」http://www.mext.go.jp/component/b_menu/shingi/toushin/__icsFiles/afieldfile/2011/02/01/1301878_1_1.pdf（2018年12月26日閲覧）

―――, 2016, 「幼稚園，小学校，中学校，高等学校及び特別支援学校の学習指導要領等の改善及び必要な方策等について（答申）」http://www.mext.go.jp/b_menu/shingi/chukyo/chukyo0/toushin/__icsFiles/afieldfile/2017/01/10/1380902_0.pdf（2018年12月26日閲覧）

男女平等教育をすすめる会編, 1997, 『どうしていつも男が先なの？:男女混合名簿の試み』新評論.

男女共同参画統計研究会編, 2015, 『男女共同参画統計データブック:日本の女性と男性2015』ぎょうせい.

土井隆義, 2008, 『友だち地獄:「空気を読む」世代のサバイバル』筑摩書房.

―――, 2014, 『つながりを煽られる子どもたち:ネット依存といじめ問題を考える』岩波書店.

江原裕美編, 2011, 『国際移動と教育:東アジアと欧米諸国の国際移民をめぐる現状と課題』明石書店.

藤本夕衣ほか編, 2017, 『反「大学改革」論:若手からの問題提起』ナカニシヤ出版.

藤田英典, 1986, 「学歴」, 日本教育社会学会編『新教育社会学辞典』東洋館出版社, p. 81.

―――, 1991, 「学校化・情報化と人間形成空間の変容」北海道社会学会編『現代社会学研究』第4巻, pp. 1-33.

―――, 1992, 「教育社会学研究の半世紀:戦後日本における教育環境の変容と教育社

会学の展開」『教育社会学研究』第 50 集，pp. 7-29.
———，1997，『教育改革：共生時代の学校づくり』岩波書店．
藤田由美子，2015，『子どものジェンダー構築：幼稚園・保育園のエスノグラフィ』ハーベスト社．
福沢諭吉，[1880] 1978，『学問のすゝめ』岩波書店．
古市憲寿，2011，『絶望の国の幸福な若者たち』講談社．
濱口桂一郎，2011，『日本の雇用と労働法』日本経済新聞出版社．
濱名篤ほか編，2013，『大学改革を成功に導くキーワード 30：「大学冬の時代」を生き抜くために』学事出版．
濱名陽子，2000，「幼児教育の変化」苅谷剛彦ほか『教育の社会学：〈常識〉の問い方，見直し方』有斐閣，pp. 75-136.
濱島朗ほか編，1997，『社会学小辞典〔新版〕』有斐閣．
蓮尾直美，1980，「学級社会にみられる『社会的』交換：教師と生徒の関係を中心として」『教育社会学研究』第 35 集，pp. 146-157.
原純輔，2016，『社会調査：しくみと考えかた』左右社．
原田牧雄，2012，「『近代家族』終焉の諸相」『社会臨床雑誌』第 19 巻第 3 号，pp. 43-56.
畑農鋭矢・水落正明，2017，『データ分析をマスターする 12 のレッスン』有斐閣．
廿日出里美，2011，「保育者養成という現場の日常：人々を実践に向かわせる知の再構成」『教育社会学研究』第 88 集，pp. 65-86.
東優子，2007，「ジェンダーの揺らぎを扱う医療：『結果の引受』を支援するという視点について」根村直美編『揺らぐ性・変わる医療：ケアとセクシュアリティを読み直す』（健康とジェンダーⅣ），明石書店，pp. 69-90.
平野秀秋・中野収，1975，『コピー体験の文化：孤独な群衆の後裔』時事通信社．
広田照幸，1996，「家族－学校関係の社会史：しつけ・人間形成の担い手をめぐって」井上俊ほか編『子どもと教育の社会学』（現代社会学 12），岩波書店，pp. 21-38.
———，1999，『日本人のしつけは衰退したか：教育する家族のゆくえ』講談社．
———ほか，2012，「個人化・グローバル化と日本の教育：解説にかえて」広田照幸ほか編訳『グローバル化・社会変動と教育 1：市場と労働の教育社会学』東京大学出版会，pp. 295-327.
———ほか編，2013，『シリーズ　大学』（1 ～ 6 巻），岩波書店．
———ほか編，2016，『学問の自由と大学の危機』岩波書店．
———，2016，「社会変動と教育：グローバル化の中の選択」佐藤学ほか編，『社会のな

かの教育』(教育 変革への展望2),岩波書店,pp. 13-41.

本田由紀,2000,「『教育ママ』の存立事情」藤崎宏子編『親と子：交錯するライフコース』ミネルヴァ書房,pp. 159-182.

─────,2005,『多元化する「能力」と日本社会：ハイパーメリトクラシー化のなかで』NTT出版.

─────,2009『教育の職業的意義：若者,学校,社会をつなぐ』筑摩書房.

─────,2011,『軋む社会：教育・仕事・若者の現在』河出書房.

─────編,2018,『文系大学教育は仕事の役に立つのか：職業的レリバンスの検討』ナカニシヤ出版.

ホーン川嶋瑤子,2018,『アメリカの社会変革：人種・移民・ジェンダー・LGBT』筑摩書房.

細井克彦ほか編,2014,『新自由主義大学改革：国際機関と各国の動向』東信堂.

朴澤泰男,2016,『高等教育機会の地域格差：地方における高校生の大学進学行動』東信堂.

市川昭午,2002,「90年代：教育システムの構造変動」『教育社会学研究』第70集,pp. 5-19.

一見真理子,2016,「OECDの保育（ECEC）政策へのインパクト」日本保育学会編『保育学講座2 保育を支えるしくみ：制度と行政』東京大学出版会,pp. 119-144.

市野川容孝,2006,『社会』岩波書店.

─────,2012,『ヒューマニティーズ 社会学』岩波書店.

居神浩,2015,「これからのノンエリート・キャリア教育の展望：『承認』と『参加』に向けて」居神浩編『ノンエリートのためのキャリア教育論：適応と抵抗そして承認と参加』,pp. 195-214.

今村仁司,1997,『アルチュセール：認識論的切断』講談社.

今津孝次郎・樋田大二郎編,1997,『教育言説をどう読むか：教育を語ることばのしくみとはたらき』新曜社.

稲垣恭子,2007,『女学校と女学生：教養・たしなみ・モダン文化』中央公論社.

稲井廣吉,1952,「内海漁村青少年集団の研究：瀬戸内海の一漁村を事例として」『教育社会学研究』第2集,pp. 36-52.

井上俊,1971,「青年の文化と生活意識」『社会学評論』第22巻第2号,pp. 31-47.

井上輝子,2011,『新・女性学への招待：変わる／変わらない女の一生』有斐閣.

乾彰夫,2009,「教育における市場主義の問題：教育バウチャー・学校選択制の政策言説

と現実」M・W・アップルほか編『批判的教育学と公教育の再生：格差を拡げる新自由主義改革を問い直す』明石書店, pp. 58-73.

石戸教嗣編, 2013, 『新版 教育社会学を学ぶ人のために』世界思想社.

石黒万里子, 2018, 「幼小教員養成の現状と課題：科学性と実践性との葛藤」『九州教育社会学会研究紀要』(3), pp. 9-15.

石川真由美編, 2016, 『世界大学ランキングと知の序列化』京都大学学術出版会.

石川良子, 2007, 『ひきこもりの〈ゴール〉：「就労」でも「対人関係」でもなく』青弓社.

伊藤公雄解説, 天野正子ほか編, 2009, 『男性学』(新編日本のフェミニズム 12)岩波書店.

伊藤公雄, 2010a, 「階級と階級闘争」日本社会学会社会学事典刊行委員会編『社会学事典』丸善出版, pp. 12-13.

─────, 2010b, 「唯物史観」日本社会学会社会学事典刊行委員会編『社会学事典』丸善出版, pp. 14-15.

伊藤茂樹編, 2007, 『いじめ・不登校』(リーディングス日本の教育と社会 第8巻), 日本図書センター.

伊東良徳ほか, 1991, 『教科書の中の男女差別』明石書店.

岩間暁子, 2015, 「家族・貧困・福祉」岩間暁子ほか『問いからはじめる家族社会学：多様化する家族の包摂に向けて』有斐閣, pp. 49-75.

岩本健良, 2018, 「性的指向と性自認」河野銀子・藤田由美子編『新版 教育社会とジェンダー』学文社, pp. 38-49.

岩佐淳一, 1993, 「社会学的青年論の視角：1970年代前半期における青年論の射程」小谷敏編『若者論を読む』世界思想社, pp. 6-28.

泉千勢ほか編, 2010, 『世界の幼児教育・保育改革と学力』明石書店.

人生100年時代構想会議, 2018, 「人づくり革命 基本構想」https://www.kantei.go.jp/jp/content/000023186.pdf（2019年2月15日閲覧）

情報処理推進機構 AI白書編集委員会編, 2017, 『AI白書2017』KADOKAWA..

海後宗臣ほか, 1999, 『教科書でみる近現代日本の歴史』東京書籍.

亀田温子・舘かおる編, 2000, 『学校をジェンダー・フリーに』明石書店.

加茂波作, 1922, 『家庭之心得』尚徳協同會.

金井景子, 2016, 「セクシュアル・マイノリティ問題に関する教師の『当事者性』と『聴く力』」小林富久子ほか編『ジェンダー研究／教育の深化のために：早稲田からの発信』彩流社. pp. 367-384.

神林博史, 2016, 『1歩前から始める「統計」の読み方・考え方』ミネルヴァ書房.

金子元久，2000，「周縁の大学とその未来：高等教育のグローバル化」『教育社会学研究』第 66 集，pp. 41-55.
―――，2007，『大学の教育力』筑摩書房.
―――，2013，『大学教育の再構築：学生を成長させる大学へ』玉川大学出版部.
加野芳正・越智康詞編，2012，『新しい時代の教育社会学』ミネルヴァ書房.
苅谷剛彦，1995，『大衆教育社会のゆくえ：学歴主義と平等神話の戦後史』中央公論社.
―――，1997，「能力の見え方・見られ方」天野郁夫編『教育への問い：現代教育学入門』東京大学出版会，pp. 97-123.
―――，2001，『階層化日本と教育危機：不平等再生産から意欲格差社会（インセンティブ・ディバイド）へ』有信堂高文社.
笠井助治，1960，『近世藩校の綜合的研究』吉川弘文館.
加藤美帆，2012，『不登校のポリティクス：社会統制と国家・学校・家族』勁草書房
菊池城司，1991，「序論：理論を創る」『教育社会学研究』第 49 集，pp. 5-8.
木村直恵，1998，『〈青年〉の誕生：明治日本における政治的実践の転換』新曜社.
木村涼子，1999，『学校文化とジェンダー』勁草書房.
―――編，2005，『ジェンダー・フリー・トラブル：バッシング現象を検証する』白澤社.
―――・古久保さくら編，2008，『ジェンダーで考える教育の現在：フェミニズム教育学を目指して』部落解放・人権研究所.
岸政彦ほか，2016，『質的社会調査の方法：他者の合理性の理解社会学』有斐閣.
喜多村和之，1999，『現代の大学・高等教育：教育の制度と機能』玉川大学出版部.
―――，2002，『大学は生まれ変われるか：国際化する大学評価のなかで』中央公論新社.
北村友人，2016，「序論　グローバル時代における『市民』の育成」佐藤学ほか編，『グローバル時代の市民形成』（教育　変革への展望 7）岩波書店，pp. 1-20.
北澤毅，2015，『「いじめ自殺」の社会学』世界思想社.
小針誠，2018，『アクティブラーニング：学校教育の理想と現実』講談社.
小林雅之，2000，「しごとと教育 (1)〜(2)」，金子元久・小林雅之『教育の政治経済学』放送大学教育振興会，pp. 97-133.
―――，2008，『進学格差：深刻化する教育費負担』筑摩書房.
―――，2009，『大学進学の機会：均等化政策の検証』東京大学出版会.
小玉亮子，1999，「母の日のポリティクス」藤田英典ほか編『ジェンダーと教育』世織書

房，pp. 243-266.

――――編，2017，『幼小接続期の家族・園・学校』東洋館出版社．

小玉重夫，2016，『教育政治学を拓く：18歳選挙権の時代を見すえて』勁草書房．

国分一太郎，1949，「よみ・かき・計算能力の低下」原書房編集部編『新教育と学力低下』原書房，pp. 21-52（山内乾史・原清治編，2010，『論集 日本の学力問題上巻 学力論の変遷』日本図書センター，pp. 39-53）．

国立国会図書館調査及び立法考査局，2003，「教育における規制改革の経緯と課題」http://www.ndl.go.jp/jp/diet/publication/refer/200311_634/063402.pdf（2018年10月8日閲覧）．

国立教育政策研究所『学習指導要領データベース』（1947～2008年）https://www.nier.go.jp/guideline/（2018年12月16日閲覧）．

――――，2016，「OECD生徒の学習到達度調査（PISA2015）のポイント」http:// www. go.jp/timss/2015/point.pdf（2017年12月29日閲覧）．

――――，2017，『OECD生徒の学習到達度調査　PISA2015年調査国際結果報告書：生徒のwell-being（生徒の健やかさ・幸福度）』http://www.nier.go.jp/kokusai/pisa/ index.html（2017年9月15日閲覧）．

国立教育政策研究所生徒指導研究センター，2002，『児童生徒の職業観・勤労観を育む教育の推進について』https://www.nier.go.jp/shido/centerhp/sinro/1hobun.pdf（2017年12月29日閲覧）．

国立教育政策研究所生徒指導・進路指導研究センター，2016，『いじめ追跡調査2013-2015 いじめQ&A』http://www.nier.go.jp/shido/centerhp/3.htm（2017年9月15日閲覧）．

駒井洋監修，五十嵐泰正・明石純一編，2015，『「グローバル人材」をめぐる政策と現実』明石書店．

児美川孝一郎，2007，『権利としてのキャリア教育』明石書店．

――――，2013，『キャリア教育のウソ』筑摩書房．

――――，2015，「若年労働問題への教育現場の対応：キャリア教育を超えて」『大原社会問題研究所雑誌』682号，pp. 13-21.

越川葉子，2017，「『いじめ問題』にみる生徒間トラブルと学校の対応：教師が語るローカル・リアリティに着目して」『教育社会学研究』第101集，pp. 5-25．

小杉亮子，2018，『東大闘争の語り：社会運動の予示と戦略』新曜社．

小谷敏，1993，「モラトリアム・若者・社会：エリクソンと青年論・若者論」小谷敏編

『若者論を読む』世界思想社, pp. 54-79.

厚生省編, 1999, 『厚生白書』（平成10年版）ぎょうせい.

厚生労働省, 2015, 『国民生活基礎調査』（平成26年度）https://www.mhlw.go.jp/toukei/saikin/hw/k-tyosa/k-tyosa14/dl/02.pdf（2018年10月8日閲覧）.

古谷野亘, 1988, 『数学が苦手な人のための多変量解析ガイド』川島書店.

栗原彬, 1981, 『やさしさのゆくえ＝現代青年論』筑摩書房.

教育再生実行会議, 2013, 「いじめの問題等への対応について（第一次提言）」http://www.kantei.go.jp/jp/singi/kyouikusaisei/teigen.html（2017年9月15日閲覧）

馬渕仁編, 2011, 『「多文化共生」は可能か：教育における挑戦』勁草書房.

前馬優策, 2011, 「日本における『言語コード論』の実証的検討：小学校入学時に言語的格差は存在するか」『教育社会学研究』第88集, pp. 229-250.

前田崇, 2017, 「ポートフォリオ評価法：教育・社会的背景と課題」田邊政裕監修『eポートフォリオ：医療教育での意義と利用法』篠原出版新社, pp. 40-56.

前田拓也ほか編, 2016, 『最強の社会調査入門：これから質的調査をはじめる人のために』ナカニシヤ出版.

前田若尾, 1933, 『教育の實際』向山堂書房.

前田泰樹ほか編, 2007, 『ワードマップ　エスノメソドロジー：人びとの実践から学ぶ』新曜社.

牧野智和, 2006, 「少年犯罪報道に見る『不安』：『朝日新聞』報道を例にして」『教育社会学研究』第78集, pp. 129-146.

松尾知明, 2013, 『多文化教育をデザインする』勁草書房.

―――, 2017, 『多文化教育の国際比較：世界10カ国の教育政策と移民政策』明石書店.

松尾豊, 2015, 『人工知能は人間を超えるか：ディープラーニングの先にあるもの』KADOKAWA.

松下佳代編, 2010, 『〈新しい能力〉は教育を変えるか：学力・リテラシー・コンピテンシー』ミネルヴァ書房.

松下佳代, 2013, 「〈新しい能力〉と学習評価の枠組み：育成すべき資質・能力を踏まえた教育目標・内容と評価の在り方に関する検討会（第2回）」（http://www.mext.go.jp/b_menu/shingi/chousa/shotou/095/shiryo/__icsFiles/afieldfile/2013/01/29/1330122_01.pdf（2018年4月25日閲覧）

―――・京都大学高等教育研究開発推進センター編, 2015, 『ディープ・アクティブラーニング』勁草書房.

松谷創一郎，2008，「〈オタク〉問題の四半世紀：〈オタク〉はどのように〈問題視〉されてきたのか」羽渕一代編『どこか〈問題化〉される若者たち』恒星社厚生閣，pp. 113-140.

耳塚寛明，1993，「学校社会学研究の展開」『教育社会学研究』第 52 集，pp. 115-136.

―――，2014，「学力格差の社会学」，耳塚寛明編『教育格差の社会学』有斐閣，pp. 1-24.

―――，2018，「学力問題」日本教育社会学会編『教育社会学事典』丸善出版，pp. 556-559.

三村隆男，2008，「英語教育とキャリア教育」『UNICORN JOURNAL』June 10，文英堂，pp. 28-32.

見田宗介，1994，「ゲマインシャフト／ゲゼルシャフト」見田宗介ほか編『社会学事典』弘文堂，pp. 257-259.

―――，2006，『社会学入門：人間と社会の未来』岩波書店．

三成美保ほか編，2014，『歴史を読み替える：ジェンダーから見た世界史』大月書店．

―――編，2017，『教育と LGBT をつなぐ：学校・大学の現場から考える』青弓社．

宮台真司，1994，『制服少女たちの選択』講談社．

宮島喬編，2003，『岩波小辞典 社会学』岩波書店．

宮島喬・太田晴雄，2005，『外国人の子どもと日本の教育』東京大学出版会．

宮島喬，2014，『外国人の子どもの教育：就学の現状と教育を受ける権利』東京大学出版会．

―――，2015，「移民／外国人の子どもたちと多文化の教育」宮島喬ほか編『国際社会学』有斐閣，pp. 115-131.

―――，2017，『文化的再生産の社会学：ブルデュー理論からの展開』（増補版）藤原書店．

宮本光春，1999，『日本の雇用をどう守るか：日本型職能システムの行方』PHP 研究所．

水原克敏，2009，「現代日本の教育課程の歩み」田中耕治ほか『新しい時代の教育課程』〔改訂版〕有斐閣，pp. 45-106.

文部科学省「PISA 調査と TIMSS 調査の概要」http://www.mext.go.jp/-chousa/sono-ta/07032813/001/001.htm（2017 年 12 月 28 日閲覧）

―――，2010，『生徒指導提要』教育図書．

―――，2011a，「保護者のみなさまへ すぐにわかる新しい学習指導要領のポイント」（http://www.mext.go.jp/a_menu/shotou/new-cs/pamphlet/__icsFiles/afieldfile/2011/03/30/1304395_001.pdf（2018年4月8日閲覧）

―――，2011b，「中学校キャリア教育の手引き」（http://www.mext.go.jp/a_menu/shotou/career/1306815.htm（2018年4月8日閲覧）

―――，2013，『いじめの防止等のための基本的な方針』（最終改訂2017年）http://www.mext.go.jp/component/a_menu/education/detail/__icsFiles/afieldfile/2017/04/05/1304156_02_2.pdf（2017年9月15日閲覧）

―――，2016，「国際数学・理科教育動向調査（TIMSS2015）のポイント」http://www.mext._menu/shotou/gakuryoku-chousa/sonota/07032813/001/001.htm（2017年12月28日閲覧）

―――，2017a，『中学校学習指導要領（平成29年告示）』http://www.mext.go.jp/component/a_menu/education/micro_detail/__icsFiles/afieldfile/2018/05/07/1384661_5_4.pdf（2018年12月16日閲覧）

―――，2017b，『平成27年度「児童生徒の問題行動等生徒指導上の諸問題に関する調査」（確定値）について』http://www.mext.go.jp/b_menu/houdou/29/02/1382696.htm（2017年9月15日閲覧）

―――，2019，「高等教育・研究改革イニシアティブ（柴山イニシアティブ）」http://www.mext.go.jp/component/a_menu/other/detail/__icsFiles/afieldfile/2019/02/01/1413322.pdf（2019年2月15日閲覧）

文部科学省・厚生労働省・経済産業省，2014，「インターンシップの推進に当たっての基本的考え方」http://www.meti.go.jp/policy/economy/jinzai/intern/sanshou_kangaekata.pdf（2019年2月20日閲覧）

文部科学省初等中等教育局，2004，『「確かな学力」と「豊かな心」を子どもたちにはぐくむために』http://www.mext.go.jp/a_menu/shotou/actionplan/03071101/009.pdf（2019年2月15日閲覧）

文部科学省初等中等局児童生徒課・国立教育政策研究所生徒指導・進路指導研究センター，2012，『平成18年以降のいじめ等に関する主な通知文と関連資料』http://www.mext.go.jp/ijime/ detail/1336271.htm（2018年3月25日閲覧）

文部省（文部科学省）『学校基本調査』各年度版（1948-2018年度）．

―――，1972a，『学制百年史』帝国地方行政学会．

―――，1972b，『学制百年史：資料編』帝国地方行政学会．

―――，1981，『学制百年史』帝国地方行政学会．

―――，2000，『わが国の文教政策　平成12年度』http://www.mext.go.jp/b_menu/

hakusho/html/ hpad200001/index.html(2018 年 2 月 18 日閲覧).

文部省初等中等教育局中学校課,1987,『児童生徒の問題行動の実態と文部省の施策について』

守弘仁志,1993,「情報新人類論の考察」小谷敏編『若者論を読む』世界思想社,pp. 142-168.

森一平,2014,「授業会話における発言順番の配分と取得：『一斉発話』と『挙手』を含んだ会話の検討」『教育社会学研究』第 94 集,pp. 153-172.

森岡清美・望月嵩,1987,『新しい家族社会学』〔改訂版〕培風館.

森岡清志,2007,『ガイドブック 社会調査』〔第 2 版〕日本評論社.

森繁男,1989,「性役割の学習としつけ行為」柴野昌山編『しつけの社会学：社会化と社会統制』世界思想社,pp. 155-171.

―――,1992,「『ジェンダーと教育』研究の推移と現況：『女性』から『ジェンダー』へ」『教育社会学研究』第 50 集,pp. 164-183.

森重雄,1990,「教育社会学における理論：教育のディコンストラクションのために」『教育社会学研究』第 47 集,pp. 5-20.

―――,1993,『モダンのアンスタンス：教育のアルケオロジー』ハーベスト社.

―――,1994,「教育言説の環境設定：教育の高階性と社会システムの生存問題」『教育社会学研究』第 54 集,pp. 25-40.

森田洋司・清永賢二,1994,『新装版 いじめ：教室の病』金子書房.

―――,2010,『いじめとは何か：教室の問題,社会の問題』中央公論新社.

村上春樹,2004,『アフターダーク』講談社.

内閣府,2016,「科学技術基本計画」https://www8.cao.go.jp/cstp/kihonkeikaku/5honbun.pdf（2019 年 2 月 15 日閲覧）

―――,2017a,「日本経済 2016-2017：好循環の拡大に向けた展望」https://www5.cao.go.jp/keizai3/2016/0117nk/keizai2016-2017pdf.html（2019 年 2 月 15 日閲覧）

―――,2017b,『平成 28 年 子ども・若者の状況及び子ども・若者育成支援施策の実施状況』(http://www8.cao.go.jp/youth/whitepaper/h29honpen/pdf_index.html（2017 年 9 月 15 日閲覧）

内閣府男女共同参画局編・発行,2017,『男女共同参画白書』(平成 29 年版).

内閣官房人生 100 年時代構想推進室,2017,「人生 100 年時代構想会議」http://wwwa.cao.go.jp/wlb/government/top/hyouka/k_42/pdf/s3-1.pdf（2018 年 11 月 4 日閲覧）

中河伸俊,1999,『社会問題の社会学：構築主義アプローチの新展開』世界思想社.

中島義一，1925，『母への自由教育学』東京寳文館．

中西啓喜，2017，「学力の獲得は平等なのか？」片山悠樹ほか編『半径5メートルからの教育社会学』大月書店，pp. 16-29．

中西祐子・堀健志，1997，「『ジェンダーと教育』研究の動向と課題：教育社会学・ジェンダー・フェミニズム」『教育社会学研究』第61集，pp. 77-100．

中野卓，1977，『口述の生活史：或る女の愛と呪いの日本近代』御茶の水書房．

中澤潤，2016，「子どもの発達」日本保育学会編『保育学講座3 保育のいとなみ：子ども理解と内容・方法』東京大学出版会，pp. 7-24．

難波功士，2007，『族の系譜学：ユース・サブカルチャーズの戦後史』青弓社．

日英教育学会編，2017，『英国の教育』東信堂．

日本FP協会，2018，「2017年度『将来なりたい職業』ランキングトップ10」https://www.jafp.or.jp/personal_finance/yume/syokugyo/（2018年10月29日閲覧）

日本グローバル教育学会編，2007，『グローバル教育の理論と実践』教育開発研究所．

日本カリキュラム学会編，2001，『現代カリキュラム事典』ぎょうせい．

日本国政府（閣議決定），2017，「新しい経済政策パッケージ」https://www5.cao.go.jp/keizai1/package/20171208_package.pdf（2018年12月26日閲覧）

────，2018，「経済財政運営と改革の基本方針2018」https://www5.cao.go.jp/keizai-shimon/kaigi/cabinet/2018/2018_basicpolicies_ja.pdf（2018年12月26日閲覧）

日本教育社会学会編，1986，『新教育社会学辞典』東洋館出版社．

────，2018，『新教育社会学事典』丸善出版．

西山教行・平畑奈美編，2014，『「グローバル人材」再考：言語と教育から日本の国際化を考える』くろしお出版．

西山教行ほか編，2015，『異文化間教育とは何か：グローバル人材育成のために』くろしお出版．

野田義一，1951，「農村の封建性と教育」『教育社会学研究』第1集，pp. 92，117-120．

野尻洋平，2013，「後期近代における監視社会と個人化：子どもの『見守り』技術の導入・受容に着目して」『現代社会学理論研究』第7号，pp. 67-79．

野村康，2016，『社会科学の考え方：認識論，リサーチデザイン，手法』名古屋大学出版会．

小原國芳，1926，『母のための教育学』［上巻］イデア書院．

お茶の水女子大学，2014，『平成25年度 全国学力・学習状況調査（きめ細かい調査）の結果を活用した 学力に影響を与える要因分析に関する調査研究』https://www.nier.

go.jp/13chousakekkahoukoku/kannren_chousa/pdf/hogosha_factorial_experiment.pdf（2017 年 12 月 28 日閲覧）

落合恵美子，2004，『21 世紀家族へ：家族の戦後体制の見かた・超えかた』〔第 3 版〕有斐閣.

小川博久，2016，「保育を支えてきた理論と思想」日本保育学会編『保育学講座 1　保育学とは：問いと成り立ち』東京大学出版会，pp. 69-89.

荻野達史，2008，「『ひきこもり』と対人関係：友人をめぐる困難とその意味」荻野達史ほか編『「ひきこもり」への社会学的アプローチ：メディア・当事者・支援活動』ミネルヴァ書房，pp. 127-158.

小熊英二，2009a，『1968（上）：若者たちの叛乱とその背景』新曜社.

―――，2009b，『1968（下）：叛乱の終焉とその遺産』新曜社.

岡部恒治ほか編，1999，『分数ができない大学生：21 世紀の日本が危ない』東洋経済新報社.

岡本恵太，2015，「学校における児童の新たな行動様式はどのように成立するか：教師の意図から外れた場面の談話分析」『教育社会学研究』第 97 集，pp. 67-86.

岡本智周・笹野悦子，2001，「戦後日本の『サラリーマン』表象の変化：『朝日新聞』を事例に」『社会学評論』Vol. 52, pp. 16-32.

岡本智周，2017，「国家・ナショナリズム・グローバル化：国民国家と学校教育」本田由紀・中村高康責任編集，『教育社会学のフロンティア 1：学問としての展開と課題』岩波書店，pp. 235-252.

小此木啓吾，1978，『モラトリアム人間の時代』中央公論新社.

小内透，1995，『再生産論を読む：バーンスティン，ブルデュー，ボールズ＝ギンティス，ウィリスの再生産論』東信堂.

大間敏行，2005，「共同体社会と教育」山田圭吾・貝塚茂樹編『教育史からみる学校・教師・人間像』梓出版社，pp. 5-15.

大宮勇雄，2010，『学びの物語の保育実践』ひとなる書房.

大﨑仁編，1991，『「大学紛争」を語る』有信堂高文社.

―――，2011，『国立大学法人の形成』東信堂.

太田素子，2011，『近世の「家」と家族：子育てをめぐる社会史』角川学芸出版.

大谷信介ほか，2013，『新・社会調査へのアプローチ：論理と方法』ミネルヴァ書房.

大内裕和，2017，『奨学金が日本を滅ぼす』朝日新聞出版.

リクルートキャリア，2018a，『就職白書 2018：採用活動・就職活動』https://www.recruit

career.co.jp/news/20180215_01.pdf（2018 年 4 月 8 日閲覧）

─── ，2018b，『就職白書 2018：インターンシップ編』https://www.recruitcareer. co.jp/news/20180215_02.pdf（2018 年 4 月 8 日閲覧）

労働政策研究・研修機構，2017，『ユースフル労働統計：労働統計加工指標集（2017 年版）』．

斉藤利彦，2011，『試験と競争の学校史』講談社．

酒井朗ほか編，2012，『よくわかる教育社会学』ミネルヴァ書房．

阪本俊生，2009，『ポスト・プライバシー』青弓社．

崎山正毅，2004，『資本』岩波書店．

佐幸信介，2006，「囲われる空間のパラドックス：分類化する社会」阿部潔・成実弘至編『空間管理社会：監視と自由のパラドックス』新曜社，pp. 104-134．

佐久間孝正，2011，『外国人の子どもの教育問題：政府内懇談会における提言』勁草書房．

桜井厚，2002，『インタビューの社会学：ライフストーリーの聞き方』せりか書房．

笹原恵，2003，「男の子はいつも優先されている？：学校の『かくれたカリキュラム』」天野正子・木村涼子編『ジェンダーで学ぶ教育』世界思想社，pp. 84-101．

佐藤博志・岡本智周，2014，『「ゆとり」批判はどうつくられたのか：世代論を解きほぐす』太郎次郎エディタス．

佐藤郁哉，2015，『社会調査の考え方』上・下，東京大学出版会．

───編，2018，『50 年目の「大学解体」20 年後の大学再生：高等教育政策をめぐる知の貧困を超えて』京都大学学術出版会．

佐藤学，2002，「子どもが幸福に育つ社会を求めて：幼児教育の未来と現在」小田豊・榎沢良彦編『新時代の幼児教育』有斐閣，pp. 221-243．

───ほか編，2017，『学びとカリキュラム』（教育 変革への展望 第 5 巻）岩波書店．

佐藤俊樹，1998，「近代を語る視線と文体：比較のなかの日本の近代化」高坂健次・厚東洋輔編『講座社会学 1 理論と方法』東京大学出版会．

佐藤勉，1993，「制度」，森岡清美ほか編『新社会学辞典』有斐閣，p. 863．

佐藤裕紀子，2004，「大正期の新中間層における主婦の教育意識と生活行動：雑誌『主婦之友』を手掛かりとして」『日本家政学会誌』Vol. 55，No. 6，pp. 479-492．

沢山美果子，1990，「教育家族の誕生」『〈教育〉：誕生と終焉』藤原書店，pp. 108-131．

───，2013，『近代家族と子育て』吉川弘文館．

盛山和夫，2004，『社会調査法入門』有斐閣．

───，2017，「社会学の理論と方法」盛山和夫ほか編著『社会学入門』ミネルヴァ書

房，pp. 323-338.

千石保，1991，『「まじめ」の崩壊：平成日本の若者たち』サイマル出版会.

柴野清一，1955，「新潟県における青年学級の現状と問題点」『教育社会学研究』第 7 集，pp. 62-69.

柴野昌山，1977，「社会化論の再検討：主体性形成過程の考察」『社会学評論』第 27 巻 3 号，pp. 19-34.

———，1982，「知識配分と組織的社会化：『カリキュラムの社会学』を中心に」『教育社会学研究』第 37 集，pp. 5-19.

———，1985，「教育社会学の基本的性格」柴野昌山編『教育社会学を学ぶ人のために』世界思想社，pp. 3-22.

———，1986，「概説　日本の社会学　教育」柴野昌山ほか編『リーディングス日本の社会学 16　教育』東京大学出版会，pp. 3-14.

———，1989a，「幼児教育のイデオロギーと相互作用」柴野昌山編『しつけの社会学：社会化と社会統制』世界思想社，pp. 33-66.

———，1989b，「教師の子ども観・教育観」柴野昌山編『しつけの社会学：社会化と社会統制』世界思想社，pp. 67-86.

———，1992，「社会化と社会統制」柴野昌山ほか編『教育社会学』有斐閣，pp. 50-70.

———，1993a，「社会と教育の理論」柴野昌山編『社会と教育』協同出版，pp. 11-16.

———，1993b，「教育伝達と再生産」柴野昌山編『社会と教育』協同出版，pp. 19-42.

———，2001，「文化伝達と社会化：パーソンズからバーンスティンへ」柴野昌山編『文化伝達の社会学』世界思想社，pp. 2-57.

———，2008，「教育社会学の方向性」天童睦子編『知識伝達の構造：教育社会学の展開』世界思想社，pp. 1-14.

志水宏吉・徳田耕造編，1991，『よみがえれ公立中学：尼崎市立「南」中学校のエスノグラフィー』有信堂高文社.

志水宏吉，2005，『学力を育てる』岩波書店.

清水美紀，2016，「預かり保育をめぐる『ニーズ解釈の政治』：1990 年代以降の中央教育審議会答申および審議経過の分析を通して」『子ども社会研究』第 22 号，pp. 99-118.

進研アド，2014，「なぜ，その大学に入学したのか」『Between』2014 年 2-3 月号，pp20-25.

汐見稔幸，2008，「日本の幼児教育・保育改革のゆくえ：保育の質・専門性を問う知的教育」泉千勢ほか編『世界の幼児教育・保育改革と学力』明石書店，pp. 336-359.

白川優治，2018，「『奨学金』の社会問題化過程の基礎的分析：2004年以降の全国紙5紙の掲載記事を対象に」広島高等教育研究開発センター『大学論集』50，pp. 33-48.

初年次教育学会編，2018，『進化する初年次教育』世界思想社.

ソニー生命保険株式会社，2017，「中高生が思い描く将来についての意識調査2017」http://www.sonylife.co.jp/company/news/29/nr_170425.html（2018年4月8日閲覧）

総務省統計局「日本の長期統計系列　第25章　教育　25-12 就学率及び進学率」http://www.stat.go.jp/data/chouki/25.htm（2018年2月18日閲覧）

杉村美紀，2016，「多様化する外国籍のこどもと多文化教育の変容」宮崎幸江編『日本に住む多文化の子どもと教育』増補版，上智大学出版会，p. 167-184.

須藤康介ほか，2018，『新版　文系でもわかる統計分析』朝日新聞出版.

菅野仁，2008，『友だち幻想：人と人の〈つながり〉を考える』筑摩書房.

菅山真次，2011，『「就社」社会の誕生：ホワイトカラーからブルーカラーへ』名古屋大学出版会.

砂上史子，2016，「子ども理解」日本保育学会編『保育学講座3 保育のいとなみ　子ども理解と内容・方法』東京大学出版会，pp. 25-42.

諏訪きぬ監修，戸田有一ほか，2011，『保育における感情労働：保育者の専門性を考える視点として』北大路書房.

鈴木淳子，2011，『質問紙デザインの技法』ナカニシヤ出版.

鈴木翔，2012，『教室内（スクール）カースト』光文社.

鈴木富久，2009，『グラムシ「獄中ノート」の学的構造』御茶の水書房.

椨瑞希子，2017，「イギリスにおける保育無償化政策の展開と課題」『保育学研究』55（2），pp. 236-247.

多賀太，2006，『男らしさの社会学：揺らぐ男のライフコース』世界思想社.

─────，2016，『男子問題の時代？　錯綜するジェンダーと教育のポリティクス』学文社.

─────・天童睦子，2013，「教育社会学におけるジェンダー研究の展開：フェミニズム・教育・ポストモダン」『教育社会学研究』第93集，pp. 119-150.

髙橋均・天童睦子，2017，「教育社会学における言説研究の動向と課題：権力・統治・教育言説」『教育社会学研究』第101集，pp. 153-183.

竹内洋，1999，『学歴貴族の栄光と挫折』（日本の近代12），中央公論新社.

田中耕治，2006，「学力調査の分析とその課題」『BERD』4号，ベネッセ教育研究開発センター，pp. 2-7.

─────，2008，『教育評価』岩波書店.

───── 編，2010，『よくわかる教育評価〔第2版〕』ミネルヴァ書房．

田中康夫，1981，『なんとなく，クリスタル』河出書房新社．

田浦武雄・伊藤敏行，1954，「青年学級の社会的背景」『教育社会学研究』第6集，pp. 63-73．

天童睦子，2000，「バーンスティンの権力・統制論再考：ジェンダー・コードの視点から」『教育社会学研究』第67集，pp. 83-99．

─────，2001，「ジェンダーとヘゲモニー支配」柴野昌山編『文化伝達の社会学』世界思想社，pp. 102-131．

───── 編，2004，『育児戦略の社会学：育児雑誌の変容と再生産』世界思想社．

天童睦子・石黒万里子，2012，「M．ヤングの知識論再考：『新しい』教育社会学から『知識をとり戻す』へ」『名城大学人文紀要』第99集（47巻3号），pp. 1-13．

天童睦子，2013，「欧米における教育社会学の展開：ポストモダニズムの課題を問う」石戸教嗣編『新版　教育社会学を学ぶ人のために』世界思想社，pp. 45-70．

─────，2015，「知識伝達とジェンダー研究の現代的課題：フェミニズム知識理論の展開をふまえて」『宮城学院女子大学研究論文集』121，pp. 1-15．

───── 編，2016，『育児言説の社会学：家族・ジェンダー・再生産』世界思想社．

─────，2017，『女性・人権・生きること：過去を知り未来をひらく』学文社．

─────，2018，「ジェンダーと文化的再生産」日本教育社会学会編『教育社会学事典』丸善出版，pp. 338-339．

─────，2019，「グローバル化時代の大学教育と『教育の危機』：教育社会学とフェミニズムの視点から」宮城学院女子大学キリスト教文化研究所『研究年報』第52号，pp. 59-87．

東京大学教育学部カリキュラム・イノベーション研究会編，2015，『カリキュラム・イノベーション：新しい学びの創造へ向けて』東京大学出版会．

冨江直子，2012，「ゲマインシャフト／ゲゼルシャフト」大澤真幸ほか編『現代社会学事典』弘文堂，pp. 352-353．

共働き家族研究所，2014，『いまどき30代夫の家事参加の実態と意識：25年間の調査を踏まえて』旭化成ホームズ．

友枝敏雄，2000，「社会学の〈知〉へ到達する：研究法と理論の接続」今田高俊編『社会学研究法：リアリティの捉え方』有斐閣，pp. 269-289．

鳥飼玖美子，2013，「グローバリゼーションのなかの英語教育」吉田文ほか編『グローバリゼーション，社会変動と大学』（シリーズ大学　第1巻）岩波書店，pp. 139-166．

土持ゲーリー法一，1991，『米国教育使節団の研究』玉川大学出版部．

辻大介，1999，「若者のコミュニケーションの変容と新しいメディア」橋本良明・船津衛編『子ども・青少年とコミュニケーション』北樹出版，pp. 11-27.

辻泉，2016，「友人関係の変容：流動化社会の『理想と現実』」藤村正之ほか編『現代若者の幸福：不安感社会を生きる』恒星社厚生閣，pp. 71-96.

恒吉僚子，2008，『子どもたちの三つの「危機」：国際比較から見る日本の模索』勁草書房．

―――，2016，「教育における『グローバル人材』という問い」佐藤学ほか編『グローバル時代の市民形成』（教育 変革への展望 7），岩波書店，pp. 23-44.

筒井淳也ほか編，2015，『計量社会学入門：社会をデータで読む』世界思想社．

内田良，2010，「学校事故の『リスク』分析：実在と認知の乖離に注目して」『教育社会学研究』第 86 集，pp. 201-221.

―――，2015，『教育という病：子どもと先生を苦しめる「教育リスク」』光文社．

埋橋玲子，2011，「労働党政権下（1997-2010）におけるイギリスの幼児教育・保育政策の展開」『同志社女子大学学術研究年報』（62），pp. 83-92.

梅宮れいか，2017，「LGBT の子どもの周辺理解：教育現場で対応すべき『無感覚な嫌悪』について」『福島学院大学教育・保育論集』第 22 号，pp. 51-64.

海原亮，2014，『江戸時代の医師修業：学問・学統・遊学』吉川弘文館．

早稲田大学教育総合研究所監修，2015，『LGBT 問題と教育現場：いま，わたしたちにできること』学文社．

渡辺秀樹，1997，「社会化とフェミニズム」『教育社会学研究』第 61 集，pp. 25-37.

渡辺洋子，2016，「男女の家事時間の差はなぜ大きいままなのか：2015 年国民生活時間調査の結果から」NHK 放送文化研究所編『放送研究と調査』第 66 巻第 12 号，pp. 50-63.

矢川徳光，1950，『新教育への批判：反コア・カリキュラム論』刀江書院．

山田昌弘・伊藤守，2007，『格差社会スパイラル：コミュニケーションで二極化する仕事，家族』大和書房．

山田礼子編，2016，『高等教育の質とその評価：日本と世界』東信堂．

山口裕之，2017，『「大学改革」という病：学問の自由・財政基盤・競争主義から検証する』明石書店．

山本義隆，2015，『私の 1960 年代』金曜日．

山本雄二，2016，『ブルマーの謎：〈女子の身体〉と戦後日本』青弓社．

山村賢明，1985，「教育社会学の研究方法：解釈的アプローチについての覚書」柴野昌山編『教育社会学を学ぶ人のために』世界思想社，pp. 43-59.

山内乾史・原清治編，2006，『リーディングス日本の教育と社会　第1巻　学力問題・ゆとり教育』日本図書センター．

山内乾史・原清治，2011，「第Ⅰ期解説」山内乾史・原清治監修『戦後日本学力調査資料集　第Ⅰ期第1巻全国学力調査報告書昭和31年度』日本図書センター，pp. v-x.

矢野恒太郎記念会編・発行，2013，『数字でみる日本の100年』（第6版）．

矢野眞和，2000，「グローバリゼーションと教育」『教育社会学研究』第66集，pp. 5-19.

─────，2011，『「習慣病」になったニッポンの大学：18歳主義・卒業主義・親負担主義からの解放』日本図書センター．

─────，2015，『大学の条件：大衆化と市場化の経済分析』東京大学出版会．

─────ほか，2016，『教育劣位社会：教育費をめぐる世論の社会学』岩波書店．

─────ほか編，2018，『高専教育の発見：学歴社会から学習歴社会へ』岩波書店．

淀川裕美・秋田喜代美，2016，解説「代表的な保育の質評価スケールの紹介と整理」Siraji,I. & Kingston，D. & E. Melhuish，2016，秋田喜代美・淀川裕美訳『「保育のプロセスの質」評価スケール』明石書店，pp. 84-100（原著2015）．

四方一弥，1987，「明治の教育」石川松太郎編『日本教育史』玉川大学出版部．

吉田文，2013，『大学と教養教育：戦後日本における模索』岩波書店．

吉田美穂，2007，「『お世話モード』と『ぶつからない』統制システム：アカウンタビリティを背景とした『教育困難校』の生徒指導」『教育社会学研究』第81集，pp. 89-109.

吉田昇，1955，「農村青年の共同学習」『教育社会学研究』第8集，pp. 47-53.

湯川次義，2003，『近代日本の女性と大学教育：教育機会開放をめぐる歴史』不二出版．

湯川やよい，2011，「アカデミック・ハラスメントの形成過程：医療系女性大学院生のライフストーリーから」『教育社会学研究』第88集，pp. 163-184.

結城恵，1998，『幼稚園で子どもはどう育つか：集団教育のエスノグラフィ』有信堂高文社．

全国保育協議会，1983，「こんにち提起されている保育所・幼稚園問題（一元論に反論する）」『月刊福祉』66（2），pp. 78-83.

《欧文文献》

Acker, S., 1994, *Gendered Education : Sociological Reflections on Women, Teaching and Feminism*, Open University Press.

Apple, M. W., 1986, 門倉正美ほか訳『学校幻想とカリキュラム』日本エディタースクール出版部（原著 1979）.

─── & Whitty. G. & 長尾彰夫，1994,『カリキュラム・ポリティックス：現代の教育改革とナショナル・カリキュラム』東信堂.

─── & Ball, S. J. & L. A. Gandin, 2010, "Mapping the Sociology of Education : Social Context, Power and Knowledge", in Apple, M. W. & Ball, S. J. & L. A. Gandin eds., *The Routledge International Handbook of the Sociology of Education*, Routledge, pp. 1-11.

───，2017，天童睦子訳「教育の危機，批判的研究と実践の課題」天童睦子監訳『教育の危機：現代の教育問題をグローバルに問い直す』東洋館出版社，pp. 10-40（原著 2014）.

Althusser, L., 1993, 山本哲士・柳内隆訳『アルチュセールのイデオロギー論』三交社（原著 1970）.

───，2005，西川長夫ほか訳『再生産について：イデオロギーと国家のイデオロギー諸装置』平凡社（原著 1995）.

Arnot, M., 1982, "Male Hegemony, Social Class and Women's Education", *Journal of Education*, 164:1, Boston University, pp. 64-89.

Ball, S. J., 2003, *Class Strategies and the Education Market : The Middle Classes and Social Advantage*, Routledge.

Ballantine, J. H. & F. M. Hammack, 2011, 牧野暢男・天童睦子監訳『教育社会学：現代教育のシステム分析』東洋館出版社（原著 2009）.

Bank, B. ed., 2007, *Gender and Education : An Encyclopedia*, Praeger.

Beck, U., 2005, 木前利秋・中村健吾監訳『グローバル化の社会学：グローバリズムの誤謬　グローバル化への応答』国文社（原著 1997）.

Berger, P. & T. Luckmann, 1977, 山口節郎訳『日常世界の構成』新曜社（原著 1966）.

Bernstein, B., 1981, 萩原元昭編訳『言語社会化論』明治図書（原著 1971）.

───，1985，萩原元昭編訳『教育伝達の社会学：開かれた学校とは』明治図書（原著 1977）.

───，1990, *Class, Codes and Control, Vol.* Ⅳ : *The Structuring of Pedagogic Dis-*

course, Routledge.

―――, 1999, "Official knowledge and pedagogic identities", in Christie, F. ed., *Pedagogy and the Shaping of Consciousness: Linguistic and Social Processes*, Cassell, pp. 246-261.

―――, 2000, 久冨善之ほか訳『〈教育〉の社会学理論：象徴統制，〈教育〉の言説，アイデンティティ』法政大学出版局（原著1996）.

―――, 2000, *Pedagogy, Symbolic Control and Identity: Theory, Research, Critique*, Revised Edition, Roman & Littlefield.

Bhalla, A. S. & F. Lapeyre, 2005, 福原宏幸・中村健吾訳『グローバル化と社会的排除：貧困と社会問題への新しいアプローチ』昭和堂（原著2004）.

Bloom, A., 1988, 菅野盾樹訳『アメリカン・マインドの終焉：文化と教育の危機』みすず書房（原著1987）.

Blumer, H., 1991, 後藤将之訳『シンボリック相互作用論：パースペクティヴと方法』勁草書房（原著1969）.

Bourdieu, P. & J-C. Passeron, 1991, 宮島喬訳『再生産』藤原書店（原著1970）.

Bourdieu, P., 1990a, 石井洋二郎訳『ディスタンクシオンⅠ』藤原書店（原著1979）.

―――, 1990b, 石井洋二郎訳『ディスタンクシオンⅡ』藤原書店（原著1979）.

―――, 1993, 稲賀繁美訳『話すということ：言語的交換のエコノミー』藤原書店（原著1982）.

―――, 1997, 石井洋二郎監訳『遺産相続者たち：学生と文化』藤原書店（原著1964）.

―――, 2017, 坂本さやか・坂本浩也訳『男性支配』藤原書店（原著1998）.

Bowles, S. & H. Gintis, 1987, 宇沢弘文訳『アメリカ資本主義と学校教育：教育改革と経済制度の矛盾』Ⅰ・Ⅱ, 岩波書店（原著1976）.

Bowles, S., 1980, 早川操訳「教育の不平等と社会的分業の再生産」潮木守一ほか編訳『教育と社会変動（上）：教育社会学のパラダイム展開』東京大学出版会, pp. 161-183（原著1977）.

Brown, P., 1990, "The Third Wave: Education and the Ideology of Parentcracy", *British Journal of Sociology of Education*, Vol. 41, No. 1, pp. 65-85.

―――, 2003, "The Opportunity Trap: education and employment in a global economy," *European Educational Research Journal*, Volume 2, Number 1, p. 143-179.

Bruner, J. S., 1963, 鈴木祥蔵・佐藤三郎訳『教育の過程』岩波書店（原著1961）.

Burr, V., 1997, 田中一彦訳『社会的構築主義への招待：言説分析とは何か』川島書店（原

著 1995).

Butler, J., 1999, 竹村和子訳『ジェンダー・トラブル』青土社（原著 1990).

Caillois, R., 1990, 多田道太郎・塚崎幹夫訳『遊びと人間』講談社（原著 1958).

Carnoy, M., 2014, 吉田和浩訳・解説『グローバリゼーションと教育改革』ユネスコ国際教育政策叢書 2, 東信堂（原著 1999).

Carr, M., 2013, 大宮勇雄・鈴木佐喜子訳『保育の場で子どもの学びをアセスメントする：「学びの物語」アプローチの理論と実践』ひとなる書房（原著 2001).

Chiang, T-H., 2017, 天童睦子訳「イデオロギーの追求か, 現実への同調か：グローバル化時代に教育の機能が平等から競争へシフトするのはなぜか」天童睦子監訳『教育の危機』東洋館出版社, pp. 41-60（原著 2014).

Cochrane, A. & K. Pain, 2002,「グローバル化する社会」中谷義和監訳『グローバル化とは何か：文化・経済・政治』法律文化社, pp. 7-50（原著 2000).

Collins, R., 1980, 潮木守一訳「教育における機能理論と葛藤理論」潮木守一ほか編訳『教育と社会変動（上）：教育社会学のパラダイム展開』東京大学出版会, pp. 97-125（原著 1977).

Connell, R. W., 1993, 森重雄ほか訳『ジェンダーと権力』三交社（原著 1987).

Cowen, R., 2000, "The Market-Framed University：The new ethics of the Game", in Cairns, J. & Gardner, R. & D. Lawton, eds., *Values and the Curriculum*, Woburn Press, pp. 93-105.

Cowen, R., 2017, 石黒万里子訳「大学と TINA：他に選択肢はないのか？」天童陸子監訳『教育の危機』東洋館出版社, pp. 154-183（原著 2014).

Cranton, P. A., 2004, 入江直子・三輪建二監訳『おとなの学びを創る：専門職の省察的実践を目指して』鳳書房（原著 1996).

Dahlberg, G. & Moss, P. & A. Pence, 1999, 2007, 2013, *Beyond Quality in Early Childhood Education and Care：Language of Evaluation*, Routledge.

Dale, R., 2001, "Shaping the Sociology of Education over Half-a-Century" in Demaine, J., ed., *Sociology of Education Today*, Palgrave, pp. 5-29.

Deem, R., 1978, *Women and Schooling*, Routledge & Kegan Paul.

Douglas, M., 1972, 塚本利明訳『汚穢と禁忌』思潮社（原著 1969).

Durkheim, É., 1975, 古野清人訳『宗教生活の原初形態』上・下, 岩波書店（原著 1912).

───, 1976, 佐々木交賢訳『教育と社会学』誠信書房（原著 1922).

───, 1978, 宮島喬訳『社会学的方法の規準』岩波書店（原著 1895).

―――，1981，小関藤一郎訳『フランス教育思想史』行路社（原著 1938）.

Duru-Bellat, M., 1993, 中野知律訳『娘の学校：性差の社会的再生産』藤原書店（原著 1990）.

Edgell, S., 2002, 橋本健二訳『階級とは何か』青木書店（原著 1993）.

Edwards, T., 2002, "A Remarkable Sociological Imagination", *British Journal of Sociology of Education*, Vol. 23, No. 4, pp. 527-535.

Erikson, E. H., 2011, 西平直・中島由恵訳『アイデンティティとライフサイクル』誠信書房（原著 1959）.

ER Synonym Dictionary Online：*English-Japanese Learner's Thesaurus*, http://synonym englishresearch.jp/details/ability.html（2018 年 4 月 8 日閲覧）.

Fairclough, N., 2008, 貫井孝典ほか訳『言語とパワー』大阪教育図書（原著 2001）.

Foucault, M., 1974, 渡辺一民・佐々木明訳『言葉と物：人文科学の考古学』新潮社（原著 1966）.

―――，1977，田村俶訳『監獄の誕生：監視と処罰』新潮社（原著 1975）.

Garfinkel, H., 1995, 北澤裕・西阪仰訳「日常活動の基盤：当たり前を見る」『日常性の解剖学：知と会話』マルジュ社，pp. 31-92（原著 1964）.

Giddens, A., 1989, 友枝敏雄ほか訳『社会理論の最前線』ハーベスト社（原著 1979）.

―――，1992，松尾精文ほか訳『社会学』而立書房（原著 1989）.

―――，2015，門田健一訳『社会の構成』勁草書房（原著 1984）.

Girth, H. H. & C. W. Mills, 1965, 山口和男・犬伏宣宏訳『マックス・ウェーバー：その人と業績』ミネルヴァ書房（原著 1946）.

Gouldner, A. W., 1978, 岡田直之訳『社会学の再生を求めて』新曜社（原著 1970）.

Gratton, L. & S. Andrew, 2018, 池村千秋訳『ライフシフト：100 年時代の人生戦略』東洋経済新報社（原著 2016）.

Griffin, P. & McGaw, B. & E. Care ed., 2014, 三宅なほみ監訳『21 世紀型スキル：学びと評価の新たなかたち』北大路書房（原著 2012）.

Grubb, N. W. & M. Lazerson, 2012, 筒井美紀訳,「レトリックと実践のグローバル化：『教育の福音』と職業教育主義」広田照幸ほか編訳『グローバル化・社会変動と教育〈1〉市場と労働の教育社会学』東京大学出版会，pp. 129-152（原著 2006）.

Guthrie, J. W. ed., 2003, *Encyclopedia of Education*, Second Edition, Macmillan Reference USA.

Halsey, A. H. & Lauder, H. & Brown, P. & A. S. Wells., 2005, 住田正樹ほか編訳『教育

社会学　第3のソリューション』九州大学出版会（原著1997）．

Hargreaves, A. 2003, *Teaching in the Knowledge Society*：*Education in the Age of Insecurity*, Open University Press.

Harms, T. & Clifford, R. M. & D. Cryer, 2016，埋橋玲子訳『新・保育環境評価スケール①（3歳以上）』法律文化社（原著2015）．

Heckman, J. J., 2015, 古草秀子訳『幼児教育の経済学』東洋経済新報社（原著2013）．

Held, D. ed., 2002，中谷義和監訳『グローバル化とは何か：文化・経済・政治』法律文化社（原著2000）．

Hochschild, A. R., 2000，石川准・室伏亜希訳『管理される心：感情が商品になるとき』世界思想社（原著1983）．

Holloway, S. D., 2004，高橋登・砂上史子訳『ヨウチエン：日本の幼児教育, その多様性と変化』北大路書房（原著2001）．

─────，2014，高橋登ほか訳『少子化時代の「良妻賢母」：変容する現代日本の女性と家族』新曜社（原著2010）．

hooks, b., 2010，大類久恵・柳沢圭子訳『アメリカ黒人女性とフェミニズム：ベル・フックスの「私は女ではないの？」』明石書店（原著1981）．

Illich, I., 1977，東洋・小澤周三訳『脱学校の社会』東京創元社（原著1971）．

Imai, K., 2018，粕谷祐子訳『社会科学のためのデータ分析』上・下，岩波書店（原著2017）．

Jackson, P. W., 1968, *Life in Classrooms*, Holt, Rinehart and Winston.

Karabel, J. & A. H. Halsey, 1980，潮木守一ほか訳「教育社会学のパラダイム展開」天野郁夫・潮木守一訳『教育と社会変動（上）：教育社会学のパラダイム展開』東京大学出版会，pp. 1-95（原著1977）．

Kazamias, A., 2017，田中正弘訳「グローバリゼーションと知識社会のすばらしい新世界における人間中心主義的教育」天童睦子監訳『教育の危機』東洋館出版社，pp. 61-101（原著2014）．

King, R., 1984，森楙・大塚忠剛訳『幼児教育の理想と現実：学級社会の"新"教育社会学』北大路書房（原著1978）．

Krumboltz, J. D. & A. S. Levin, 2005，花田光世ほか訳『その幸運は偶然ではないんです！』ダイヤモンド社（原著2004）．

Lahire, B., 2003，鈴木智之訳『複数的人間：行為のさまざまな原動力』法政大学出版局（原著1998）．

────，2016，村井茂樹訳『複数的世界：社会諸科学の統一性に関する考察』青弓社（原著 2012）．

Lareau, A., 2003, *Unequal Childhoods*：*Class, Race, and Family Life*, University of California Press.

Lauder, H. & Brown, P. & Dillabough, J. & A. H. Halsey, 2012，吉田文ほか訳「序　教育の展望：個人化・グローバル化・社会変動」広田照幸ほか編訳『グローバル化・社会変動と教育１：市場と労働の教育社会学』東京大学出版会，pp. 1-104（原著 2006）．

────，2012，苅谷剛彦ほか編訳，『グローバル化・社会変動と教育２：文化と不平等の教育社会学』東京大学出版会（原著 2006）．

Leiter, K., 1987，高山眞知子訳『エスノメソドロジーとは何か』新曜社（原著 1980）．

Lemke, J. L., 1990, *Talking Science*：*Language, Learning, and Values*, Ablex Publishing Corporation.

Macdonell, D., 1990，里麻静夫訳『ディスクールの理論』新曜社（原著 1986）．

Martin, M., 1995, *Educational Traditions Compared*：*Content, Teaching and Learning in Industrial Countries*, David Fulton Publishers.

Marx, K. & F. Engels, 2002，廣松渉編訳『ドイツ・イデオロギー』岩波書店（原著 1845-1846）

Marx, K., 1969，向坂逸郎訳『資本論（一）』岩波書店（原著 1867）．

────，1991，武田隆夫ほか訳『経済学批判』岩波書店（原著 1934）．

Maton, K. & R. Moore eds., 2010, *Social Realism, Knowledge and the Sociology of Education*：*Coalitions of the Mind*, Continuum.

Mead, G. H., 1991，船津衛・徳川直人編訳「意味のあるシンボルについての行動主義的説明」『社会的自我』恒星社厚生閣，pp. 15-28（原著 1922）．

────，1995，河村望訳『精神・自我・社会』［デューイ＝ミード著作集６］人間の科学社（原著 1934）．

Meyer, E. J. & D. Carlson eds., 2014, *Gender and Sexualities in Education, a Reader*, Peter Lang.

Meyer, J. W., 2000，清水睦美訳「グローバリゼーションとカリキュラム：教育社会学理論における問題」『教育社会学研究』第 66 集，pp. 79-94（原著 1999）．

Mill, J. S., 2011，竹内一誠訳『大学教育について』岩波書店（原著 1867）．

Mills, C. W., 2017，伊那正人・中村好孝訳『社会学的想像力』筑摩書房（原著 1959）．

Mitchell, K. E. & Levin, A. S. & J. D. Krumboltz, 1999, "Planned Happenstance：Constructing Unexpected Career Opportunities", *Journal of Counseling & Development*, vol. 77, pp. 115-124.

Mohanty, C. T. & Russo, A & L. Torres, eds., 1991, *Third World Women and the Politics of Feminism*, Indiana University Press.

Mohanty, C. T., 2012, 堀田碧監訳『境界なきフェミニズム』法政大学出版局（原著 2003）.

Moore, R., 2004, *Education and Society : Issues and Explanations in the Sociology of Education*, Polity Press.

────, 2013, *Basil Bernstein : The thinker and the field*, Routledge.

Morrow, R. A. & A. T. Carlos, 1995, *Social Theory and Education : A Critique of Theories of Social and Cultural Reproduction*, State University of New York Press.

Oakley, A., 1972, *Sex, Gender and Society*, Maurice Temple Smith.

OECD, 2005, *THE DEFINITION AND SELECTION OF KEY COMPETENCIES Executive Summary*, https://www.oecd.org/pisa/35070367.pdf（2018 年 6 月 29 日閲覧）

────, 2011, 星三和子ほか訳『OECD 保育白書 人生の始まりこそ力強く：乳幼児期の教育とケア（ECEC）の国際比較』明石書店（原著 2006）.

Orbaugh, S., 2017, ゲイ・ローリー監訳, 宮下摩維子訳「北米の大学における女性学およびジェンダー研究の歴史的系譜と現在」, 村田晶子・弓削尚子編『なぜジェンダー教育を学校でおこなうのか：日本と海外の比較から考える』青弓社, pp. 19-44.

Parsons, T. & R. F. Bales, 2001, 橋爪貞雄ほか訳『家族：核家族と子どもの社会化』黎明書房（原著 1956）.

Parsons, T., 2011, 武田良三ほか訳『社会構造とパーソナリティ』［新装版］新泉社（原著 1964）.

Peddiwell, A. J., 2004, *The Saber-Tooth Curriculum*, McGraw-Hill.

Pilcher, J. & I. Whelehan, 2016, *Key Concepts in Gender Studies*, Second Edition, Sage.

Prout, A., 2017, 元森絵里子訳『これからの子ども社会学：生物・技術・社会のネットワークとしての「子ども」』新曜社（原著 2005）.

Rogoff, B., 2006, 當眞千賀子訳『文化的営みとしての発達：個人, 世代, コミュニティ』新曜社（原著 2003）.

Rose, N., 2016, 堀内進之介・神代健彦監訳『魂を統治する』以文社（原著 1999）.

Sadker, M. & D. Sadker, 1996, 川合あさ子訳『「女の子」は学校でつくられる』時事通信社（原著 1994）.

Schwab, K., 2016，世界経済フォーラム訳『第四次産業革命 ダボス会議が予測する未来』日本経済新聞出版社（原著 2016）．

Scott, J. W., 2004，荻野美穂訳『ジェンダーと歴史学』平凡社（原著 1988）．

Siraji, I. & Kingston, D. & E. Melhuish, 2016，秋田喜代美・淀川裕美訳『「保育のプロセスの質」評価スケール』明石書店（原著 2015）．

Sparks, L. D., 1994，玉置哲淳・大倉三代子編訳『ななめから見ない保育』解放出版社（原著 1989）．

Spring, J., 1998, *Education and the Rise of the Global Economy*, Lawrence Erlbaum Associates.

Steger, M. B., 2010，櫻井公人ほか訳『新版　グローバリゼーション』岩波書店（原著 2009）．

The United States Education Mission to Japan, 1979，村井実訳『アメリカ教育使節団報告書』講談社（原著 1946）．

Thomas, W. I. & F. Znaniecki, 1983，桜井厚訳『生活史の社会学：ヨーロッパとアメリカにおけるポーランド農民』御茶の水書房（原著 1918-1920）．

Thurow, L. C., 1984，小池和男・脇坂明訳『不平等を生み出すもの』同文館出版（原著 1975）．

Trow, M., 1976，天野郁夫・喜多村和之訳『高学歴社会の大学：エリートからマスへ』東京大学出版会．

Trinh T. M., 1995，竹村和子訳『女性・ネイティヴ・他者：ポストコロニアリズムとフェミニズム』岩波書店（原著 1989）．

Valance, E., 1973/74, "Hiding the Hidden Curriculum：an Interpretation of the Language of Justification in Nineteenth-Century Educational Reform", *Curriculum Theory Network*, 4（1），pp. 5-21.

Vincent, C. & J. S. Ball, 2006, *Childcare, choice and class practices：middle-class parents and their children*, Routledge.

Weber, M., 1960，世良晃志郎訳『支配の社会学Ⅰ』創文社（原著 1956）．

─── , 2008，清水幾太郎訳『社会学の根本概念』岩波書店（原著 1922）．

Weiner, M., 2017，関田一彦・山崎めぐみ監訳『学習者中心の教育：アクティブラーニングを活かす大学授業』勁草書房（原著 2013）．

Whitty, G., 2009，久冨善之ほか訳『学校知識カリキュラムの教育社会学：イギリス教育制度改革についての批判的検討』明石書店（原著 1985）．

Wiggins, G., 1998, *Educative assessment∶ Designing Assessments to Inform and Improve Student Performance*, Jossey-Bass.

Wilson, T. P., 1971, "Normative and Interpretive Paradigm in Sociology" in J. D. Douglas, J. D., ed., *Understanding Everyday Life*, Routledge, pp. 57-79.

Wolford, J., 1993, 岩橋法雄訳『現代イギリス教育とプライヴァタイゼーション』法律文化社（原著1990）.

Young, M. F. D. ed., 1971, *Knowledge and Control∶ New Directions for the Sociology of Education*, Collier-MacMillan Publishers.

―――, 2002, 大田直子監訳『過去のカリキュラム・未来のカリキュラム：学習の批判理論に向けて』東京都立大学出版会（原著2002）.

―――, 2001, 窪田眞二訳「イングランド，ウェールズおよび北アイルランドにおけるナショナル・カリキュラム：過去のカリキュラムか未来のカリキュラムか」『日英教育研究フォーラム』5, pp. 22-35（原著2001）.

―――, 2008, *Bringing Knowledge Back In∶ From Social Constructivism to Social Realism in the Sociology of Education*, Routledge.

―――, 2010, "Why educators must differentiate knowledge from experience", *The Journal of the Pacific Circle Consortium for Education*, 22 (1), pp. 9-20.

〈執筆者一覧〉[担当章順]

髙橋　均（編著）
【序章・第1章・第3章】
北海道教育大学教育学部旭川校教授．早稲田大学大学院教育学研究科博士後期課程単位取得満期退学．博士（教育学）．専門：教育社会学，家族社会学．主な著書・論文：『教育の危機：現代の教育問題をグローバルに問い直す』（共訳），2017，東洋館出版社．『育児言説の社会学：家族・ジェンダー・再生産』（共著），2016，世界思想社．『教育社会学：現代教育のシステム分析』（共訳），2011，東洋館出版社．「バーンスティンのフーコー批判再考：社会−認識論的言説分析に向けて」『現代社会学理論研究』第10号，2016．「称揚される『開かれた住まい』：居住空間における子どもをめぐる新たな『真理の体制』の成立」『子ども社会研究』第17号，2011．「差異化・配分装置としての育児雑誌：バーンスティンの〈教育〉言説論に依拠して」『教育社会学研究』第74集，2004．

石黒万里子【第4章・第6章】
東京成徳大学子ども学部教授．早稲田大学大学院教育学研究科博士後期課程単位取得満期退学．博士（教育学）．専門：教育社会学，就学前教育．

千葉聡子【第5章・第2章Ⅱ-4・7】
文教大学教育学部教授．日本女子大学大学院文学研究科教育学専攻博士課程後期単位取得満期退学．専門：教育社会学．

前田　崇【第7章】
北里大学一般教育部准教授．早稲田大学大学院教育学研究科博士後期課程単位取得満期退学．専門：教育社会学・歴史社会学．

加藤美帆【第8章】
東京外国語大学大学院総合国際学研究院准教授．早稲田大学大学院教育学研究科博士後期課程単位取得満期退学．博士（教育学）．専門：教育社会学．

牧野智和【第9章・第2章Ⅰ・Ⅲ・Ⅳ】
大妻女子大学人間関係学部准教授．早稲田大学大学院教育学研究科博士後期課程単位取得満期退学．博士（教育学）．専門：教育社会学．

白川優治【第10章・第2章Ⅰ・Ⅱ-1〜3・5・6】
千葉大学国際教養学部准教授．早稲田大学大学院教育学研究科博士後期課程単位取得満期退学．専門：教育社会学，教育行財政学，高等教育．

河野志穂【第11章】
立教大学社会学部兼任講師．早稲田大学大学院教育学研究科博士後期課程単位取得満期退学．専門：教育社会学．

天童睦子【第12章】
宮城学院女子大学一般教育部教授．早稲田大学大学院教育学研究科博士後期課程修了．博士（教育学）．専門：教育社会学，女性学．

牧野暢男【第13章】
日本女子大学名誉教授．元早稲田大学大学院客員教授．東京大学大学院教育学研究科博士課程単位取得満期退学．専門：教育社会学，高等教育．

想像力を拓く教育社会学

2019（平成31）年3月31日　初版第1刷発行
2021（令和 3 ）年4月1日　初版第3刷発行

［編著者］　髙橋　均
［発行者］　錦織　圭之介
［発行所］　株式会社 東洋館出版社
　　　　　〒113-0021　東京都文京区本駒込5丁目16番7号
　　　　　営業部　電話 03-3823-9206 ／ FAX 03-3823-9208
　　　　　編集部　電話 03-3823-9207 ／ FAX 03-3823-9209
　　　　　振　替　00180-7-96823
　　　　　Ｕ Ｒ Ｌ http://www.toyokan.co.jp

カバーデザイン　　宮澤　新一（藤原印刷株式会社）
印刷・製本　　　　藤原印刷株式会社

ISBN 978-4-491-03683-0　　　　　　　Printed in Japan